JN014793

実践事例でよくわかる

税理士だからできる
会社設立
サポートブック

～クライアントと共に成功をつかむ！

［監修］吉田　学
［著］北浦千加
　　小島和則
　　朴　俊亨
　　松崎哲也
　　山下清徳

第一法規

はじめに

〜資金調達にも強い「創業者伴走型税理士」のススメ〜

　フィンテック、ＲＰＡ、インボイス等、私達税理士の業界は、今、大きな変化に直面をしています。税理士の先生方は、この変化の時代をどのように乗り切ろうと考えていらっしゃいますか？

　変化に対応するために、相続税や組織再編等の高度な税務分野に特化する、お客様のバックオフィスとして経理全般を請け負う、税務調査で負けない会計事務所を作る等、さまざまな選択肢があると思います。

　この大きな変化に対応するための多くの選択肢がある中で、立ち止まって考えていただきたいことがあります。

　それは、そもそも、私達が知識や経験を身につけることは、誰のためなのでしょうか？、ということです。

　やはり、私達の得た知識や経験が、目の前の顧問先である中小企業のお役に立つかどうかが１番大事だと思います。では、私達がお役に立ちたい中小企業の状況は、どのような状況でしょうか？

　2020年版中小企業白書・小規模企業白書によると、私達税理士の主な顧問先である中規模企業、小規模企業の数は、1999年以降、減少を続けています。特に小規模企業は、1999年の422.9万社から2016年の304.8万社と、約70％の企業数となっています。休廃業・解散件数も2019年は、43,348件となっています。休眠会社を加えれば、数字はもっと大きくなると思います。そして、休廃業・解散企業の損益別構成比を見ると、赤字企業は38.6％に過ぎず、黒字企業が61.4％となっています。加えて、帝国データバンクの調べでは、2019年の社長の平均年齢は59.9歳となっており、年商が１億以下の企業では、社長の平均年齢は61.1歳となっています。つまり、全体的に企業数は減少しており、黒字の企業であっても、経営者の年齢やその他の事情で、休廃業・解散している企業も多く、その割合は、税理

士の主な顧問先である小規模企業ほど多いということになります。

　反対に、税理士の数はどうでしょうか。国税庁の発表では、税理士登録者数は、2000年度が65,144名であったのに、2019年度は78,795名で、増加傾向にあります。確かに、税理士登録者が全員開業しているわけではありませんが、人数が増えていることは間違いありません。

　対象となる企業数が減少し、税理士が増加していることは、縮小しているマーケットにおいて、多くの人数で競争することになります。競争の世界は、基本的に体力のあるものが生き残る世界です。競争に勝つためは、先行投資としてコストをかけて顧客を獲得することにあります。そして、後日、投下したコストを回収しなければなりません。それは、税理士である私達も、経営者であり、利益を回収しない限り事業を継続できないからです。

　ただ、ここで考えていただきたいのは、私達が税理士になった理由です。理由は先生方それぞれですが、根底には、「経営者をサポートしたい」と考えている先生も多いと思います。では、サポートしたいと思う「経営者」は何に悩んでいるでしょうか。

　2020年小規模企業白書から重要と考える経営課題としては、人材の確保育成、営業・販路開拓、設備増強、商品開発、財務（運転資金等の確保等）などが挙げられます。これらのうち、新たな仕事として税理士にとって一番力を発揮しやすい仕事が財務です。そこで税に関する業務主体の経営から、財務に関する業務主体の経営に変えることも大きな変化への1つの方策であるといえます。

　また、経営者をサポートする仕事で市場や経済等の影響を受けにくい分野はどこでしょうか？　その1つが創業支援です。詳しくは、第1章をお読みいただきたいのですが、2020年7月17日に出された「成長戦略実行計画」においては、兼業・副業の環境整備、フリーランスの環境整備が冒頭に記載されています。それだけ、国もフリーランスや創業に力を入れていることの表れだと思います。

　しかし、これから増加が予想される兼業・副業、フリーランスの方が最初

から十分な財務や税務、資金調達の知識を持っているのでしょうか。日本政策金融公庫の2020年度新規開業実態調査では、開業時に苦労したこととして、資金繰り、資金調達が55％でトップ、財務・税務・法務に関する知識の不足が34.4％で3番目となっています。この調査から、兼業・副業、フリーランス、創業者に対して一番サポートできる存在が、財務・税務がわかる税理士だと思います。そして、一番困っていることが資金繰り、資金調達であるなら、税理士もまた資金調達について深く学んでいく必要があります。

　この本をお読みいただくことで、資金調達を含めた創業支援に強くなる税理士としての第一歩を踏み出すことができます。お読みいただいた皆さんの協力を得て、多くの創業者の夢を叶えるサポートをしていただきたいと強く願います。

　しかし、私達は創業支援の時に注意しなければいけないことがあります。それは、「目的を叶えるには、準備が必要」ということです。創業者の中には、夢ややりたいことを急ぐあまり、準備が整う前にスタートしたがる方もいらっしゃいます。「手ごろな物件が空室になった今がタイミング！」「創業は、勢いが大事」などと聞くことがあります。本当にそうでしょうか。

　創業者にとって、仕事をするということは手段の1つだと思います。「自分が経験してきた、これなら勝負ができる」という思い入れのある分野で創業する方が多いです。しかし、もし経験してきたものが異なるものであるなら、創業しようとする事業は全く別のものになっていると思いませんか。

　では、創業者にとっての目的は何でしょうか。それは、「自分と自分の家族、そして関わる方のしあわせ」ではありませんか。人間は社会の中で生きる動物です。自分だけが喜んで、自分が大切にしている人達が悲しい顔をしていたら、心から喜べないと思います。自分が創業に向かって一直線に邁進する中で、傍らで大切な自分の子供が悲しそうな顔をしていたら、本当に充実感を味わえるでしょうか。

　手段は目的のために存在します。目的を叶えるためには、まずは手段を考

え、実行するための準備が必要です。

　私は、創業者に、いつもお伺いしています。

　「ご家族は積極的に応援してくれますか？」

　もし、創業者が十分な準備をして、ご自身の事業について、しっかりと説明をしていれば、多くのご家族は積極的に応援してくれます。ご家族の方もやる気に満ちた創業者を見ていたいと思うからです。

　だからこそ、充分な準備をおすすめしています。資金調達をするのであれば、最大限の資金調達をすべきですが、最初は、自分のできる範囲で挑戦し、失敗しても撤退できるようにしておくことも大切です。そのトライアル・アンド・エラーが創業される方の経験値となり、ご家族の信頼感を醸造していくと考えています。

　「夢を語る創業者の背中には、その人を心から心配しているご家族がいる」いつもそう想います。

　私達税理士が適正に数字を細かく見たりするのは、創業者のためだけではなく、その背後にいらっしゃる方達を守るためでもあるのです。

　だからこそ、自己資金を準備していただく、自ら行動して叶えていく事業計画を考えていただく、その上で必要があれば、資金調達をサポートする事が大切なのです。

　自分で作った航海図である事業計画があるからこそ、大きな変化を起こす大海原へ出航できるのです。創業される方が出航する際の航海士として、今以上に税理士の先生方がサポートしていただけると幸甚です。

　新しい事業で新しいステージを創業者と共にみることができるのは、サポート冥利に尽きると思いませんか。創業という航海を成功させるために、私達税理士も同じように新しいことにチャレンジをしていく時代なのだと思います。

　「日本でいちばん大切にしたい会社」の著者である坂本光司先生は、「環境適応こそ経営の原点」と言われています（「人を大切にする経営学講義」PHP研究所 2017年）。大変な時代は、大きな変化の時代でもあります。私

達税理士が、率先して新しい事にチャレンジし、創業者に前向きな姿を見せていきませんか。その上で、夢を叶えたい創業者を資金調達、税務・会計等の分野でサポートし、創業者の新しいステージを共にみさせていただく、その姿が「創業者伴走型税理士」だといえます。

　しかし、一人ひとりでは一度決めたことでも継続できないこともあります。そこで、本書の監修者である吉田学先生が、2008年に全国の経営者及び士業事務所を対象とした資金調達の会員制勉強会である「資金調達サポート会（FSS）」を発足されています。現在の会員数は約60名です。会員様の属性は、約9割が「士業」であり、そのうちの約5割は「税理士」です。もしご興味がありましたら、下記のホームページをご覧いただけると幸いです。創業者が最も困っている資金調達"支援"に関して意識を持たれている士業や専門家と共に、学んでいけることを願っております。

　資金調達サポート会（FSS）　http://www.fa-ps.com

　最後に、本書が多くの税理士の方々、会計事務所の方々、そして、先生方に関わった起業・創業される方とそのご家族すべてにとって、お役に立てることを心より願っています。

令和3年5月　吉日

松崎　哲也
監修　吉田　学

目次

はじめに

Q&A 編

第1章　税理士と創業支援について

1．税理士に創業支援をすすめる理由

Q1　創業者の抱えている本当の悩みとは？ ………………………… 16

Q2　創業支援と顧問先増加の関係とは？ ………………………… 19

Q3　なぜ「創業支援」は市場や経済に影響を受けない

超優良マーケットといえるのか？ ………………………… 20

Q4　創業支援と税務会計業務の関連性とは？ …………………… 22

2．創業支援をするために必要な知識、ノウハウ

Q1　創業支援をする上でどういう知識やノウハウが必要なのか？… 25

Q2　創業支援をする上で認定支援機関に登録した方が

有利（得）なのか？ ………………………… 26

Q3　国や行政も、税理士や認定支援機関に期待をしているのか？　28

第2章　資金調達について

1．創業融資の基礎

Q1　どのような融資ルートがあるのか？ ………………………… 32

Q2　自己資金はどれくらい必要なのか？ ………………………… 35

Q3　連帯保証人、担保は必要なのか？ …………………………… 37

Q4　個人より法人の方が有利なのか？ …………………………… 39

２．日本政策金融公庫の創業融資制度

Ｑ１　日本政策金融公庫には、どういう創業融資制度があるのか？… 41

Ｑ２　新創業融資制度とは？ …………………………………………… 44

Ｑ３　中小企業経営力強化資金とは？………………………………… 46

Ｑ４　生活衛生貸付とは？ ……………………………………………… 48

Ｑ５　申請手続きの流れとは？ ………………………………………… 51

Ｑ６　どういう提出書類が必要なのか？ ……………………………… 53

Ｑ７　創業計画書作成のポイントとは？ ……………………………… 55

Ｑ８　日本政策金融公庫と民間金融機関の協調融資は

　　　創業の時に使えるのか？ ………………………………………… 59

３．信用保証協会および信用保証制度

Ｑ１　信用保証協会とは？ ……………………………………………… 62

Ｑ２　信用保証制度とは？ ……………………………………………… 63

Ｑ３　どういう事業者が対象になるのか？ …………………………… 65

Ｑ４　信用保証額とは？ ………………………………………………… 67

Ｑ５　信用保証料はどれくらいかかるのか？ ………………………… 68

Ｑ６　責任共有制度とは？ ……………………………………………… 70

４．自治体の創業融資制度

Ｑ１　自治体の創業融資制度と信用保証協会の関係とは？ ………… 72

Ｑ２　どういう創業融資制度があるのか？ …………………………… 75

Ｑ３　市区町村の申請手続きの流れとは？ …………………………… 81

Ｑ４　どういう申請書類が必要なのか？ ……………………………… 82

Ｑ５　創業計画書作成のポイントとは？ ……………………………… 87

５．補助金・助成金

Ｑ１　補助金、助成金とは何か？ ……………………………………… 92

Ｑ２　どのような補助金、助成金があるのか？　どうやって探せば

よいのか？ ……………………………………………………………… 94

Q3 「審査」通過のための「大前提」と「5つのポイント」とは？… 96

6．その他、創業時の資金調達

Q1 創業時にノンバンクを利用しても大丈夫なのか？ ……………102

Q2 出資を受ける方法とは？ ……………………………………………105

Q3 クラウドファンディングの活用方法とは？ ……………………106

7．創業融資支援のやり方

Q1 顧問契約までの4段階フローとは？ ……………………………109

Q2 効果的なヒアリングのやり方とは？ ……………………………111

Q3 具体的な創業融資支援に関する報酬の取り方とは？ …………114

Q4 創業融資支援の際に注意することは？　NG用語とは？ ………115

Q5 "コロナ禍"における創業融資支援の注意点とは？ ……………118

第3章　法人設立法務、許認可について

1．法人設立の方法

Q1 会社が登記されるまでの流れとは？ ……………………………122

Q2 会社を設立する期間および費用はどれくらいか？ ……………123

Q3 会社設立のための基本事項（決めるべきこと）とは？ ………125

Q4 定款の作成の方法とは？ ……………………………………………129

Q5 定款認証のやり方とは？ ……………………………………………131

Q6 法務局への登記申請のやり方とは？ ……………………………135

Q7 その他、必要な各種届出とは？ …………………………………137

2．法人設立と創業融資　～金融機関から門前払いされないために～

Q1 「本店」の注意点とは？ ……………………………………………139

Q2 「目的」の注意点とは？ ……………………………………………141

Q3 「資本金」の注意点とは？ …………………………………………143

  Q4 「役員に関する事項」の注意点とは？…………………………146

3．法人口座の作り方

  Q1 法人口座を作る際の金融機関の選び方とは？ ………………149

  Q2 口座開設の手続きおよび必要な書類とは？………………150

4．許認可について

  Q1 創業時に多い許認可とは？………………………………154

  Q2 許認可の基本的な要件、フローとは？………………………156

  Q3 創業融資は許認可を取得した後でないと申請できないのか？ 163

第4章 税務・会計について

1．設立時の手続き

  Q1 創業したら、税務上、提出すべき書類は？…………………166

  Q2 届出書の提出期限はいつまでか？ ………………………170

  Q3 税務上、それ以外に用意しておく書類はあるのか？…………171

  Q4 法人と個人、どちらで事業を始めればよいのか？………………172

  Q5 株式会社と合同会社、どちらが得なのか？…………………175

2．設立時の税務

  Q1 役員報酬支給にあたってのポイントは？…………………………178

  Q2 どのようなものが経費として計上できるのか？ …………………180

  Q3 消費税について注意すべき点は？ ………………………184

  Q4 赤字になった場合は、どのような取扱いになるのか？…………190

  Q5 納付する税金の種類とは？（シミュレーション）……………191

3．設立時の会計

  Q1 お金の管理について注意点は？………………………………196

  Q2 決算月はいつに設定すればよいか？ ……………………197

  Q3 経理簡素化に向けての提案方法は？ ……………………199

4．節税・税務会計と資金調達

Q1 赤字決算の場合は、対金融機関上どのような影響があるか？…202

Q2 資金調達への影響の少ない節税方法はあるか？ ……………203

Q3 資金調達上有利な決算書はどのようなものか？ ……………205

第5章　社会保険・労働保険、助成金について

1．経営者（税理士）が知っておくべき社会保険の基礎知識

Q1 加入するべき社会保険とは？ ……………………………210

Q2 社会保険は入らなければならないのか？ ………………211

2．社会保険加入のルール

Q1 健康保険・厚生年金保険とは？ ……………………………213

Q2 介護保険とは？ ………………………………………………215

Q3 労災保険とは？ ………………………………………………217

Q4 雇用保険とは？ ………………………………………………219

3．社会保険加入の手続き

Q1 社会保険に加入するための手続きとは？ ………………221

Q2 狭義の社会保険（健康保険・介護保険・厚生年金保険）の

加入手続きとは？ ……………………………………………223

Q3 労災保険の加入手続きとは？ ……………………………225

4．社会保険の保険料について

Q1 保険料はどのように決まるのか？ ………………………227

Q2 保険料はいつから納付するのか？ ………………………233

Q3 社会保険料の決定・変更とは？ …………………………234

5．雇用保険制度から支払われる助成金

Q1 助成金と補助金の違いとは？ ……………………………237

Q2 キャリアアップ助成金とは？ ……………………………239

Q3　両立支援等助成金とは？ ……………………………………241

Q4　助成金を申請する際の注意事項……………………………244

Q5　助成金に関する Q&A ………………………………………245

実践事例編

資金調達事例

事例1　フランチャイズチェーン（FC）本部からの緊急の相談。日本政策金融公庫から断られた FC 加盟店候補者が、信用金庫から 600 万円の創業融資支援に成功した事例 ……………………250

事例2　一度、日本政策金融公庫からの創業融資を断られてしまったが、税理士の積極的な関与によって 1,000 万円の調達に成功した事例 ………………………………………………………256

事例3　過少な自己資金（100 万円）、かつ、わかりにくい事業内容であるにも関わらず、1,200 万円の創業融資支援に成功した事例 264

事例4　日本政策金融公庫に創業融資を断られたが、再度チャレンジして 600 万円の創業融資支援に成功した事例 ……………………269

事例5　信用金庫から融資を断られたが、改めて事業計画を練り直して協調融資で 1,200 万円の創業融資支援に成功した事例 ………274

事例6　ビジネスモデルを大きく変更し、地元の自治体、信用組合などからの支援を取り付けて創業融資支援に成功した事例 ………279

事例7　創業融資を受けてから間もなく、さらに追加融資を申請したが断られてしまった。しかしながら、補助金・助成金に採択されたことにより、"つなぎ融資"獲得に成功した事例 ………………285

事例8　新型コロナウイルス感染症拡大の中、創業融資獲得に成功した飲食業の事例……………………………………………………291

事例9 　開業準備中に新型コロナウイルス感染症が発生して、販売方法
　　　　など事業計画を見直した上で創業融資を申し込み、通常より期
　　　　間を要したが創業融資の獲得に成功した通販会社の事例 ………297
事例10 　創業時に個人投資家から「投資」を受けることに成功したIT
　　　　ベンチャー起業家の事例 ……………………………………………301

法人設立＋資金調達支援事例

事例11 　一般社団法人として創業したばかりに、創業融資を受けるこ
　　　　とができなくなってしまった事例……………………………………306
事例12 　本店所在地が理由で法人口座も作れない⁉　さらに創業融資
　　　　も断られる！　そういう状況下で300万円の創業融資支援に
　　　　成功した事例 …………………………………………………………312
事例13 　本店を引っ越したばかりに公的融資制度を受けることができ
　　　　なくなってしまった事例 ……………………………………………317
事例14 　経営者である父親の影響で創業融資を受けることができなく
　　　　なってしまった事例……………………………………………………323
事例15 　事業内容が理由で融資を断られてしまったが、顧問税理士の
　　　　積極的な関与によって500万円の創業融資に成功した事例 …328
事例16 　法人設立時の資本金額の設定に問題があり、創業融資を受け
　　　　ることができなかった事例 …………………………………………334
事例17 　ある社外役員によって、ある特定の金融機関からのみ融資を
　　　　受けることができない事例 …………………………………………338

許認可事例

事例18 　許認可申請の直前に大規模な追加工事が必要であることが発
　　　　覚し、申請していた信用金庫の融資も危ぶまれたが、物件変

更して事業計画を見直したことで、融資も実行されて許認可
も取得できた事例 ……………………………………………342

事例 19 建設業許可で専任技術者の要件に必要な書類の取得ができな
いことが直前で判明。改めて経歴等を見直すことで建設業許
可の取得ができた事例 ……………………………………347

税務会計＋資金調達事例

事例 20 会社勤務時代から独立後まで、資金調達の支援および税務等
に関する支援を一括して依頼された事例 ……………………352

助成金事例

事例 21 会社設立の際に従業員採用にあたってキャリアアップ助成金
を獲得した事例 ……………………………………………365

おわりに
監修・著者紹介

※ 本書は、「令和 3 年 3 月」時点における情報に基づいて執筆しておりますが、その
後の更新については、該当ホームページなどから最新の情報を確認していただきます
ようお願い申し上げます（初版第 2 刷の発行にあたり、日本政策金融公庫の創業融資
制度および第 5 章に掲載している助成金については、令和 4 年 12 月末時点の内容に
修正）。

　なお、監修者、著者、および第一法規株式会社は、本書利用により生じた不利益お
よび損害については一切の責任を負いかねますのでご了承ください。
※ 本書に掲載している資料や雛形などのサンプル（損益計画書や資金繰り表、ヒアリ
ングシートなど）をダウンロードすることができます。次の URL にアクセスをして
ご利用ください。

　http://www.fa-ps.com/daiichi_dl/

Q&A 編

第1章
税理士と創業支援について

1 税理士に創業支援をすすめる理由

Q1 創業者の抱えている本当の悩みとは？

これから創業者支援に取り組もうと思っていますが、実際のところ創業者はどのような悩みや課題を抱えているのでしょうか。

Point
- ●中小企業庁の調査によりますと、創業者の54.9％が「資金調達」を起業時に第一の課題としています。
- ●経営者は創業時および創業後、そして倒産する際も「資金調達」を最大の課題として認識しています。

A 解説　2011年版中小企業白書「起業時及び起業後の課題」によりますと、創業時に54.9％、創業後に39.8％の経営者が資金調達の課題を抱えているという調査結果が公表されています。

■〈図表〉起業時及び起業後の課題

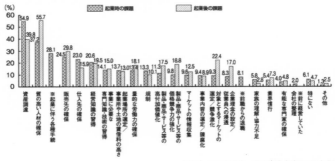

〈出典〉中小企業庁　中小企業白書2011年版

　中小企業庁は定期的に同様の調査をしていますが、ほぼ同じような結果となっています。2011年版の特徴的なところは、「起業時」と「起業後」が比較されているという点です。起業時ばかりでなく起業後も「資金調達」を課題としている経営者が圧倒的に多いということがわかります。また、日本政策金融公庫の「2019年度新規開業実態調査　〜アンケート結果の概要〜」によりますと、開業時に苦労したこととして46.9％の創業者が「資金繰り、資金調達」として回答しています。

　つまり、創業支援をする際には、特に「資金調達（創業融資）」を専門分野とすると、競合との優位性が高くなるということがいえます。

　また、企業が「倒産の危機の認識」をどのくらいの時期にしたかという調査結果もあります。少々古い調査なのですが、2003年版中小企業白書に掲載された「再挑戦実態調査」[注]によりますと、平均して16.6カ月前に倒産の危険を感じている他、過半数が6カ月前までに倒産の危機を感じています。

　倒産危機のきっかけは、23.5％の経営者が「金融機関の融資拒絶・減額」と回答しています。また、倒産当月になりますと36.1％の経営者が同様の回答をしています。

（注）　社団法人中小企業研究所「事業再挑戦に関する実態調査」（2002年12月）

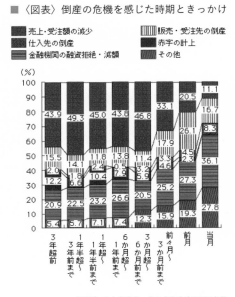

〈図表〉倒産の危機を感じた時期ときっかけ

〈出典〉中小企業庁　中小企業白書2003年版

　また、2014年版中小企業白書「自営者・家族従事者の原因・動機別の自殺数」によりますと、負債・借金で自殺をしてしまった方は347人でした。約1日あたり1人の自営者が不幸にも自殺してしまっています。

　「資金調達」は、多くの創業者にとって、創業時の大きな悩みであることはもちろん、創業後も常に抱えることとなる課題なのです。創業者、経営者が抱えている「資金調達、資金繰り」の悩みから解放して差し上げることのできる立場にいる身近な専門家は、まさに税理士だといえるでしょう。

Q2　創業支援と顧問先増加の関係とは？

　　税理士として創業者支援をするメリットって何でしょうか。創業者支援をすることによって、顧問先を増やすことができるのでしょうか。

Point

●集客のセオリーは"困っている"ことを解決して差し上げることです。

●最大の課題である"資金調達"を解決して差し上げることができれば、顧問契約の締結はごく自然の流れだといえます。

A 解説　　集客のセオリーや大前提があるとしたら、それは、創業者や経営者が抱えている悩みを解決して差し上げることだと思われます。人は自分の悩みを解決してくれる人のもとに集まります。これは、どの分野においても共通している真理ではないでしょうか。

　本章－1－Q1の〈図表〉「起業時及び起業後の課題」（P16）を改めて見てください。起業時の課題として「税務・会計」が挙がっているでしょうか？「税務・会計」については税理士という専門家がすでにいるので、起業家や経営者にとって、それはもはや課題ではないのかもしれません。よって、税理士が顧問先を増やすためには「創業者」の支援（特に創業融資支援）をすることが選択肢の1つだといえます。

　また、創業者にとって創業支援をしてくれる専門家は、はじめてお世話になる専門家でもあります。その存在感はとても大きいものです。よって、創業支援から顧問契約締結に至る流れは、ごくごく自然のことと思われます。税理士にとって、創業支援は顧問契約を獲得するのに最適なビジネスモデルだといえるでしょう。

Q3 なぜ「創業支援」は市場や経済に影響を受けない超優良マーケットといえるのか？

　　　創業支援をしたいと思っていますが、ビジネスになるほどの市場規模があるのでしょうか。また、景気が悪くなったりすると創業者数が減ると思われるので、不安定な市場だと思うのですが…。

Point
- 毎年 20 万人から 30 万人の起業家が一貫して誕生しています。
- 日本政策金融公庫における創業融資の支援実績も安定しています。

A 解説

　　　創業支援の市場規模はどれくらいあるのかご存知でしょうか。2014 年版中小企業白書第 3 部第 2 章第 1 節「起業の現状」の「就業構造基本調査」によりますと、起業を希望する者である "起業希望者" は、1997 年以降、減少傾向にあり、2007 年及び 2012 年に激減しています。

　一方で、実際に起業した "起業家" の数は大きく変化しておらず、1979 年から 2012 年にかけて緩やかな減少傾向にはあるものの、毎年 20 万人から 30 万人の起業家が一貫して誕生しています。

　現在、国・行政は、特に「創業 "希望者"」の減少を大きな問題としていますが、実際に起業するに至る「起業家 "数"」は大きく変化していないのです。また、この間、リーマンショックや東日本大震災などが発生しましたが、それにも関わらず一定水準を保っているといえます。

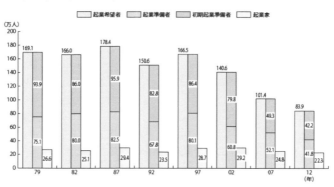

〈出典〉2014 年版中小企業白書（総務省「就業構造基本調査」再編加工）

　次に、創業融資の視点で考察してみましょう。日本政策金融公庫のニュースリリース（2019 年 5 月 31 日公表）によりますと、国民生活事業の 2018（平成 30 年）度の創業融資実績（創業前及び創業後 1 年以内）は 27,979 先（前年度比 99.5％）、1,857 億円（同 97.1％）となりました。

　リーマンショック（2008 年 9 月～）後の 2009 年度（平成 21 年度）においては、前年の 20,141 企業からやや減少したものの 18,478 企業でした（日本政策金融公庫「国民生活事業のご案内 2011」）。また、2011 年（平成23 年）3 月の東日本大震災後の 2012 年度（平成 24 年度）においては19,469 企業でしたので、融資実績は大きく増加しています（日本政策金融公庫ニュースリリース（2019 年 5 月 31 日））。

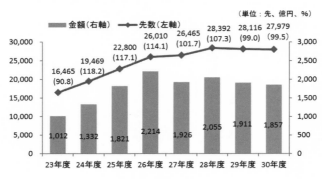

■〈図表〉創業【創業前及び創業後1年以内】融資実績

〈出典〉日本政策金融公庫ニュースリリース（2019年5月31日）

　創業支援においては、未曽有な経済危機や大震災を乗り越えて国をあげて推進していることがわかります。つまり、創業支援マーケットは、安定市場であるということです。

Q4　創業支援と税務会計業務の関連性とは？

　税理士の税務・会計業務と創業支援に関する業務は関連しているのでしょうか。また、資金調達業務との関連性はどうなのでしょうか。

Point
- ●金融機関は決算書ベースにて、基本的な融資審査をします。
- ●その決算書の作成支援をするのは税理士です。
- ●創業者への会計や経理に対する意識を高めることが重要です。

A
解説

　　創業支援と税理士の税務会計業務には、とても密接な関係があります。中小企業が金融機関に融資申請をする際には、必ず決算書を提出する必要があります。その決算書を作成するのは税理士です。創業時から創業者への会計や経理に関する意識を高めておくことは、とても重要になります。

　士業のなかで創業支援との相性が最もよいのは、圧倒的に税理士なのです。繰り返しになりますが、創業者の起業時の最大の課題は「資金調達」です。その課題を解決して差し上げることができれば、おのずと顧問先は増加します。また、資金調達を専門分野の1つとすれば、顧問先を獲得するルートが広がります。

　創業者や中小企業経営者は、"お金"のことは何でも顧問税理士に相談すればよいと思っている方が多いです。創業支援の総合的なソリューション窓口となり得る税理士は、創業者や中小企業経営者にとって最強のパートナーとなり得るのです。

　以下に「税理士の融資支援モデル例」をいくつか挙げてみます。

■〈図表〉税理士の融資支援モデル例

	概要
法人設立＋創業融資→ 顧問契約	創業融資を入口として税務顧問契約を獲得する支援モデル。行政書士登録をしている場合は、法人設立の支援も可能。その結果、高い確率で顧問契約を獲得することができる。
資金調達→ セカンドオピニオン／顧問契約	資金調達の専門家として、すでに顧問税理士のいる企業からの相談を受けることも可能。その支援の仕方次第では、セカンドオピニオン的な立場での顧問契約の可能性もある。

経営者保証ガイドライン支援→ 財務顧問契約	経営者保証に関するガイドラインに基づく、"経営者保証を外すための支援"をすることによって、税務ではなく、"財務"顧問を獲得することも可能。この場合、既存の顧問税理士の顧問契約を奪うことはない。
FC加盟者の創業融資支援→ 顧問契約	ＦＣ本部と業務提携をして、加盟される起業家の創業融資支援をすることによって、その結果、加盟店との顧問契約を獲得することも可能。この支援モデルを構築できれば、自動的に顧問先が増えていく。

2 創業支援をするために必要な知識、ノウハウ

Q1 創業支援をする上でどういう知識やノウハウが必要な
のか？

創業支援をするには幅広い知識が必要になると想像します。具体
的にはどのような知識やノウハウが必要になるのでしょうか。

> **Point**
> ●そもそもすべての知識、ノウハウを網羅するのは困難なことです。
> ●常に幅広い知識を身につける姿勢と各専門家とのネットワークの構
> 築を怠らないようにしてください。

**A
解説**
税理士の専門分野は税務・会計です。しかしながら、創業支援
をするとなると幅広い知識やノウハウが必要になります。

■〈図表〉創業支援をするために必要な知識、ノウハウの一例

	項目	内容
ヒト	人事・労務	採用、組織、能力開発、社会保険など
モノ	製品・サービス開発	新製品の開発や新事業展開の立案
カネ	財務	資金繰り、資金調達、決算など
	税務	節税、決算、税金滞納対策など
	売上・利益	売上、利益のアップ
ノウハウ	法務、登記	訴訟、登記、契約書、各種トラブルなど
	許認可、資料作成	官公署に提出する書類作成など
	リスク	リスク管理、保険対応など

　これだけの知識やノウハウを税理士1人だけですべて深く習得することは不可能です。しかしながら、常に努力を惜しむことなく幅広く知識を吸収することがとても重要です。また、それぞれの分野の士業や専門家とのネットワークを構築することも大切です。

　創業支援とは、単に「創業融資の調達サポートをして、税務顧問を結んで、それで終わり」という単純なものではありません。創業計画書作成においては、マーケティング的な知識がなければ売上計画や販売計画（顧客獲得）などについて金融機関に説明ができません。また、創業者は法人設立のことも、社会保険のこともあまり理解していません。創業支援を行う税理士には高い知識とノウハウが求められるということを理解してください。知識とノウハウの蓄積に終わりはありません。

Q2　創業支援をする上で認定支援機関に登録した方が有利（得）なのか？

　認定経営革新等支援機関（認定支援機関）に登録する必要はあるでしょうか。また、登録してメリットはあるのでしょうか。

> **Point**
> ●認定支援機関でないと支援できないさまざまな公的施策があります。
> ●創業融資においては、日本政策金融公庫の「経営力強化資金」などがありますので、ぜひとも登録されることをおすすめします。

A 解説　認定経営革新等支援機関（以下、認定支援機関）とは、中小企業・小規模事業者が安心して経営相談等が受けられるように、専門知識や実務経験が一定レベル以上の者に対し、国が認定する公的な支援機関です。すでに多くの税理士が登録されていることと思われま

す。中小企業庁によりますと、認定支援機関は令和2年10月30日現在において、37,720機関が登録されています。

政府は、認定支援機関の支援を受けながら申請する公的制度を増やしています。例えば、日本政策金融公庫の「中小企業経営力強化資金」(第2章-2-Q3(P46)を参照)などはその典型です。

以下、図表にて、一部の代表的な公的制度を一覧にしましたが、これらの制度を創業者や中小企業が利用する際には、認定支援機関の支援を受ける必要があるのです。今後、認定支援機関の支援を受けなければ申請できない公的制度はさらに増加するかもしれません。そういう意味では、認定支援機関になる意義は高いと思われます。

■〈図表〉認定支援機関の支援を受けながら申請する公的制度の例

	制度名称
日本政策金融公庫	・「経営力強化資金」 　外部専門家(認定経営革新等支援機関)の指導や助言を受けて、新事業分野の開拓等を行う事業者の経営力や資金調達力の強化する貸付制度。
信用保証協会	・「経営力強化保証」 　金融機関および認定経営革新等支援機関の支援を受けながら、自ら事業計画を策定の上で、その計画を実行し、計画進捗の報告も行うことで、経営改善に積極的に取り組む中小企業者を対象とした全国統一の保証制度。
補助金	・「ものづくり・商業・サービス関連補助金」 　認定支援機関と連携して、中小企業・小規模事業者等が取り組む、生産性向上に資する革新的なサービス開発・試作品開発・生産プロセスの改善に必要な設備投資等を支援する補助制度。 ・事業承継補助金 　認定支援機関と連携して、事業を引き継いだ中小企業・小規模事業者等が行う事業承継後の新しいチャレンジを応援する補助制度。

事業再生	・「経営改善計画策定支援事業」 　認定支援機関が中小企業・小規模事業者からの依頼を受けて経営改善計画などの策定支援を行うことにより、経営改善を促進する制度。
法律承認	・「中小企業等経営強化法」 　中小企業・小規模事業者や中堅企業が、経営力向上のための人材育成や財務管理、設備投資などの取組を記載した「経営力向上計画」（認定経営革新等支援機関の支援を受けながら策定）を事業所管大臣に申請して、認定されることにより固定資産税の軽減措置や各種金融支援が受けられる制度。

Q3 国や行政も、税理士や認定支援機関に期待をしているのか？

　税理士や認定支援機関が創業支援をすることに対して、国や行政はどういう姿勢、どういう見方をしているのでしょうか。

Point

● 「日本再興戦略」には“中小企業・小規模事業者を身近に支える士業”と明確に書かれています。

● 開業率が廃業率を上回る状態にし、開業率・廃業率が米国・英国レベル（10％台）になることを目指すという目標を掲げています。

A 解説

　2013（平成25年6月14日）に公表された「日本再興戦略」の「日本産業再興プラン　6．中小企業・小規模事業者の革新」には“中小企業・小規模事業者を身近に支える士業”と明確に書かれています。

■「日本再興戦略 6. 中小企業・小規模事業者の革新」（一部抜粋）

開業率が廃業率を上回る状態にし、**開業率・廃業率が米国・英国レベル（10％台）になることを目指す**こと、中小企業・小規模事業者の成長分野への進出を支援し、2020 年までに黒字中小企業・小規模事業者を 70 万社から140 万社に増やすこと、今後 5 年間で新たに 1 万社の海外展開を実現することを目指し、国、地方公共団体に加え、**中小企業・小規模事業者を身近に支える士業**、中小企業・小規模事業者関係団体、地域金融機関などの支援機関が一体となって、地域のリソースの活用・結集・ブランド化、中小企業・小規模事業者の新陳代謝の促進及び国内外のフロンティアへの取組促進を進める。

　このように国や行政も税理士、認定支援機関に大きな期待をしています。今後、政権交代等による劇的な政策の変化がない限り、この基本的な考え方や方向性が大きく変わることはないと想像します。

　本章においては、創業者や中小企業経営者が創業時から倒産するまでに抱えている課題について明らかにしました。そして、創業支援市場は経済や景気などに大きな影響を受けないということを客観的なデータを基に説明させていただきました。また、資金調達ノウハウを身につけて頂きますと顧問先が増える理由についてもご理解していただけたと思います。

　また、認定支援機関になるメリット、そして資金調達支援業務と税理士業務（税務・会計）などの相性がとてもよいということもご理解していただけたことでしょう。

　ぜひ、税理士の皆様には、創業者が抱えている最大の課題である「資金調達」支援を第一に、税務・会計および資金調達以外でも幅広い知識、ノウハウを持って創業者支援を行っていただきたいと切に願っております。

Q & A 編

第 2 章

資金調達について

1 創業融資の基礎

Q1 どのような融資ルートがあるのか？

　これから初めて事業を始める方が融資を申請する際に、どの金融機関に申し込めばよいのでしょうか。

> **Point**
> ●創業時は日本政策金融公庫の利用を検討するとよいでしょう。
> ●また、地方自治体の制度融資もおすすめします。
> ●希望金額が多い場合は、協調融資も検討しましょう。

A 解説

1　日本政策金融公庫からの融資

　創業融資、つまりこれから初めて事業を起こす方が融資を受けるときは、日本政策金融公庫をおすすめします。日本政策金融公庫は、政策金融改革により 2008 年 10 月に発足した政府系金融機関で、一般の金融機関が取り組みにくい融資などを補完的に行っている金融機関です。

■〈図表〉政策金融機関の業務の概要

〈出典〉日本政策金融公庫　政策金融機関の業務の概要

　また、その中でも国民生活事業では、第1章でも触れたとおり、創業者への融資を積極的に支援しています。特に近年は政府の成長戦略等の実現のため、創業者への融資をより強化しています。（第1章-1-Q3の図表「創業【創業前及び創業後1年以内】融資実績」（P22）を参照。）

　なお、日本政策金融公庫をおすすめする理由としては、以下のとおりです。

（1）無担保・無保証人で利用できる融資制度がある

　創業者にとって非常に有利な制度があります。例えば、日本政策金融公庫の融資制度の中に「新創業融資制度」がありますが、これらは、原則として担保も保証人も不要です（本章-2「日本政策金融公庫の創業融資制度」参

照）。

　また、各自治体が実施している制度融資は、信用保証協会の保証が必要となり、その保証料を追加で払う必要がありますが、日本政策金融公庫からの融資は保証が不要であるため保証料を負担する必要がありません（本章－3「信用保証協会および信用保証制度」を参照）。

　ただし、当然ながら担保も保証人も不要だからといって、綿密に検討されていない事業計画書を提出したら、審査を通過することは困難でしょう。決して融資の審査基準が甘いのではなく、あくまでも本気でチャレンジする創業者をサポートする融資制度が用意されている、と考えるべきでしょう。

（2）申し込みから融資金の入金までの期間が比較的短い

　融資の申し込みをして、状況にもよりますが、遅くとも1カ月後には資金が口座に振り込まれます。制度融資の場合は、自治体にもよりますが、専門家の助言を受ける必要があるために何度も足を運ぶなど、比較的時間がかかるケースもありますので、それらと比較しますと期間は短いといえるでしょう。

2　地方自治体の制度融資

　自治体と信用保証協会と指定金融機関の三者協調の上に成り立っている融資制度で、中小企業者が金融機関から融資を受けやすくするための制度です。

　利子補給や信用保証料の補助などを受ける場合には、一般的に自治体からの斡旋書等が必要になり、各自治体の経営相談員との数回の面談が必要となるケースもあり、日本政策金融公庫からの融資に比べ期間を要することが多いといえます。

　しかしながら、利子の補給（金利優遇措置）や信用保証料の補助はとてもありがたい制度なので、ぜひとも検討してみてください。

　また、融資の希望額が多い場合は、日本政策金融公庫と民間金融機関の協調融資をお願いしてもよいかと思います。協調融資とは、融資金額を日本政

策金融公庫と民間金融機関で分担するなど、創業者のニーズに合わせて行われる融資です。融資の希望額が多い場合には、協調融資が可能かどうかについて検討してみるのも一案です。

なお、詳細については、本章－4「自治体の創業融資制度」を参照ください。

Q2 自己資金はどれくらい必要なのか？

創業融資を申し込む際は、自己資金はいくら必要なのでしょうか。また、どういうものが自己資金として認められるのでしょうか。

Point

●創業融資を受ける際は、自己資金の準備は必須と考えましょう。

●理想としては創業資金総額の2分の1、少なくとも3分の1は用意しておきたいところです。

●原則として、給料などによる預貯金（現金）が、自己資金として理想であるといわれています。

A 解説

1 自己資金の基本的な考え方

自己資金は、当然ながら多ければ多いほど審査において有利となりますので、理想としては創業資金総額の2分の1は欲しいところです。少なくとも3分の1はあるとよいでしょう。

なお、創業者支援を強化している日本政策金融公庫の「新創業融資制度」の場合は、必要自己資金は以下の通りとされています。

3．自己資金要件

　新たに事業を始める方、または事業開始後税務申告を1期終えていない方は、創業時において創業資金総額の10分の1以上の自己資金（事業に使用される予定の資金をいいます）を確認できる方

　ただし、「現在お勤めの企業と同じ業種の事業を始める方」、「産業競争力強化法に定める認定特定創業支援等事業を受けて事業を始める方」等に該当する場合は、本要件を満たすものとします。

　こちらの融資制度を利用する際は、原則として融資希望額の10分の1以上の自己資金が必要となり、他の融資制度や金融機関の制度よりもハードルは低くなります。創業者にとっては、非常にチャレンジのしやすい融資制度といえるでしょう。

　しかしながら、これから始める業種の経験が乏しいなど、他の要素の面で不利な場合は、10分の1の自己資金を用意したとしても融資を受けることができない場合も当然あります。また、一定の条件を満たす場合には自己資金が不要となっていますが、実際に融資を申し込む際に自己資金が全くないと、やはり審査のハードルは高くなってしまいます。

　なお、新創業融資制度の詳細については、本章－2－Q2「新創業融資制度とは」を参照ください。

2　どういったものが自己資金になるか

　基本的には、「通帳で確認ができ、これまでの仕事等の給料等からコツコツ貯めてきた預貯金」が自己資金として認められます。ただし、面談前に突然多額のお金が入ってきて、いきなり残高が増えていると、面談担当者に出所を厳しく追及されるでしょう。いわゆる「見せ金」は、自己資金として認められることは難しいと考えましょう。

　また、タンス預金も通帳に記録が残らず、いきなり口座へ入金しても同じ

ように説明が困難になるため、タンス預金をされている場合は融資の面談を申し込む相当期間前に入金しておく必要があるでしょう。

次に、家族や親族からの資金援助ですが、こちらはある程度自己資金として認めてもらえる可能性があります。

しかしながら、自身の用意した金額がわずかで、その他ほとんどを援助してもらっている、というケースだとやはり難しいでしょう。あくまでも自身の貯めてきた預貯金がメインであり、そちらが十分にある方が評価は高くなります。

そして、株式や投資信託、保険の解約金などの金融商品ですが、これらの証券のみをもって自己資金として認められる可能性は低いと思われます。なぜなら、これらは現金化されていないので、事業資金の支払いに必ずしも充てられる状態であるとはいえないためです。

もし本当に事業資金として活用するのであれば、前もって現金化しておき、面談担当者に「事業を成功させるため、資金に余裕を持たせる目的で現金化しました」としっかり伝えられるように準備しておいてください。

Q3 連帯保証人、担保は必要なのか？

金融機関から融資を受けるには、連帯保証人や担保を用意しなければならないのでしょうか。これらを用意できなければ、融資を受けることは難しいのでしょうか。

> Point
> ●以前は、ほとんどの場合で必要でしたが、現在は不要となるケース
> 　も増えてきました。
> ●日本政策金融公庫の場合は、新創業融資制度などが原則無担保・無
> 　保証人の融資制度となっています。
> ●民間金融機関にプロパーで創業融資を申し込む場合は、経営者の個
> 　人連帯保証が必要となるケースが多いです。

A
解説
　　　　　以前は、融資を受けるために連帯保証人や担保が必要となる事
が一般的でした。しかしながら、現在は不要とされるケースが増
えており、その点に関しては創業融資のハードルは下がってきて
います。

　金融庁では、金融機関に対し、保証や担保に必要以上に依存せず、事業内
容や成長可能性に重視した金融支援を行うよう促しています。その一例とし
て、日本政策金融公庫では「新創業融資制度」などを実施しており、連帯保
証人や担保が必要となることは少なくなっています。これにより、創業予定
の方の心理的なハードルは大変低くなったと思われます。

　なお、ケースによってはもちろん連帯保証人や担保が必要となることもあ
ります。また、民間の金融機関の独自の創業融資制度などについては、これ
から事業を始める方が融資を申し込む場合は、連帯保証人が必要となること
が多いといえるでしょう。少なくとも法人であれば代表者個人が連帯保証人
となることが多いと思われますので、その点については、創業者の方へ事前
にアドバイスすることをおすすめします。

Q4 個人より法人の方が有利なのか？

これから事業を始めようとする方から、「個人でなく、法人として事業を始める方が融資を獲得しやすいのでしょうか？」という質問を受けました。確かに法人の方が融資を受けやすいと聞いたことがありますが、実際のところはどうなのでしょうか。

> **Point**
> ● 創業融資については、基本的には、個人であろうと、法人であろうとさほど関係ありません。
>
> ● しかしながら、事業開始から数年が経過した後に融資を受ける際は、法人である方が有利となる可能性があります。

A
解説

これもよく質問をいただくテーマだと思われます。確かに、個人よりも法人の方が信用を得られやすい、という見方もあります。それでは、融資を受けるために法人を選択した方がよいのでしょうか。

結論からいうと、必ずしもそうとは言い切れないようです。まずは、「これから事業を始める方」と「すでに事業を開始して年数が経過している方」とでは、分けて考える必要があります。

1 これから事業を始める方

重要なポイントは、「事業計画」「自己資金」「その業種の経験」などになります。「個人か法人か」は、ここでは重要なポイントにはなりにくいと思われます。例えば、「個人で飲食店を始めようと思っている。業界経験は7年、自己資金を500万円用意した。今回は500万円の融資を申し込みたい」という方と「法人を設立した。飲食業は経験したことがないがこれから勉強

しようと思う。自己資金は特に準備していないが、500万円の融資を申し込みたい」という方、どちらが有利となるでしょうか。当然、前者になるかと思われます。

　これから創業される方はまだ事業の実績がないため、「法人か？個人か？」ということより、「事業計画」「自己資金」「その業種の経験」などが重要なポイントとなるといえます。

2　すでに事業を開始して年数が経過している個人の方

　このケースの場合は、法人で借りる方がメリットのある可能性があります。民間金融機関等においては、法人の決算書は見慣れていても、個人の確定申告書を見る機会は比較的少ないという傾向があります。また、法人の決算書には、重要な勘定科目の明細を添付するなど、個人の確定申告書よりも情報が多く記載されており、その会社を理解する材料が多くなります。

　つまり、必ずしも個人より法人の方が有利であると断定はしませんが、事業を始めて数年が経過し、規模も大きくなってきた個人の方は、法人成りをした方が融資を受けやすくなる可能性は高いといえるでしょう。

　「法人か？個人か？」については、「融資」という視点においても、さまざまな判断材料がありますが、「税務」の面や「対外的な印象」なども含め、総合的に判断するようにしてください。

2 日本政策金融公庫の創業融資制度

Q1 日本政策金融公庫には、どういう創業融資制度があるのか？

日本政策金融公庫のホームページを見ると、多くの融資制度が掲載されています。それぞれの融資制度について、創業者が使いやすい制度はどのような制度でしょうか。また、どのような特徴があるのでしょうか。

> **Point**
> ●創業者は、まず日本政策金融公庫「国民生活事業」の融資制度を参考にしてください（特に「新企業育成貸付」と「その他の融資制度」）。
> ●商工会議所の創業塾等で学ばれた方は、マル経融資（小規模事業者経営改善資金）も視野に入れておくと、次の融資の準備になります。

A 解説　日本政策金融公庫の業務は、個人企業および小規模企業に対する融資額平均980万円の小口資金を融資している「国民生活事業」、中小企業向けの融資額平均1億円の長期事業資金を融資している「中小企業事業」、農林漁業や国内農林水産物を扱う加工流通分野の長期事業資金を融資している「農林水産事業」に分類されます。

通常、創業者は「国民生活事業」を利用することが多いと思われます。「国民生活事業」の特徴をまとめると、以下の通りです。

> 1．日本政策金融公庫の国民生活事業は、個人企業や小規模企業向けの小口資金を融資する事を主に行っています。そのため、資金基盤が弱い創業企業への融資を積極的に行っています。
> 2．無担保、無保証人である融資が比較的多いです。
> 3．民間金融機関との提携のネットワークを構築しており、民間金融機関の融資を補う側面も持っています。

　本書においては「国民生活事業」の融資制度について説明します。以下に、創業者が対象者となりやすい、または検討しておきたい融資制度を一覧にしてみました。

■1．一般貸付

融資制度	対象者	融資限度額
一般貸付	ほとんどの業種の中小企業の方が利用することができますが、金融業、投機的事業、一部の遊興娯楽業等の業種の方は利用することができません。	4,800万円 特定設備資金：7,200万円

■2．新企業育成貸付

融資制度	対象者	融資限度額
新規開業資金	新たに事業を始める方または事業開始後おおむね7年以内の方	7,200万円（うち運転資金4,800万円）
女性、若者／シニア起業家支援資金	女性または35歳未満か55歳以上の方であって、新たに事業を始める方または事業開始後おおむね7年以内の方	7,200万円（うち運転資金4,800万円）

再挑戦支援資金 （再チャレンジ支援融資）	廃業歴等のある方など一定の要件に該当する方で、新たに事業を始める方または事業開始後おおむね7年以内の方	7,200万円（うち運転資金4,800万円）
中小企業経営力強化資金	外部専門家の指導や助言、または「中小企業の会計に関する基本要領」の適用などにより、経営力の強化を図る方	7,200万円（うち運転資金4,800万円）

■3．企業活力強化資金

融資制度	対象者	融資限度額
ソーシャルビジネス支援資金	社会的課題の解決を目的とする事業を営む方など	別枠7,200万円（うち運転資金4,800万円）
事業承継・集約・活性化支援資金	事業を承継する方など	別枠7,200万円（うち運転資金4,800万円）

〈注意〉
・事業承継は後継者による創業という見方もできますので、「事業承継・集約・活性化支援資金」についても注目してください。

■4．その他の融資制度

融資制度	対象者	融資限度額
新創業融資制度	新たに事業を始める方または事業開始後で税務申告を2期終えていない方	3,000万円（うち運転資金1,500万円）
マル経融資（小規模事業者経営改善資金）	商工会議所、商工会または都道府県商工会連合会の実施する経営指導を受けている方であって、商工会議所等の長の推薦を受けた方	2,000万円

■5．生活衛生貸付

融資制度	対象者	融資限度額
一般貸付	生活衛生関係の事業を営む方	7,200万円～4億8,000万円
生活衛生改善貸付	生活衛生関係の事業を営んでおり、生活衛生同業組合等の実施する経営指導を受けている方であって、生活衛生同業組合等の長の推薦を受けた方	2,000万円

〈注意〉

・生活衛生事業者（（例）飲食、理美容など）の創業については、一般貸付の対象にもなります。

〈出典〉日本政策金融公庫ホームページ「国民生活事業　融資制度一覧」

Q2　新創業融資制度とは？

日本政策金融公庫には、無担保・無保証人の「新創業融資制度」がありますが、これについて詳しく教えてください。

Point

●事業開始後税務申告を2期終えていない方が対象です。

●原則として創業資金の10分の1以上の自己資金が必要になります。

●原則、無担保、無保証人です。

A
解説

「新創業融資制度」とは、新たに事業を始める方や事業を開始して間もない方が無担保・無保証人で利用できる制度です。

■〈図表〉新創業融資制度

貸付窓口	日本政策金融公庫・国民生活事業
対象者	次のすべての要件に該当する方 1．創業の要件 　新たに事業を始める方、または事業開始後税務申告を2期終えていない方 2．自己資金の要件 　新たに事業を始める方、または事業開始後税務申告を1期終えていない方は、創業時において創業資金総額の10分の1以上の自己資金（事業に使用される予定の金額をいいます。）を確認できる方。 　ただし、事業に使用される予定のない資金は除いて、「現在お勤めの企業と同じ業種の事業を始める方」、「産業競争力強化法に定める認定特定創業支援等事業を受けて事業を始める方」等に該当する場合は、本要件を満たすものとします。
資金使途	新たに事業を始めるため、または事業開始後に必要とする設備資金および運転資金
融資限度額	3,000万円（うち運転資金1,500万円）
返済期間	各種融資制度で定めるご返済期間以内
利率	基準利率　2.45〜3.45％（令和5年1月4日現在） ※出典：日本政策金融公庫ホームページ「国民生活事業（主要利率一覧表）」
担保・保証人	原則不要 ※原則、無担保無保証人の融資制度であり、代表者個人には責任が及ばないものとなっています。法人が希望する場合は、代表者が連帯保証人となることも可能です。その場合は利率が0.1％低減されます。

〈出典〉日本政策金融公庫ホームページ「新創業融資制度」

　新創業融資は、無担保・無保証人ですから、創業者にとってはとてもありがたいものであり、本制度を活用される創業者は非常に多いです。また、日本政策金融公庫のホームページを見てみますと、対象者の条件がさらに詳しく書かれているため、かえって対象になるのかどうかわかりにくいと思われるかもしれません。実務的には、大抵の創業者の方が対象になっていますが、念のため不安な場合は、融資・資金調達の専門家や日本政策金融公庫に

お問い合わせください。

　また、上記ホームページの注意書きにて、自己資金について、「事業に使用される予定のない資金は、本要件における自己資金には含みません。」とされているので十分に注意してください。

Q3　中小企業経営力強化資金とは？

　「認定経営革新等支援機関」の支援を受ける必要のある「中小企業経営力強化資金」という制度があると知りました。この「中小企業経営力強化資金」について詳しく教えてください。

Point
- 中小企業等経営力強化法に定める認定経営革新等支援機関による指導および助言を受けている方が対象です。
- 「中小企業の会計に関する基本要領」または「中小企業の会計に関する指針」を適用している方または適用する予定である方も対象になります。

A　解説

　「中小企業経営力強化資金」とは、外部専門家（認定経営革新等支援機関）の指導や助言を受けて、新事業分野の開拓等を行う方の経営力や資金調達力の強化を支援する制度です。

■〈図表〉中小企業経営力強化資金

貸付窓口	日本政策金融公庫・国民生活事業	
対象者	新たに事業を始める、または事業開始後 7 年以内の方で、次の全てに当てはまる方 1.「中小企業の会計に関する基本要領」または「中小企業の会計に関する指針」を適用または適用予定の方 2.自ら事業計画の策定を行い、中小企業等経営強化法に定める認定経営革新等支援機関による指導および助言を受けている方	
資金使途	新たに事業を始めるため、または事業計画の実施のために必要とする設備資金および運転資金	
融資限度額	7,200 万円（うち運転資金 4,800 万円）	
返済期間	設備資金：20 年以内〈うち据置期間 2 年以内〉 運転資金：7 年以内〈うち据置期間 2 年以内〉	
利率（年）	特別利率 A	
担保・保証人	お客さまのご希望を伺いながらご相談させていただきます。	
併用できる融資制度	無担保・無保証人を希望される方	【新たに事業を始める方・税務申告を 2 期終えていない方】 新創業融資制度 【税務申告を 2 期以上終えている方】 担保を不要とする融資制度 経営者保証免除特例制度
	新たに事業を始める方・税務申告を 2 期終えていない方	創業支援貸付利率特例制度
	設備投資を行う方	設備資金貸付利率特例制度（全国版） 設備資金貸付利率特例制度（東日本版）

〈出典〉日本政策金融公庫ホームページ「中小企業経営力強化資金」

　対象者 1 の場合は、中小企業経営力強化資金は、「認定経営革新等支援機関」（認定支援機関）の支援が必要となります。多くの税理士が認定支援機関に登録されていると思われます。本制度は他の制度と比較すると、認定支援機関の支援が入るため、審査基準がやや緩い傾向がありました。しかしながら、年々、審査基準が厳しくなっているようにも感じていますが、認定支

援機関を取得されている税理士の方には、ぜひ、本制度を積極的に利用することをおすすめします。

　本制度には、「新創業融資制度」のように、「自己資金」に関する規定がありません。しかしながら、自己資金については、できれば3分の1は準備しておきたいです。

　なお、注意していただきたい点が2つあります。まず第1に「借主が策定した事業計画期間内において、年1回以上、事業計画進捗状況を公庫に報告すること」が利用者の要件となります。第2に、この利用者の要件を満たさなくなったことが判明した場合、期限の利益を喪失することになり、繰上償還となります。これらについて十分に注意してください。

Q4　生活衛生貸付とは？

　　　飲食店や理美容業などの生活衛生関係事業者が起業する際に対象となる「生活衛生貸付」があると聞きました。あまり聞き慣れない制度なのですが、これはどういう制度なのでしょうか。

> Point
> ●生活衛生貸付とは、「生活衛生関係の事業」を営む方を対象とする融資制度です。
>
> ●資金使途は設備資金のみとなっています。
>
> ●要件によっては、都道府県知事の「推せん書」が必要になる場合があります。

A 解説

1　「生活衛生貸付」とは？

　「生活衛生貸付」とは、生活衛生同業組合、生活衛生営業指導センターなどと密接に連携し、国民生活に身近な存在で衛生水準の確保への要請が強い生活衛生関係営業事業者（飲食店営業、理美容業など）に対して衛生水準の維持・向上、そして融資支援を行う制度です。

■〈図表〉生活衛生貸付の概要

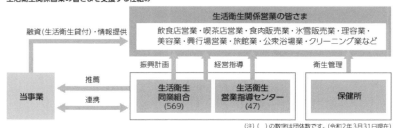

〈出典〉日本政策金融公庫「国民生活事業のご案内 2020」

　「生活衛生貸付」による融資先企業数は約7万先、融資先の大半が従業者9人以下であり、約8割が個人企業、約5割が創業前及び創業後5年以内の企業となっています。また、1先あたりの平均融資残高は477万円となっています（いずれも令和元（2019）年度データ）。

2　飲食店、理美容院などは新創業融資制度を利用できないのか？

　飲食店、理美容院などで創業される方は、生活衛生貸付のみで、新創業融資制度（P44）や中小企業経営力強化資金（P46）の利用はできないのでしょうか？

　実務的にはどちらも利用できます。一般的には、飲食店、理美容院で創業される多くの方が、新創業融資制度や中小企業経営力強化資金を利用しています。融資希望額が1,000万円以内の起業の場合は、新創業融資制度や中小企業経営力強化資金で十分対応可能だと思われます。この使い分けについ

てわかりにくい場合は、融資・資金調達の専門家、または日本政策金融公庫
に相談されることをおすすめします。

3　一般貸付について

　一般貸付とは、生活衛生貸付の1つの制度であって、生活衛生関係の事業
を営む方および理容学校・美容学校を経営する方を対象として制度です。

■〈図表〉一般貸付

貸付窓口	日本政策金融公庫・国民生活事業	
対象者	生活衛生関係の事業を営む方および理容学校・美容学校を経営する方	
資金使途	設備資金	
融資限度額	飲食店営業、喫茶店営業、食肉販売業、食鳥肉販売業、氷雪販売業、理容業、美容業、その他公衆浴場業	7,200万円以内
	一般公衆浴場業	3億円以内（2施設以上の場合4億8,000万円以内）
	旅館業	4億円以内
	興行場営業、サウナ営業	2億円以内
	クリーニング業	1億2,000万円以内
返済期間、及び据置き期間	13年以内（1年以内、返済期間が7年超の場合2年以内） ※一般公衆浴場業は30年以内	
利率	[基準利率] [特利A] [特利B] [特利C] ・一般公衆浴場業の場合は[特利E] 〈参考〉https://www.jfc.go.jp/n/rate/index.html	
保証人・担保	申請者の希望により応相談	

〈出典〉日本政策金融公庫ホームページ「一般貸付」

　一般貸付は利用する際は、原則として都道府県知事の「推せん書」が必要
になりますが、借入申込金額が500万円以下の場合は不要です。推せん書
交付の申請窓口は、都道府県生活衛生主管部（局）になります。

　なお、推薦事務が都道府県の生活衛生営業指導センターに委託されている場合は、都道府県の生活衛生営業指導センターにて申請を行うことになります。このように生活衛生貸付の一般貸付は、少々面倒な手続きをしなければ利用することができません。

Q5　申請手続きの流れとは？

　　　日本政策金融公庫の創業融資の申請から融資実行まではどのような流れ、手続きになっているのでしょうか。また、申請から融資申請まで、どれくらいの期間がかかるのでしょうか。

> **Point**
> ●「相談・申込」→「面談」→「融資」→「返済」の順番です。
> ●相談から融資実行までには、諸々の状況にもよりますが、最大で1カ月程度の時間がかかる場合もあります。
> ●日本政策金融公庫への事前相談も可能です。

A
解説
　　　日本政策金融公庫における創業融資の申請フローは、「相談・申込」→「面談」→「融資」→「返済」の順になります。「相談」から実際に「融資」が実行されるまで、地域差はありますが、長くて約1カ月の時間を要します。念のため、これくらいの余裕をもって申請しておいた方が無難でしょう。特に、資金調達需要が高い時期（3月期末、ゴールデンウィーク、夏、年末年始）などは、窓口も混みますし、また地域差もあると思われますので、注意しましょう。

　それでは、具体的な創業融資の手続きの流れについて説明します。

■〈図表〉創業融資の手続きの流れ

	内容
１．相談・申込	１）融資制度や申込み、手続等のお問い合わせについては電話でも可能です。事業資金相談ダイヤルなどを利用されてみてください。 〈融資相談に関するお問い合わせ先〉 https://www.jfc.go.jp/n/inquiry/index.html ２）支店窓口等にて相談する場合は「創業計画書」を持参すれば、具体的な相談に対応してくれます。 ３）公庫所定の「創業計画書」や「借入申込書」などの書類一式を提出します。 〈借入申込書等ダウンロード〉 https://www.jfc.go.jp/n/service/dl_kokumin.html ４）「申込」は、日本政策金融公庫のホームページからも受付が可能です。 〈事業資金 お申込受付〉 https://www.m.jfc.go.jp/sysped/ped010 　その際、必要な添付書類については、後日、提出することになります。 ５）生活衛生関係の事業を営む方は、都道府県知事の「推せん書」（借入申込金額が 500 万円以下の場合は不要です。）または、生活衛生同業組合の「振興事業に係る資金証明書」が必要になります。 ６）申込窓口は、通常、法人で創業される方は本店所在地、個人で創業される方は創業予定地の近くの支店になります。　なお、本店所在地または創業予定地が遠方の場合は、ひとまずは住居近くの支店にご相談ください。
２．面談	１）主に事業計画などについて質問されます。面談時間は、約 30 分～ 60 分くらいです。 ２）準備する書類は、事業計画についての資料や資産・負債のわかる書類などになります。 ３）店舗、事務所、工場などを訪問する場合もあります。 ４）事業計画などをさまざまな角度から検討され、融資の判断資料となります。
３．融資	１）融資が決定すると、借用証書など契約に必要な書類が送られてきます。 ２）契約手続きが終わりますと、希望の銀行口座へ送金されます。

4．返済	返済方法は、元金均等返済、元利均等返済、ステップ（段階）返済などがあります。

　なお、日本政策公庫から事業資金の融資を受けられる個人事業主、中小企業法人などが、任意で加入できる「団体信用生命保険」というものがあります。詳細については日本政策金融公庫にご相談ください。

〈参考〉公益財団法人公庫団信サービス協会ホームページ　「事業資金融資団信保険　ご加入いただける方」

Q6　どういう提出書類が必要なのか？

　　　　　日本政策金融公庫で創業融資の申請をする際には、どのような書類が必要になるのでしょうか。

> **Point**
> ●基本となる書類は「創業計画書」および「借入申込書」になります。
> ●必要に応じて、創業計画書の内容をさらにアピールするための書類などを提出することもあります。
> ●さらに日本政策金融公庫から要求される資料などがあります。

A 解説

　　　　　日本政策金融公庫の創業融資制度を申請する際に必要な書類は、「創業計画書」と「借入申込書」が中心になります。また、「損益計画書」や「資金繰り表」もあわせて作成することをおすすめします。その他、必要に応じて「取引先開拓一覧表」や「職務履歴書」などを用意しておくことをおすすめします。

　以下に、最も重要な書類の一覧をまとめておきましたのでご確認ください。

■〈図表〉提出書類（1）

```
□創業計画書
□借入申込書
□損益計画書、資金繰り表
□取引先開拓一覧表
□職務履歴書
□その他、自身の実績などをアピールできる資料など
```

　また、申請者に応じて、以下のような書類を要求されます。ただし、すべての書類が必要というわけではありません。詳細については、日本政策金融公庫の窓口から案内があります。なお、必要に応じて、創業計画書の内容をさらにアピールするための書類などを提出することもあります。

■〈図表〉提出書類（2）

```
□創業計画書の売上、売上原価、経費の計算に用いた資料
　（予定販売先との受注契約書など）
□勤務時の給与明細票または源泉徴収票
□見積書、工事請負契約書、建築確認通知書
□預金通帳（普通、定期、積立など。家族名義分、開業のために使った解約済分を含め
　て用意しておきましょう。）
□開業のための資金として準備されている有価証券の預り証など
□開業のために使った資金の領収書
□借入金（住宅ローンや家族名義分などを含む）のある場合は、毎月の支払額、借入金
　残高のわかるもの（支払明細表、残高証明書）
□土地・建物の登記済権利証書（家族名義分を含む）
□不動産（店舗、事務所、自宅）の賃貸借（予約）契約書または賃借物件の説明書
□地代・家賃の領収書（最近6カ月分以上）
□不動産担保を希望の場合、不動産登記簿謄本（交付日が最近1カ月以内のもの）およ
　び固定資産税の領収証書
□営業許可書、認可証、資格または免許を証明するもの
□運転免許証、パスポート、健康保険証または外国人登録証明書など
```

　なお、法人の場合は「履歴事項全部証明書」または「登記簿謄本」、そし

て繰り返しになりますが、生活衛生関係事業の場合は都道府県知事の「推せん書」などが必要になる場合があります。

Q7 創業計画書作成のポイントとは？

　　　日本政策金融公庫のホームページで創業計画書の記載例が掲示されています。記載例の通りに書けば、融資が通りやすいのでしょうか。また、実際に日本政策金融公庫の創業計画書を書く際の注意点やポイントなどがあれば教えてください。

> **Point**
> ●日本政策金融公庫の記載例を真似て、そのまま書くのはよくありません。
> ●創業計画書は空白を作らないでください。

A 解説

　　　ここでは、創業計画書がどういう書類なのか？大前提となるポイントは何か？など、基本的な知識について解説します。

　　　なお、創業計画書の記載例には、「この書類に代えて、お客さまご自身が作成された計画書をご提出いただいても結構です」と書かれていますが、やはり、指定フォーマットである創業計画書を作成することをおすすめします。ご自身で作成した事業計画書を提出するとしたら、創業計画書の内容については必ず書くようにしてください。

　　　まずは、一例ですが、日本政策金融公庫が公表している記入例（婦人服・子供服小売業）を見てください。

■〈図表〉創業計画書記入例

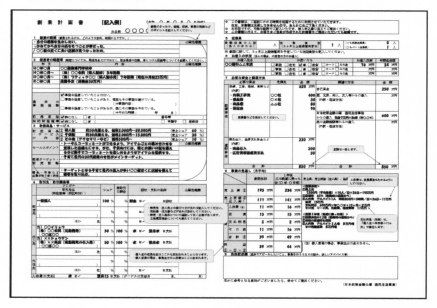

〈出典〉日本政策金融公庫ホームページ（創業計画書記入例）

　なお、創業計画書は、次のような構成で作られています。

1	創業の動機
2	経営者の略歴等
3	取扱商品・サービス
4	取引先・取引関係等
5	従業員
6	お借入の状況
7	必要な資金と調達方法
8	事業の見通し（月平均）
9	自由記述欄

　また、この構成・内容については、随時見直されていますので、常に最新の創業計画書を確認するようにしてください。作成についてイメージできない場合は、日本政策金融公庫のホームページで大まかに動画でも解説されて

いるので、一度ご確認ください。

〈出典〉日本政策金融公庫ホームページ（サービスのご案内）

　次に、創業計画書作成上の重要なポイントについて説明します。創業計画書を作成する際の大前提となる重要なポイントは２つあります。それは、「記入例の言葉をそのまま真似しない」ということと、「空白を作らない」ということです。

1　記入例をそのまま真似しない

　記入例をそのまま真似て作成すると、ダメ出しされる可能性があります。これはあくまでも"記入例"であって、この通り書けば大丈夫である、ということではありません。日本政策金融公庫のホームページには９つの業種の創業計画書の記入例が公表されていますので、まずは、実際にいくつか、内容を確認してみてください。

　自分が融資をする側に立って読んでみると、「本当にこれでいいのか？」と誰でも感じるはずです。記入例の「創業の動機」は、「自分の店を持つことが夢だった」、「駅の近くの良い店舗が見つかった」と書かれています。確かにこれも"動機"ですが、これから数百万円の融資を受けようとしているのです。お金を借りて事業を営み、返済していく事の大変さも考えながら真剣に作成すべきです。創業計画書の１〜４の項目については、「しっかりと書いて当たり前、しっかりと書かれていないと減点される」というようなイメージを持っていただいて結構だと思います。

2　空白を作らない

　創業計画書には、「お手数ですが、可能な範囲でご記入いただき、借入申込書に添えてご提出ください」と書かれているのですが、未記入など絶対にあってはいけません。

　面談が終わり、担当者の方が再確認する時に、手元に残るのは創業計画書

なのです。たった数行しかない創業計画書のすべてを埋められない創業者に融資したいと思うでしょうか。必ずアピールしきれない内容がきっとあるはずです。申請者の事業プランや思いなどをしっかりと記入するようにアドバイスしてあげてください。

　また、さらに自身の事業をさらにアピールしたい場合や創業計画書だけでは、事業内容が伝わりにくいという場合もあるでしょう。その場合は、わかりやすくシンプルに説明する資料（事業計画書など）を作成することをおすすめします。具体的には、以下のような資料です。

1．事業計画書
　　→創業計画書の 1 〜 7 までを 1 枚程度でまとめたもの
2．損益計画書
　　→創業計画書の 8 の詳細についてまとめたもの。
　　　※最低でも月別 1 年分、できれば 3 年分は作成してください。

　これらの資料を追加するだけで、アピール度が一段と向上します。特に、面談時に担当者からいろいろと口頭で質問されると「緊張して上手く回答できるかどうか心配だ」という方には最適です。

　また、事業内容が少々複雑で、創業計画書 1 枚だけでは説明できないという方には、まさに強い味方になると思われます。中には、20 頁〜 30 頁の立派な事業計画書を作成される方もいらっしゃいますが、実際、それだけボリュームのある事業計画書を担当者が精読するのは困難でしょう。極力少ない枚数の事業計画書にまとめたいものです。

　日本政策金融公庫の担当者としてありがたい書類とは、担当者自身が理解でき、しっかりと返済できる事がわかりやすく、かつ簡潔にまとまっている書類です。書類の枚数で情熱を示すより、書類のわかりやすさ（内容）で情熱を示してください。

■ 〈図表〉損益計画書サンプル

たとえば「開業当初」の数値はこれを使う。

たとえば「軌道に乗った後」の数値はこれを使う。

■損益計画サンプル（1年間） (単位／千円)

	○月	○月	○月	○月	○月	○月	○月	○月	○月	○月	○月	○月	合計
売上高[1]=①×④	1,950	1,950	1,950	1,950	1,950	1,950	2,340	2,340	2,340	2,535	2,535	2,535	26,325
平均単価①	7.5	7.5	7.5	7.5	7.5	7.5	7.5	7.5	7.5	7.5	7.5	7.5	90
営業日数／1月当たり②	26	26	26	26	26	26	26	26	26	26	26	26	312
客数／1日当たり③	10	10	10	10	10	10	12	12	12	13	13	13	135
客数／1月当たり④=②×③	260	260	260	260	260	260	312	312	312	338	338	338	3,510
売上原価[2]=[1]×原価率	1,170	1,170	1,170	1,170	1,170	1,170	1,404	1,404	1,404	1,521	1,521	1,521	15,795
原価率	60%	60%	60%	60%	60%	60%	60%	60%	60%	60%	60%	60%	
売上総利益[3]=([1]−[2])	780	780	780	780	780	780	936	936	936	1,014	1,014	1,014	10,530
人件費	110	110	110	110	110	110	160	160	160	160	160	160	1,620
家賃	150	150	150	150	150	150	150	150	150	150	150	150	1,800
支払利息	20	20	20	20	20	20	20	20	20	20	20	20	240
水道光熱費	20	20	20	20	20	20	20	20	20	30	30	30	270
通信費	20	20	20	20	20	20	20	20	20	30	30	30	270
リース料	30	30	30	30	30	30	30	30	30	30	30	30	360
その他	40	40	40	40	40	40	70	70	70	70	70	70	660
営業経費合計[4]=上記合計	390	390	390	390	390	390	470	470	470	490	490	490	5,220
営業利益[5]=([3]−[4])	390	390	390	390	390	390	466	466	466	524	524	524	5,310

これをまとめて「その他」とする。

※人件費算定
・9ヶ月目まで

人数	時給	時間	日数	合計
1	800	5	26	104,000

・10ヶ月目以降

人数	時給	時間	日数	合計
2	800	4	26	166,400

個人事業主の場合、これが、本人給与、借入金返済、税金等の原資となる。

Q8 日本政策金融公庫と民間金融機関の協調融資は創業の時に使えるのか？

　日本政策金融公庫に創業融資を申し込みたいのですが、日本公庫だけの融資だと希望額の調達ができないかもしれません。民間金融機関との協調融資制度があるそうですが、創業の時にも利用できるのでしょうか。また、注意点などがあれば教えてください。

Point

●融資実行までスピーディーに進めたい創業者の方には向かないかもしれません。

●日本政策金融公庫と民間金融機関は相互に紹介し合いながら、協調融資による創業者支援に力を入れています。

1　日本政策金融公庫は協調融資に力を入れている

A
解説

　2019年度の協調融資実績は28,736件（前年度比93％）、12,556億円（同97％）と、2018年度に比べると件数は下回りましたが、3期連続で2万件超えとなっています（2017年度比較では125％）。現在、創業を含めて、事業再生や農林漁業等の成長戦略分野を中心に協調融資を行っています。

　また、日本政策金融公庫と民間金融機関の関係性を深めるため、融資希望者の紹介を行っています。2019年度の日本政策金融公庫から民間金融機関への紹介件数は6,972件です。民間金融機関から日本政策金融公庫への紹介件数は26,774件であり、創業や農林漁業分野で日本政策金融公庫が単独で融資した件数は11,093件になります。

〈出典〉日本政策金融公庫ホームページ「連携の取り組み　協調融資の実績」

2　協調融資を利用した方がよいケース、利用しない方がよいケースとは？

　なぜ、日本政策金融公庫が協調融資に力を入れているのかといいますと、政府系金融機関は「民業圧迫をしない」というのが大前提だからです。実務的な観点からは、開業するまでに十分に時間的なゆとりのある方、または必要な資金額が多額であって1つの金融機関から単独で調達することが困難であると予想される方などについては、協調融資を検討することも一案です。日本政策金融公庫や民間金融機関（特に信金、信組など）などに打診することをおすすめします。

　しかしながら、日本政策金融公庫など単独で資金を充足できる方は、あえて利用をしなくてもよいかもしれません。協調融資といっても、創業融資の場合には、民間金融機関ではプロパーであったり、信用保証協会の信用保証付きだったりします。信用保証が必要となる場合には単純に審査する窓口の数が増えますので、それだけ時間がかかってしまうという見方もできます。そうはいうものの、協調融資においては金融機関同士の「情報交換」や「情

報・審査書類などの共有化」などが積極的に推進されていますので、できる限りスピーディーに対応するようになっていることも事実です。

　また、創業である以上これまでの事業実績などがありませんし、信用力も低いので、審査に時間がかかってしまうことは、ごく当然のことなのかもしれません。

3　協調融資のポイント

　協調融資のポイントについてまとめてみました。協調融資を利用する際には、以下の点について考慮した上で検討するようにしてください。

■協調融資のまとめ、ポイント

(1)　創業時に協調融資を利用することはできる。

(2)　単独での融資が困難である場合は協調融資を検討してみる。

(3)　単独での融資額では、必要資金が調達できない場合に協調融資を検討してみる。

(4)　申請書類などの共有化が進められているものの、スピードを重視の資金調達をするなら、現在のところは、やはりまだ単独融資を選択した方がベターかもしれない。

(5)　協調融資は時間がかかってしまう可能性が高いため、創業までに時間をかけた準備ができる場合に検討してみる。

3 信用保証協会および信用保証制度

Q1 信用保証協会とは？

民間金融機関に創業融資を申し込みますと、信用保証協会の信用保証の必要があるといわれます。そもそも信用保証協会とはどのような組織なのでしょうか。

> **Point**
> ●信用保証協会とは、信用保証協会法に基づき、小規模・中小企業者の金融円滑化のために設立された公的機関です。
> ●信用保証協会とは、事業者が金融機関から事業資金の融資を受けるとき、「保証人」となって借入れを容易にすることによって企業の育成を金融の側面から支援している公的機関です。

A 解説

1 信用保証協会とは？

信用保証協会は、中小企業・小規模事業者の金融円滑化のために設立された公的機関です。事業を営んでいる方が金融機関から事業資金を調達される際、信用保証協会は「信用保証」を通じて、資金調達をサポートします。

2 メリットについて

一般的に信用保証協会を利用するメリットは以下の通りです。

(1) 融資枠の拡大を図ることができる。

取引金融機関のプロパー融資と保証付融資の併用により、融資枠の拡大を図ることができる。

(2)　ニーズに合わせた保証制度を利用することができる。

　　利用者のニーズに応じた多様な保証制度が用意されている。

(3)　長期の借入れにご利用することができる。

　　長期の借入れに対応した保証制度が用意されている。

(4)　原則として、法人代表者以外の連帯保証人の必要がない。

　　個人事業者の場合、保証人は原則必要ない。

(5)　担保がなくても利用できる。

　　不動産担保に過度に依存しない保証の推進を図っている。

　なお、創業者に限っていえば、これから創業する方は事業実績などがないために信用力がとても低いといえます。よって、信用保証協会の債務保証（信用保証）があれば、金融機関から創業融資を受けることができるようになります。これが最大のメリットだといえるでしょう。

Q2　信用保証制度とは？

信用保証協会の信用保証制度とはどのような制度なのでしょうか。また、利用のメリットがあれば教えてください。

Point
- 信用保証協会が創業者、事業者の債務の保証を行います。
- 返済ができなくなった場合は、信用保証協会が代わって返済（代位弁済）を行います。
- 最終的に借り手企業は信用保証協会に返済しなければいけません。

A 解説

　これから創業される方や中小事業者が、金融機関から融資を受ける際に、信用保証協会に保証の申し込みをします。これに基づいて信用保証協会が債務の保証を行うことにより資金の調達をス

ムーズにする仕組みを「信用保証制度」といいます。

■ 〈図表〉信用保証制度の仕組み

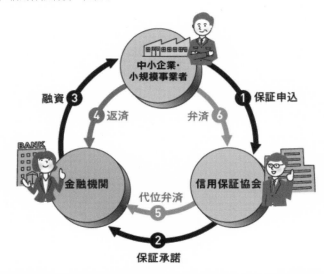

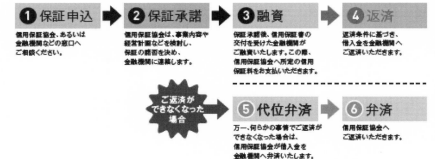

<出典〉全国信用保証協会連合会ホームページ

　この信用保証協会の債務保証（信用保証）を利用して、民間金融機関から融資を受けることのできる制度は、総じて「保証付き融資」、「マル保」、「信保（しんぽ）」等と呼ばれています。そして、正式には定義があるのですが、自治体が絡むと、これらを一般的に「自治体融資」、「自治体制度融

資」、「制度融資」などといいます。

　さて、もし何らかの事情で借入金の返済ができなくなった場合にはどうなるのでしょうか。その時は、信用保証協会が債務者に代わって銀行に「代位弁済」することになります。このため、金融機関にとっては、とてもありがたい制度なのです。借入金の返済ができなくなった時、基本的に大きな損を蒙るのは信用保証協会といえるでしょう。

　しかしながら、これは借金を棒引きにする徳政令ではありません。あくまでも「一時立替払い」の性質を有し、信用保証協会は、代位弁済したものについて、借り入れをしていた事業主に対して"取り立て"を実施します。

Ｑ3　どういう事業者が対象になるのか？

　　　信用保証協会の信用保証制度を利用する際に、どのような事業者が対象になるのでしょうか。また、どのような要件などがあるのでしょうか。

> **Point**
> ●中小企業信用保険法に定める中小企業者が対象です。
> ●ほとんどの業種が該当しますが、該当しない業種もあります。
> ●許認可が必要な業種については、許認可を受けることが必要です。

**A
解説**

1　規模等について

　　　企業規模は、原則として中小企業信用保険法に定める中小企業者を対象としています。常時使用する従業員数、または資本金のいずれか一方が該当していれば利用することができます。

■ 〈図表〉企業規模

業　　　　種		資本金	従業員数 （小規模企業者）
製造業等（建設業、運送業、不動産業を含む）		3億円以下	300人以下 （20人以下）
	ゴム製品製造業 （自動車又は航空機用タイヤ及びチューブ製造業並びに工業用ベルト製造業を除く）	3億円以下	900人以下 （20人以下）
卸売業		1億円以下	100人以下 （5人以下）
小売業・飲食業		5千万円以下	50人以下 （5人以下）
サービス業		5千万円以下	100人以下 （5人以下）
	ソフトウェア業 情報処理サービス業	3億円以下	300人以下 （20人以下）
	旅館業	5千万円以下	200人以下 （20人以下）
医業を主たる事業とする法人		———	300人以下 （20人以下）

〈出典〉全国信用保証連合会ホームページ

2　業種について

　原則として、商工業のほとんどの業種で利用できます。ただし、農林・漁業、遊興娯楽業のうち風俗関連営業、金融業、宗教法人、ＮＰＯ法人を除く非営利団体、ＬＬＰ（有限責任事業組合）その他協会において不適当と認める業種については利用できないとされています。

　しかしながら、各信用保証協会によってそれぞれ多少、見解が異なるケースもあるので、必ず、地元の信用保証協会にお問い合わせください。

3　所在地・業歴について

　原則として住所（個人の場合は現に居住している住民票登録地、法人の場合は登記上かつ事業実態がある本店所在地）及び営業の本拠が所轄の都道府県内にあり、一般的には、同一事業を同一場所で1年以上営んでいることが条件だとされています。

　しかしながら、創業枠等については、開業前、または1年未満でも対象に

なります。詳細については、地元の信用保証協会、自治体窓口等にお問い合わせください。

4　許認可などについて

　許認可や届出等を必要とする業種を営んでいる場合は、原則として、当該事業に係る許認可等を受けていることが必要になります。行政書士業を行っている税理士・会計事務所においては、許認可等については専門だと思われますが、そうでない場合、不明な点については、行政書士等に相談してください。

　また、第3章−4「許認可について」も参考にしてください。

Q4　信用保証額とは？

　信用保証協会の信用保証はどれくらいの額まで保証してくれるのでしょうか。いわゆる保証枠はどれくらいあるのでしょうか。

> **Point**
> ● 信用保証額は、中小企業信用保険における無担保保険 8,000 万円、普通保険（有担保保険）2 億円の合計 2 億 8,000 万円が基本的な限度額となります。
> ● 創業に関する信用保証額は、合算して 3,500 万円となっています。

A　解説

　信用保証は、保証限度額以内なら、制度上は複数に渡り利用が可能です。例えば、中小企業信用保険における無担保保険限度額は「8,000 万円」ですので、無担保保証の場合、その範囲内であれば制度上は利用できるということです（信用保証は最高 2 億 8 千万円（組合の場合は 4 億 8 千万円）が限度。）。

　また、これら一般保証に係る保証限度額とは別に、各種政策目的により制定された特別保証に係る限度額が設けられています。また、自治体制度融資などについてはそれぞれ融資要項等で限度額が決まっています。

　当然ですが、営業実績などにより保証限度額まで利用できない場合があります。無条件で保証限度額までならどんな会社でも！というわけではありません。もちろん保証審査があります。

■　〈図表〉保証限度額

保証種類	個人・法人	組合等
普通保険	2億円	4億円
無担保保険	8,000万円	8,000万円

　※詳細については、各信用保証協会にお問い合わせ下さい。

　なお、創業を支援する保証制度には、「創業等関連保証」と「創業関連保証」があります。創業等関連保証の保証限度額は「1,500万円」、創業関連保証の保証限度額は「2,000万円」となっています。よって、合計「3,500万円」までの保証を受けることができる可能性があります。しかしながら、誰でも満額の保証を受けることができるということではありません。当然のことですが、各種要件や審査によって判断されます。

Q5　信用保証料はどれくらいかかるのか？

　信用保証協会に保証をしてもらい融資を受けた場合、保証料を支払うと聞いています。保証料はどのように決まるのでしょうか。

Point

● 信用保証制度は無料で利用できるわけではありません。利用者は信用保証料を支払わなければなりません。

● 一般企業の信用保証料の決定プロセスは複雑ですが、創業保証に関しては事前に決められています。

A 解説　信用保証料とは、信用保証協会と事業者との間の信用保証委託契約に基づき、信用保証協会が金融機関に対し中小企業者の保証をする対価として支払うものです。信用保証料は、日本政策金融公庫に支払う信用保険料、代位弁済に伴う損失の補てん・経費等、信用保証制度を運用するために必要な費用に充てられています。

　特定の保証制度を除き保証料率は、中小企業者の経営状況等を踏まえた9区分となっており、中小企業信用リスク情報データベース（ＣＲＤ）により、中小企業者の確定決算内容を評価し、料率が決定されています。

　創業保証に関しては、東京信用保証協会を例にとって説明いたしますと、下記のように設定されています。

■〈図表〉創業保証に係る保証料率

保証付融資合計額	信用保証料
500万円以下	0.35％
500万円超 1,000万円以下	0.50％
1,000万円超	0.60％

〈出典〉東京信用保証協会「信用保証の手引き令和2年度版」より

　詳細については、利用される地域の信用保証協会などにお問い合わせください。

Q6　責任共有制度とは？

　金融機関および信用保証協会が創業者や事業者に融資の支援をするに際して、それぞれに責任を負う「責任共有制度」とは、どのようなものなのでしょうか。

Point

●金融機関が20％、信用保証協会が80％責任を負担します。

●創業に関しては、信用保証協会が100％責任を負担します。

A　解説　責任共有制度は、信用保証協会と金融機関とが責任を共有し、両者が連携して事業者に対する融資・経営支援など、より一層適切な支援を行うことを目的として平成19年10月より導入されました。

　従来、原則100％保証（全部保証）であった保証付融資について、金融機関が一定のリスクを負担する仕組みに変更したものです（金融機関が20％を負担）。本制度によって、これまでは信用保証協会に依存していた金融機関もリスクを負うことになったのです。

　しかしながら、すべてのケースにおいて、信用保証協会が20％を負担するのではなく、創業枠などにおいては100％保証になります。

　原則、すべての保証が責任共有制度の対象となりますが、「創業保証」などの一部例外的に除外される制度があります。よって、創業保証は信金、信組などの金融機関にとっては、リスクが低いのでとてもありがたい制度だといえるでしょう。

　なお、「創業保証」以外の「責任共有制度の対象外の保証制度」は以下の通りとなっています。参考までにご確認ください。

■〈責任共有制度の対象外の保証制度〉

1）経営安定関連保証（セーフティネット保証）1号〜4号、6号

2）危機関連保証

3）災害関係保証

4）創業関連保証（再挑戦支援保証を含む）、創業等関連保証

5）特別小口保険に係る保証

6）事業再生保証

7）小口零細企業保証

8）求償権消滅保証

9）中堅企業特別保証

10）東日本大震災復興緊急保証

11）経営力強化保証制度

12）事業再生計画実施関連保証制度

13）事業再生計画実施関連保証（感染症対応型）

〈出典〉全国信用保証協会連合会ホームページ

4 自治体の創業融資制度

Q1 自治体の創業融資制度と信用保証協会の関係とは？

自治体の創業融資制度と信用保証協会は共に公的な機関が関わっていますが、どのような関係性があるのでしょうか。また、制度融資とは何でしょうか。

Point

● 自治体制度融資とは、自治体と信用保証協会と指定金融機関の三者協調の上に成り立っている融資制度のことをいいます。自治体制度融資には創業融資制度もあります。

● 自治体の創業融資には、「都道府県」を窓口とする制度と「市区町村」を窓口とする制度の２つがあります。共に信用保証協会の信用保証が必要となります。

A
解説

全国の自治体（都道府県／市区町村）では、信用保証制度をベースにした創業融資を実施しています。なお、各自治体によって制度内容が異なりますので、全国の自治体創業融資制度をすべて熟知することは不可能です。まずは、"地元の自治体"の創業融資制度について、しっかりと理解することをおすすめします。

1 自治体制度融資／創業融資制度とは？

自治体制度融資とは、自治体と信用保証協会と指定金融機関の三者協調の上に成り立っている融資制度のことをいいます。一般的には、「都道府県等が融資に必要な資金の一部を"呼び水"として金融機関に預託して、金融機

関は自治体の定める条件で事業者に融資をする」ことをいいます。

　この自治体制度融資を受けるには、信用保証協会の債務保証が必要になります。このように自治体が主体となって実施している制度融資の中には、創業者を対象とした「創業融資制度」があります。

2　都道府県の制度と市区町村の制度

　自治体制度融資については、大きく分けると、「都道府県」を主体とする制度と、「市町村区」を主体とする制度の2つがあります。どちらも信用保証協会の信用保証が必要になります。

　それでは、この両者の制度にはどういう違いがあるのでしょうか？　最も大きな違いは、「信用保証料や金利の優遇制度」でしょう。一般的には、「都道府県」を主体とする制度の場合、信用保証料の補助制度や利子の補給制度などを実施している自治体は少ないです。それに対して、「市区町村」を主体とする制度の場合、これらの優遇制度を実施している自治体は相対的に多いといえます。また、優遇制度の実施状況については、自治体の財政状況にも左右されるのかもしれません。

　また、優遇制度を利用するには、一般的には、自治体からの"あっせん書"が必要となりますので、各自治体の経営相談員との数回の面談が必要になる場合があります。東京23区を例に説明しますと、あっせん書を発行してもらうために、自治体の相談員（中小企業診断士など）と、（区にもよりますが）2〜3回ほどの面談をしなくてはいけません。つまり、それだけ時間を要するということです。

　ぜひ、ご自身の地元や近接している都道府県及び市町村区の制度については調べておくことをおすすめします。

■〈図表〉都道府県と市区町村の比較

	メリット	デメリット
都道府県	・市区町村の制度と比較するとやや早いか？ ・比較的、各種の窓口（銀行、協会、自治体、商工会等）でも相談・申し込み等に応じてくれる場合が多い。 ・融資限度額が市区町村と比較するとやや大きい場合がある。	・信用保証料の補助を実施していないところが多い。 ・利子の補給（金利優遇措置）を実施していないところが多い。
市区町村	・信用保証料の補助を実施しているところがある。 ・利子の補給（金利優遇措置）を実施しているところがある。	・あっせん書の発行までに時間がかかる場合がある。 ・あっせん書の発行が必要のため窓口が限定される場合もある。 ・融資限度額が都道府県と比較するとやや少ない場合がある。

3　制度融資の流れ

　信用保証協会への申込手続には、主に2つの流れがあります。それは、「創業者が直接、金融機関に申込手続をして、保証協会が保証審査をする場合」と「創業者が自治体経由にて申込手続をして、保証協会が保証審査をする場合」です。

　もう少し詳細にご説明しますと、「都道府県」の制度融資の場合は、原則として、金融機関経由でも信用保証協会経由でも自治体経由でも手続きをすることができます。しかしながら、「市区町村」などを行っている信用保証料や利子の補助などの優遇措置を利用する場合には、原則として自治体（市区町村）が窓口になることが多くなっています。

■〈図表〉制度融資の流れ（一例）

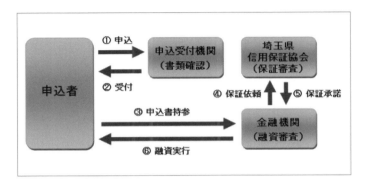

〈出典〉埼玉県ホームページ「中小企業向け制度融資」

Q2 どういう創業融資制度があるのか?

　　自治体の創業融資制度はどういう内容なのでしょうか。全国の創業融資制度の内容は同じなのでしょうか。それとも異なるのでしょうか。

Point

●日本政策金融公庫は全国どこの窓口で申請しても融資制度は全国共通ですが、自治体制度融資はそれぞれ異なります。

●よって、創業する（申請する）自治体の創業融資制度について調べる必要があります。

A 解説

　　日本には47の都道府県がありますので、都道府県を主体とする創業融資制度もまた47あるということになります。さらに市区町村の創業融資制度も含めると膨大な数になります。よって、

すべての創業融資制度について説明することはできませんので、一例として、「東京都」および「東京都中央区」の創業融資制度について説明しますが、まずは地元の制度について徹底的に研究されることをおすすめします。

1　東京都／創業融資の概要について

東京都の創業融資の概要は図表の通りです。対象者が3つに分かれているところが特徴的です。なお、「自己資金の定義」などについては、東京都以外の地域の方にも、ぜひ参考にしていただきたいと思います。

■〈図表〉東京都中小企業制度融資／創業融資（創業）の概要

対象者	〈融資対象1〉創業前 事業を営んでいない個人であって、1カ月以内に新たに個人でまたは2カ月以内に新たに法人を設立して東京都内で事業を開始しようとする具体的な計画を有し、「ご利用いただける方」の2〜4の条件を満たす方 〈融資対象2〉創業後 「ご利用いただける方」の条件を満たし、創業した日から5年未満である中小企業者又は組合（個人で創業し、同一事業を法人化した者で、個人で創業した日から5年未満の者を含む。） 〈融資対象3〉分社化 「ご利用いただける方」の条件を満たし、東京都内で分社化しようとする具体的な計画がある会社または分社化により設立された日から5年未満の会社
資金使途	運転・設備
融資限度額	3,500万円
返済方法	運転資金は7年以内（据置期間1年以内） 設備資金は10年以内（据置期間1年以内）

利率	〈責任共有制度の対象となる場合〉 【固定金利】 　3年以内：1.9％以内 　3年超5年以内：2.1％以内 　5年超7年以内：2.3％以内 　7年超：2.5％以内 【変動金利】 　短プラ＋0.7％以内 〈責任共有制度の対象"外"となる場合〉 【固定金利】 　3年以内：1.5％以内 　3年超5年以内：1.6％以内 　5年超7年以内：1.8％以内 　7年超：2.0％以内 【変動金利】 　短プラ＋0.2％以内
返済方法	分割返済（元金据置期間は1年以内）
融資形式	証書貸付。ただし、融資期間が1年以内の場合は一括返済とすることができます。
信用保証料補助	信用保証料の2分の1
その他	商工会議所等より認定特定創業支援等事業に準ずる支援を受け、その証明を受けている等の場合、創業の融資利率から0.4優遇

〈出典〉東京都産業労働局ホームページ「令和4年度 東京都 中小企業制度融資 案内」

（1）自己資金について

　自己資金は日本政策金融公庫においても、新創業融資制度については、10分の1という要件がありました（本章－2－Q2「新創業融資制度」(P44)）。自治体の創業融資制度にも自己資金に関する要件があります。また、自治体によっては、自己資金を必ずしも要件としていない制度もありますので、必ず地元の制度のチェックをしてください。

　ちなみに、東京都の創業融資制度の場合は、以下の①から②を差し引いた金額を自己資金として定義しています。この考えは他の都道府県でも同様に使われている場合がありますので、ぜひ、知っておいてください。

①　創業しようとするものが事業に充てるために用意した資金

> ア　残高の確認できる預貯金
>
> イ　客観的に評価が可能な有価証券に保証協会の定める評価率を乗じたもの
>
> ウ　敷金・入居保証金
>
> エ　資本金・出資金に充てる資金
>
> オ　融資申込み前に導入した事業設備に要した金額（不動産を除く。）
>
> カ　その他の客観的に評価が可能な資産額（不動産を除く。）

②　次のア及びイの合計額

> ア　残存返済期間が2年以上ある住宅ローン、設備資金等長期返済を前提と
>
> 　　する借入金の年間返済予定額の2年分
>
> イ　その他の借入金全額

(2)「ご利用いただける方」の定義について

　東京都における“ご利用いただける方”ですが、これは“創業”に限定しているものではなく、自治体制度融資の融資対象となる基本的な考え方になります。どの自治体にも規定がありますので、それについては必ず確認するようにしてください。東京都の場合は次の通りです。

■〈ご利用できる方〉

原則として、次の1から4までのすべてを満たす方が対象となります。

1．東京都内に事業所（個人事業者は事業所または住居）があり、保証協会の保証対象となる業種を営む中小企業または組合であること。（保証とならない業種：農林・漁業、遊興娯楽業のうち風俗関連営業、宗教法人等）
2．許認可が必要な業種にあっては、当該許認可等を受けている（または、受ける）こと。
3．事業税等の未申告、滞納や、社会保険料の滞納がないこと。（ただし、完納の見通しが立つ場合などはこの限りではありません。）
4．現在かつ将来にわたって、暴力団員等に該当しないこと、暴力団員等が経営を支配していると認められる関係等を有しないことおよび暴力的な要求行為等を行わないこと。

（3）分社化について

　東京都の創業融資制度における"分社化"とは、「中小企業者である会社が、自らの事業の全部または一部を継続して実施しつつ、新たに会社を設立すること。ただし、新たな会社への出資比率が著しく低く、かつ既存の会社の資金以外の経営資源を活用していない場合を除きます。」とされています。

2　東京都中央区／創業融資の概要について

　一例として、東京都中央区の商工業融資制度／創造支援資金融資について説明いたします。東京都中央区の制度の特徴は、やはり「利子補給」と「信用保証料の補助」でしょう。実質的に金利負担は2分の1、そして信用保証料は3分の2を補助しています。このほか、各地の自治体で独自の制度が行われている場合があります。ぜひご確認ください。

■〈図表〉創造支援資金融資の概要

対象者	・事業を営んでいない個人で、中央区内で創業する者または中央区内で創業して1年未満の者（創業予定の場合は、融資と同額以上の自己資金があり、融資実行日から1カ月以内に個人で、または2カ月以内に法人で創業すること）。
融資限度額	1,500万円（創業必要額の2分の1）
資金使途	運転・設備
利率	年1.8％
利子補給率	年1.5％
借受人負担利率	年0.3％
返済期間	7年以内（据置6カ月を含む）
保証料率	原則として要する
保証料補助	3分の2
保証人／担保	東京信用保証協会の規定に準ずる
注意	〈申し込み基本要件〉 以下の基本要件を満たすこと ・中央区内に事務所または事業所を有し、中央区内で同一事業を継続して1年以上営んでいること（創業の場合は除く） ・法人都民税（法人）・特別区民税（個人）等の税金を滞納していないこと ・信用保証協会の保証対象業種を営んでいる中小企業者であること ・法人の場合は、中央区に事業所登記があること ・必要な許認可を受けていること

〈出典〉令和4年度中央区商工業融資制度一覧

Q3　市区町村の申請手続きの流れとは？

市区町村の創業融資制度の申請手続きについてですが、少々わかりにくいです。どのような流れになっているのか教えてください。

> **Point**
> ● 原則として、「利子補給」と「信用保証料の補助」など受ける際には、自治体（市区町村）による斡旋が必要です。よって窓口は「市区町村」になります。
> ● 都道府県の創業融資制度と同様に、信用保証協会の保証が付かないと融資は実行されません。

A
解説

　ここでは、市区町村を主体とした制度の申請フローについて説明します。一般的に、信用保証料や金利の優遇制度を利用する場合は、原則として、市区町村に申し込みをする必要があります。なお、都道府県を主体とした制度の場合は必ずしも同様ではなく、窓口の金融機関や信用保証協会から申し込みをすることができます。

　以下に、一般的な市区町村の創業融資制度の流れについてまとめておきましたので、ご確認ください。

■〈図表〉市区町村の制度融資の基本的な流れ

フロー	内容について
斡旋の申込	自治体に斡旋の申し込みをします。
斡旋書の交付	自治体より斡旋書が交付されます。
融資の申込	斡旋書が交付されると指定金融機関に融資の申込みをします。
保証承諾	指定金融機関は、事業者からの融資の申込みを受けて、信用保証協会に保証の申込みをします。信用保証協会は、保証の諾否を決定します。

融資の実行	保証の承諾を受けた指定金融機関は、融資を実行します。同時に、自治体には、融資実行の可否報告がなされます。（自治体から「利子補給制度」等の補助・助成が実施されます。）
借入金の返済	融資条件に基づき、事業者は借入金を金融機関に返済します。
代位弁済	万が一、何らかの事情により返済ができなくなった場合は、信用保証協会が事業者に代わって金融機関に借入金を返済します。
回収	その後、事業者は信用保証協会に借入金を返済します。

〈その他、注意点等〉
※市区町村の制度融資は、基本的には「自治体」が窓口になります。
※自治体によっては、この流れが多少異なる場合もあります。

Q4　どういう申請書類が必要なのか？

　　自治体の創業融資制度を申請する際は、どのような書類が必要になるのでしょうか。

Point

● 「創業計画書」以外に、信用保証協会に提出する「信用保証委託申込書」などがあります。

● なお、「創業計画書」は、各自治体それぞれ異なっています。

A 解説　　日本政策金融公庫の創業融資の申請書類との大きな違いは、信用保証協会に提出する資料があるという点です。例えば、「信用保証委託申込書」という書類があります。決して作成が難しいわけではありませんが、不明な点については、金融機関または信用保証協会にご相談ください。

■〈図表〉信用保証委託申込書（東京信用保証協会）

信用保証委託申込書

東京信用保証協会　行

令和　　　年　　　月　　　日
西暦
（どちらかに〇をしてください）

次のとおり借入したいので、信用保証をお願いします。

申込人	フリガナ		本社または住所	〒　-　　　　　TEL（　　） フリガナ
	法人名			
	フリガナ			
	氏名 または 代表者名　　　　1 男　2 女		営業所または工場等	〒　-　　　　　TEL（　　） フリガナ
	フリガナ			
	商号 （個人の方のみ記入）			

	組織	1 個人　2 株式　3 有限　4 合名　5 合資　6 合同　7 士業法人　8 組合　9 医療法人　10 その他法人		
申込人	資本金	円	従業員	常用（役員・家族除く）　　　名 常用（役員・家族）　　　名 臨時（パート含む）　　　名	生年月日または設立年月日	西暦　明　大　昭　平　令 　年　　月　　日
	後継者	1 無　　2 有				
	業種	（主たる業種） （従たる業種）			取扱品目 （％で表示）	％ ％
	会計処理	1 中小企業会計に準拠　2 非準拠　3 会計参与設置	（個人事業主の方）貸借対照表作成の有無	1 無　　2 有
	許認可等	1　不要 2　有　　（当該事業に係る許認可証等を取得し、適法に事業を営んでいることを宣誓いたします）		

申込内容	金融機関	（　　　　　　本・支店）	期間または期日　　年　月　日　　か月	返済方法	1 一括 2 分割
	借入金額 （極度額）	円	資金使途	1 運転資金　　　千円 2 設備資金　　　千円	保証料分納希望	1 無 2 有
	調達方法	本件　　　千円 他借入　　千円 自己資金　千円 その他　　千円 合計　0 千円	必要理由	※ 本件借入に伴う資金は今回申込に係る事業以外の目的で使用いたしません

業況等	最近12か月の売上	／　　千円　／　　千円　／　　千円	申込時預金・借入金残高	（預　金）　　千円
		／　　千円　／　　千円　／　　千円		（借入金）　　千円
		／　　千円　／　　千円　／　　千円		※ 非事業性の借入金は除きます
		／　　千円　／　　千円　／　　千円	納税状況	1 滞納なし　2 滞納あり

※ 別添資料がある場合には記入不要です。なお、申込時預金・借入金残高欄は個人事業主の方で貸借対照表を未作成の場合にご記入いただきます。

| 他協会の保証利用 | 1 無　　2 有 | （　　　　　　信用保証協会）
（　　　　　　信用保証協会） |

| 団信加入希望 | 保証協会団体信用生命保険（略称「保証協会団信」）
加入希望の有無　　　1 無　　　　2 有 |

※ 「保証協会団信」の加入の有無と、保証の諾否・金額査定はまったく関係ありません。

EX 2021.04

〈出典〉東京信用保証協会ホームページ「書式ダウンロード」

　また、必要な提出書類については、各自治体の創業融資制度によっても異なります。また、申請者の対象によっても異なる場合がありますので、多少複雑に思われるかもしれません。

　ここでは、一例として「東京都中小企業制度融資／創業融資（創業）」を参考として、必要書類を列挙します。

　なお、必要となる書類については、申込先の金融機関、信用保証協会、自治体などに必ず確認するようにしてください。

■〈必要書類〉共通書類

【法人の方】

(1)　信用保証委託申込書

(2)　信用保証委託契約書

(3)　個人情報の取扱いに関する同意書

(4)　印鑑証明書（申込人および連帯保証人のもの）

(5)　商業登記簿謄本

(6)　確定申告書（決算書）の写し（原則直近２期分）

　　※確定申告の時期が未到来の時には不要

(7)　納税証明書（法人税〈その１〉または事業税

　　※確定申告の時期が未到来の時には不要

(8)　見積書または契約書の写し（設備資金の時のみ）

(9)　創業計画書（創業融資を利用する場合および業歴１年未満の場合）

【個人の方】

(1)　信用保証委託申込書

(2)　信用保証委託契約書

(3)　個人情報の取扱いに関する同意書

(4)　印鑑証明書（申込人のもの）

(5)　所得税の確定申告書の写し（原則直近２期分）

　　※確定申告の時期が未到来の時には不要

(6)　納税証明書（所得税〈その１〉または事業税

　　※確定申告の時期が未到来の時には不要

(7)　見積書または契約書の写し（設備資金の時のみ）

(8)　創業計画書（創業融資を利用する場合および業歴１年未満の場合）

■〈必要書類〉融資対象1

次の(1)から(7)に該当する自己資金を有する場合は、上記のほか、その金額を確認できる次の書類の写し（ただし、(4)の証明書および書面については原本）

(1) 預金については、預金通帳または預入日および満期日が表示された証書等預金残高の推移が確認できるもの

(2) 有価証券については、取引通知書、計算書または投資報告書等所有権の帰属が確認できるもの

(3) 敷金および入居保証金については、賃貸借契約書および預かり証等の差入金額が確認できるもの

(4) 資本金または出資金については、株式払込保管証明書、出資払込金保管証明書またはその会社を代表するべき者が作成した発行価額の全額の払込を受けたことを証明する旨を記載した書面に「取引明細等払込取扱機関が作成した書面」または「払込取扱機関における口座の預金通帳の写し」を添付したもの

(5) 融資申込前に導入した事業用設備：領収書等支出した金額が確認できるもの

(6) 上記以外の自己資金で金額が確認できる客観的な証明書類

(7) 借入金については、返済予定表または借入残高が確認できるもの　および借入の始期、終期が確認できるもの

Q5　創業計画書作成のポイントとは？

　　　自治体の創業融資の創業計画書の作成ポイントについて教えてください。日本政策金融公庫の創業計画書と同じポイントを押さえておけばよいでしょうか。

> **Point**
> ●基本的には日本政策金融公庫と同じポイントを押さえてください。
> ●自己資金の要件が日本政策金融公庫と異なるので注意してください。

A
解説

　　　自治体の創業融資制度については、日本政策金融公庫の創業計画書のように、全国で統一されているわけではありません。よって、全国の自治体の創業計画書についてすべてを説明することはできませんが、やはりどの創業計画書もある程度は似ています。イメージとしては、日本政策金融公庫の創業計画書を多少詳細にしたような感じです。改めて本章－2－Q7「創業計画書作成のポイントとは？」（P55）についても参照してください。基本となるポイントは同じです。

　さて、ここでは一例として、東京都の創業計画書の作成ポイントについて簡潔に説明します。まずは、東京都創業計画書を見てください（なお、地元自治体の創業計画書については必ず内容をご確認ください。ほとんどの場合、自治体のホームページからダウンロードできます。）。

■〈図表〉東京都「創業計画書」

様式18：創業計画書（創業）1/全3ページ

創 業 計 画 書

西暦　　　年　　月　　日

1　事業内容や創業動機
※確定申告を終了している方は、下表の記入は不要です。

業　　　種	
（1）事業内容（取扱品・主製品又はサービスなど）	
（2）創業の目的と動機	
（3）創業する事業の経験	
（4）強み、セールスポイント及び競合状況	
（5）補足説明（創業する直前の職業、事前に必要な知識・技術・ノウハウの習得、事業協力者の有無、創業スケジュール等及び補足説明したいことを具体的に記入してください。）	

2　事業の着手状況（次のア～キまでのうち該当するものに○印を付し、確認できる書類等を添付してください。）

ア　機械器具・什器備品等を発注済みである。

イ　土地・店舗を買収するための頭金等を支払い済みである。

ウ　土地・店舗を賃借するための権利金・敷金等を支払い済みである。

エ　商品・原材料等の仕入を行っている。

オ　事業に必要な許認可等を受けている。

カ　事業に必要な許認可の申請が受理されている。

キ　その他
　　具体的内容：

3　販売先・仕入先

主な販売先・受注先	住　　所	販売・受注予定額	回 収 方 法
		年　　　　千円	現金・売掛・手形
		年　　　　千円	現金・売掛・手形
		年　　　　千円	現金・売掛・手形

主な仕入先・外注先	住　　所	仕入・外注予定額	支 払 方 法
		年　　　　千円	現金・買掛・手形
		年　　　　千円	現金・買掛・手形
		年　　　　千円	現金・買掛・手形

4　創業時の投資計画とその調達方法や内容

※　金額が確認できる預金通帳の写し、残高証明、見積書、領収書等を添付してください。
※　売上発生から1年以上経過している方又は確定申告を終了している方は、下表の記入は不要です。
　　合計残高試算表又は確定申告書（決算書）を添付してください。

	創業時の投資計画	金額(千円)		調達方法・内容	金額(千円)
設備資金	事業用不動産取得・敷金・入居保証金		自己資金	預金	
	改装費			預金以外	
	機械器具・什器備品等				
	① 設備資金 計		借入金	本件借入金	
運転資金	商品・原材料等の仕入資金				
	人件費・賃金等			その他の借入金	
	その他の資金		その他	その他の資金	
	② 運転資金 計				
	合　　計（①＋②）			合　　　計	

様式18：創業計画書（創業）3/全3ページ

5　損益計画 （売上発生後1年未満の場合：売上発生後1年毎、売上発生後1年以上の場合：今期以降の決算見込）

項　　目	1年目(1期目)	【計算根拠】			
①　売上高	千円				
②　売上原価 （仕入額、製造原価等）					
③　売上総利益　（①－②）					
④　人件費					
⑤　地代家賃					
⑥　光熱費					
⑦　減価償却費					
⑧　支払利息					
⑨　その他経費					
⑩　販売管理費計（④～⑨）		【損益計画】	売上高	営業利益	減価償却
⑪　営業利益　（③－⑩）		2年目(2期目)			
		3年目(3期目)			

6　自己資金額算定表 （個人が新たに創業する場合のみ記入してください。）

※　金額が確認できる預金通帳の写し、残高証明、見積書、領収書等を添付してください。

	内　　訳	備　　考	金額(千円)
事業に充てるため用意した資産	普通預金		
	定期預金		
	有価証券		
	敷金・入居保証金		
	資本金・出資金に充てる資金		
	当該事業用設備		
	その他資産（不動産を除く。）		
	合　　計　①		
借入金等	住宅ローン	年間返済額の2年分	
	設備導入のための長期借入金	年間返済額の2年分	
	その他長期借入金	借入金全額	
	合　　計　②		
	自　己　資　金　額　（①－②）		

※　自己資金額等については、保証協会において再計算します。

〈出典〉東京都産業労働局ホームページ

東京都の創業計画書は、次のように構成されています。

---

1 事業内容や創業動機

2 事業の着手状況

3 販売先・仕入先

4 創業時の投資計画とその調達方法や内容

5 損益計画

6 自己資金等算定表

この構成・内容については、日本政策金融公庫と同様に、必要に応じて見直される場合がありますので、自治体や信用保証協会などのホームページなどで最新の創業計画書をご確認ください。

さて、創業計画書を作成する際の前提となる重要なポイントは、日本政策金融公庫と同様に、やはり、「空白を作らない」ということです。また、さらに自身の事業をアピールしたい場合には、日本政策金融公庫のケースと同様に、追加資料（事業計画書や損益計画、資金繰り表など）を作成することもおすすめします。

不明な点については、事前に自治体や金融機関、または信用保証協会に確認してください。

5 補助金・助成金

Q1 補助金、助成金とは何か？

補助金、助成金とは何ですか。返済不要の資金ということは理解していますが、他に注意することなどありますか。

> **Point**
> ●補助金、助成金とは、主に経産省系、および厚労省系の２つに分類することができます。
> ●原則として返済不要の資金ですが、一部の制度には「収益納付制度」があることをぜひ知っておいてください。

A 解説

1 補助金・助成金とは？

国や地方自治体、財団などから中小企業等に対して支給している "返済不要の資金" のことです。補助金・助成金制度を実施している省庁には、主に経済産業省、厚生労働省などがあります。

1．人材等に関する補助金・助成金（厚生労働省等）
2．技術・研究開発に関する補助金・助成金（経済産業省等）

その他、総務省、文部科学賞、農林水産省、環境省など各省庁やその下部機構、周辺組織、財団法人などによる補助金、都道府県や政令指定都市など地方自治体独自の制度もあります。なお、経産省系を「補助金」、厚労省系を「助成金」と定義づける見方もあるようです

次に、経済産業省、厚生労働省の制度の特徴をまとめると以下のようにな

ります。

	人材に関する制度 厚生労働省系	研究開発に関する制度 経済産業省系
支給 要件	条件は厳しいが、それらをクリアすれば採択、受給の可能性は高い。	事業計画などを判断して採択を決定する。平均して約 10 ～ 25 ％の採択率になる。
対象 費用	主に " 人材 " に関わるものが多く、人件費や能力開発に要した費用等を対象に支給する。	主にものづくり、研究開発などに要する費用を対象とするが人件費も対象になる。

　本章においては、経済産業省系（研究開発系）の補助金制度について説明します。なお、厚生労働省系の助成金制度に関しては、第5章－5（P237～）を参考にしてください。

2　収益納付制度とは？

　補助金、助成金は基本的には返済不要の資金ですが、一部の制度には収益を納付する「収益納付」という制度があります。ある補助金制度の公募要領には「事業化等の状況により収益が得られたと認められる場合には、補助金額を上限として収益納付していただくことがございます」と書かれています。

　それぞれの制度の公募要領などにてしっかりと確認してください。

Q2 どのような補助金、助成金があるのか？　どうやって探せばよいのか？

　補助金、助成金はどれくらいあるのでしょうか。顧問先（創業者）が申請できる制度をどうやって探せばよいのでしょうか。また創業者向けの制度にはどのようなものがあるのでしょうか。

> **Point**
>
> ●補助金、助成金については数が多すぎて、すべての制度について自力で探すのは困難ですので行政の検索サイトなどを利用しましょう。
>
> ●創業者向けの補助金、助成金制度の数はとても少ないのが現状です。

A
解説

　補助金、助成金は数百～数千の制度があるともいわれています。しかしながら、創業者向けとなると、とても少なくて申請できる制度が限られます。補助金、助成金制度については、中小企業庁管轄の独立行政法人中小企業基盤整備機構が運営する「J-Net21」の「支援情報ヘッドライン」から検索することができます。

〈参考〉支援情報ヘッドライン
　　　　https://j-net21.smrj.go.jp/snavi/index.html

　具体的な創業者向けの制度としては、一例として、中小企業庁管轄（国レベル）ですと、「地域創造的起業補助金」という制度がありました。この制度は、「新たな需要や雇用の創出等を促し、我が国経済を活性化させることを目的に、新たに創業する者に対して創業等に要する経費の一部を助成する」もので、補助額は50万円～200万円、補助率は2分の1となっていました。国レベルでは経済産業省を管轄とした創業者向け補助金は実施したり、しなかったりの繰り返しです。また、自治体によっては創業者向けの補助金を実施しているところもありますので、ぜひ、ご確認ください。

　なお、中小企業庁管轄の国レベルの創業者向け補助金は、年々、要件が厳しくなり、さらに縮小傾向にあると思われます。また、名称などを変更して、同主旨の補助金制度が実施される可能性もあります。

　詳細については、中小企業庁ホームページの経営サポート「創業・ベンチャー支援」サイトにて随時ご確認ください。

〈参考〉中小企業庁　経営サポート「創業・ベンチャー支援」
　　　　https://www.chusho.meti.go.jp/keiei/chiiki/index.html

　自治体が実施している創業者向けの制度については、一例ですが、東京都ですと、「創業助成事業」という制度があります。本制度は「創業予定者または創業から間もない中小企業者等に対し、創業期に必要な人件費、事務所等賃借料、広告費等の経費の一部を助成する」ものです。助成額は100万円〜300万円、助成率は3分の2以内となっています。

〈参考〉T 創業助成金
　　　　https://www.tokyo-sogyo-net.metro.tokyo.lg.jp/finance/sogyo_josei.html

　また、「創業」というのは、開業する「前」のことだけを意味するものではありません。創業してから5年〜7年以内の事業者も“創業”時期・期間だという認識に立ちますと、対象となる補助金制度などは増えます。

　本書執筆時点で、国が小規模・中小事業者向けに推進しているおすすめの補助金制度は次の通りです。

■おすすめの3つの補助金制度

制度名	概要
ものづくり補助金	生産性向上に資する革新的サービス開発・試作品開発・生産プロセスの改善を行うための設備投資等を支援する制度
小規模事業者持続化補助金事業	小規模事業者が事業の持続的な発展に向けて経営計画を作成して販路開拓等に取り組む際の経費の一部を補助する制度
ＩＴ導入補助金	ＩＴツールを導入しようとする事業者に対して、ＩＴツール導入費用の一部を補助する制度 https://www.it-hojo.jp/

〈参考〉独立行政法人　中小企業基盤整備機構　中小企業生産性革命推進事業ホームページ

　なお、ここで取り上げた補助金制度は、名称が変更になる場合があります。また、今後、予算編成によっては実施されない場合もあり得ますので、その点、ご了承ください。

Q3 「審査」通過のための「大前提」と「5つのポイント」とは？

　経済産業省系の補助金はそれなりのボリュームのある申請書を作成しなければならないと聞きます。補助金審査を通過するための大前提やコツ、またアドバイスのポイントなどがあれば教えてください。

Point
● 大前提となる「事業目的」と「審査ポイント」を公募要領などから確認してください。
● 「申請書作成に関する5つのポイント」を押さえてください。

　　　創業支援をしていると補助金申請の書類作成支援を依頼される
ことがあるかもしれません。ここでは、経済産業省系補助金制度
の書類の書き方についての最低限のポイントについて説明しま
す。補助金申請支援の相談・依頼等を受けた際には、ぜひとも参考にしてく
ださい。特に認定支援機関に登録されている税理士事務所は相談される機会
が多いと思われます。

1　「事業目的」と「審査ポイント」

　補助金の公募が始まりますと、「公募要領」などと呼ばれる資料が公表さ
れます。そこに「事業目的」と「審査ポイント」が掲載されていますので、
まずはそれをしっかりと把握することが大前提となります。

（1）事業目的について

　例えば、かつて実施されていた「地域創造的起業補助金」の事業目的は、
「新たな需要や雇用の創出等を促し、我が国経済を活性化させることを目的
に、新たに創業する者に対して創業に要する経費の一部を助成します」と
なっています。つまり、この制度を利用したくても、上記の目的にあてはま
らないような事業プランではだめだということです。

　どの補助事業にも「事業目的」が書かれていますので、事業計画書を作成
する際に、これが大前提となりますので注意してください。

（2）審査ポイントについて

　次に書類の審査ポイントについてですが、一般的には「資格審査」および
「書面審査」が行われます。「資格審査」では、募集対象者に適合しているか
どうかについて審査が行われます。「書面審査」では、審査員が提出された
申請資料（事業計画書等）をもとに、一定の基準や着眼点に基づいて審査が
行われます。

　参考のために、かつて実施されていた上記の「地域創造的起業補助金」に
ついて確認してみましょう。公募要領には、「独創性」、「実現可能性」、「収
益性」、「継続性」、「外部資金調達」などの審査着眼点について説明がされて

います。

■〈図表〉地域創造的起業補助金の審査ポイント

項目	内容
事業の独創性	技術やノウハウ、アイディアに基づき、ターゲットとする顧客や市場にとって新たな価値を生み出す商品、サービス、またはそれらの提供方法を有する事業を自ら編み出していること
事業の実現可能性	商品・サービスのコンセプトおよびその具体化までの手法やプロセスがより明確となっていること。事業実施に必要な人員の確保に目途が立っていること。販売先等の事業パートナーが明確になっていること
事業の収益性	ターゲットとする顧客や市場が明確で、商品、サービス、またはそれらの提供方法に対するニーズを的確に捉えており、事業全体の収益性の見通しについて、より妥当性と信頼性があること
事業の継続性	予定していた販売先が確保できないなど計画どおりに進まない場合も事業が継続されるよう対応が考えられていること。事業実施内容と実施スケジュールが明確になっていること。また、売上・利益計画が妥当性・信頼性があること
外部資金調達	金融機関による外部資金の調達が見込めること

　必ず、これらの項目が内容に反映されているかどうかについて確認するようにしましょう。しかしながら、補助制度によっては、このような審査ポイントが書かれていないものもあります。

2　申請書作成5つのポイント

　補助金の申請書の最も重要な部分は「事業計画」です。どんなに素晴らしい事業であっても、審査員に事業の独創性や特徴などが伝わなければ採択されないかもしれません。そのためにも伝わりやすい（読みやすい）申請書の作成を心がける必要があります。

■申請書作成5つのポイント

> 1．最初はとにかく一通り書く
> 2．内容を整理する（なるべく専門用語を使わない）
> 3．質問に沿った内容になっているか確認する
> 4．箇条書きや図表などを活用する
> 5．誤字脱字や計算ミスを必ずチェックする

　申請書類の作成代行や添削などの支援依頼をお願いされるケースがあると思われます。ぜひとも、添削指導などの依頼を受けた際のアドバイスの参考にしてください。

（1）最初はとにかく一通り書く

　まず、申請書作成の最初の壁は、「事業計画が思うように書けない」ということです。重要なのは、最初から"上手"に書こうと思わないことです。まずは、深く悩まずに"書いてみる"ことが重要です。

（2）内容を整理する（なるべく専門用語を使わない）

　そして、ひとまず書き上げたら、改めて内容を整理、修正などをすればよいのです。その際に専門用語が頻出しているようでしたら、できる限りわかりやすい表現に変更してください。または用語説明を付け加えるようにして下さい。

　審査員は、あらゆる業種や技術などに精通しているわけではありません。どういう審査員が読んでもわかりやすいような文章で表現するように心がけてください。

（3）質問に沿った内容になっているか確認する

　次に、質問に沿った内容になっているか確認してください。例えば、"新規性"について質問されているのに、新規性の説明になっていない、というようなケースも少なくありません。

　また、どの質問事項も同じ主旨の内容の繰り返しになってしまっている場

合があります。改めて内容を整理する際に、その点を意識して修正する必要
があります。

(4) 箇条書きや図表などを活用する

　次に、箇条書きや図表などを活用してください。審査員は、1人で何十も
の申請書を審査しているのです。ひたすら文章だけの申請書ですと、審査員
が読むことに疲れてしまうかもしれません。よって、箇条書きや図表化など
を活用して、見やすい、わかりやすい内容にするように意識してください。

(5) 誤字脱字や計算ミスを必ずチェックする

　最後に誤字脱字や計算ミスを必ずチェックしてください。当然のことです
が、誤字脱字や経費明細の計算ミスなどはあってはならないことです。審査
員経験者曰く「誤字脱字はとても多い」そうです。

　なお、誤字脱字が1つでもあったら審査を通過することができない、とい
うことではありませんが、数百万円～数千万もの返済不要の資金を獲得する
ための申請書なのです。可能な限り、誤字脱字などはなくしましょう。

　また、近年、Excel仕様等の自動計算機能が搭載されている申請書が増加
していますので、そういう場合は入力欄に数値を入力すれば自動計算されま
す。よって、ほとんど計算ミスなどは発生しないと思われますが、Excel仕
様や自動計算機能のないフォーマットなどを使用する場合は、何度もチェッ
クしましょう。

　審査員は“人”ですので、あまりにも誤字脱字や計算ミスなどが多いと、
そういう書類のことをどう思うでしょうか。そういう点についても十分に考
慮したいものです。

3　依頼された場合、書類の作成代行をするべきなのか？

　創業者（事業者）から補助金などの支援要請を受けた際に、税理士事務所
が申請書類などをすべて作成代行するべきなのでしょうか？　特に認定支援
機関に登録している税理士などは、このような相談を受ける機会が多いかも
しれません。

　これについてはさまざまな意見があります。まずは創業者（事業者）に書類を書いていただいて、それを税理士が添削しながら申請書類を仕上げていくという方法があります。また、事業内容などを詳細にヒアリングして、書類の作成代行（丸投げ）をするという方法もあると思われます。

　どういう支援方法を選択するかについては、各事務所の状況によって異なると思われますので、本業に支障のない範囲で対応できる支援方法を検討されることをおすすめいたします。

6 その他、創業時の資金調達

Q1 創業時にノンバンクを利用しても大丈夫なのか？

創業時にノンバンクから融資を受けても大丈夫なのでしょうか。そもそもノンバンクから融資を受けると日本政策金融公庫や銀行、信用金庫などから融資を受けることができないと聞きますが、実態はどうなのでしょうか。

> **Point**
> ● 創業時は、できれば日本政策金融公庫および自治体の創業融資制度を中心に検討してください。
> ● どうしてもノンバンクを利用する場合は、資金調達額の 10％以内くらいには押さえておきたいです。
> ● さらにできる限り短期で返済できるように計画してください。

A 解説

1 ノンバンクとは？

ノンバンクとは、その名称の通り、銀行、信金、信用金庫などではない金融会社／貸金業者のことをいいます。一般的には、「預金業務を行わずに融資などを行う金融会社」とされています。ノンバンクというと「消費者金融」のイメージが強いと思われますが、信販会社、クレジットカード会社、リース会社などもノンバンクです。

現在は、一昔前のような積極的な"無担保"ローンは、一部のノンバンクを除いてほとんど行われていません。現在のところ、不動産担保融資などの"有担保"型の融資を行っているノンバンクが多くなっています。

■一般的にノンバンクが行っている資金調達スキーム

⑴　無担保融資／連帯保証付き融資
⑵　不動産担保融資（土地・建物などを担保）
⑶　ABL・動産担保融資（売掛債権・在庫、機械、車などを担保）
⑷　手形割引（取引先から受け取った手形を期日前に現金化）
⑸　その他、担保融資（有価証券、保証金など）
⑹　ファクタリング、カードローンなど

　なお、いわゆる「闇金」や「悪徳金融」とノンバンクを混同しないようにしてください。銀行系グループに属しているノンバンクもあります。また上場しているノンバンクもあります。「ノンバンク＝悪徳、高金利」という固定観念を持たれている税理士もまだまだ多いと思われますが、それでは創業者および企業の資金調達の選択肢を狭めてしまいます。利用の仕方さえ間違えなければ、ノンバンクはとてもありがたい金融会社だという認識を持っていただきたいと思います。

2　ノンバンクを利用する際の３つのセオリー

　ノンバンクを利用する際には、以下の３つのセオリーについてしっかりと理解した上で判断してください。これは筆者の考えであって、専門家によってさまざまな意見がありますが、一定の判断基準にはなるでしょう。

■３つのセオリー

⑴　ノンバンクの担当者と会ってみること
⑵　ノンバンクからの資金調達に頼らないこと
　　（できれば総額の 10％以内）
⑶　短期で返済、決算前に返済するのが理想

（1）ノンバンクの担当者と会ってみること

　まずは、できればノンバンクの担当者と会ってみてください。会ってみるとわかりますが、決して怖いお兄さんが出てきたりしません。お互い顔を合わせてみる、ということはとても大切なことだと思います。銀行などより、懇切丁寧に納得できるまで説明してくれる担当者もいます。

（2）ノンバンクからの資金調達に頼らないこと

　大原則として、ノンバンクからの資金調達に頼らないことです。一般的にノンバンクの金利は、通常の銀行等からの借入より金利が高いです。よって、借りやすいからという理由だけでノンバンクに頼らないようにしてください。目安として、借入総額の10％以内には押さえてください。どんなに多くても20％以内です。それ以上の借入をすると資金繰りに支障が出てくる可能性がとても高くなります。

（3）短期で返済、決算前に返済するのが理想！

　できる限り、短期、かつ決算前に返済するようにしてください。決算期をまたいで借り入れをしてしまいますと、原則として決算書に借入先としてノンバンクを記載しなくてはいけません。そうすると借入先の銀行などにノンバンクを利用していることがわかってしまう場合もあります。やはり、銀行などの金融機関からの印象はよいとはいえません。

　また、ノンバンクから長期にわたって借入する場合もありますが、出来るだけ決算前に短期（3カ月以内、長くても6カ月以内くらい）で返済することを心がけて計画的に利用してください。

Q2　出資を受ける方法とは？

創業時にベンチャーキャピタルや個人投資家から出資を受けることは可能でしょうか。またベンチャーキャピタル（ＶＣ）や個人投資家と、どのようにすれば出会うことができるのでしょうか。

Point
- ●可能性としてはゼロではありません。しかしながら、創業時に出資を受けることはとても困難だといわざるを得ません。
- ●創業時にＶＣや個人投資家から出資を受けるには、創業者本人に相当の覚悟と根気が必要になります。

A 解説

ベンチャーキャピタル（ＶＣ）とは、ベンチャー企業等に対し、新株発行やワラント債・転換社債等の発行の引受けにより資金提供を行う投資会社（投資集団）のことを指します。ＶＣによる投資は、金融機関や機関投資家などから運用委託された資金を基に組成した投資事業組合（ファンド）を通じて行われます。ＶＣ業務は、バイアウト（事業買収）投資等とともに、プライベート・エクイティなどと呼ばれます。そして、個人投資家とは、事業者に対して資金を供給する個人のことをいいます。裕福な資産家であったり、現役の経営者や元経営者などが多いようです。

さて、このＶＣや個人投資家から創業時に出資などを受けることができるのでしょうか。アーリーステージ時期に出資を受けることのできるケースはありますが、現実として、いわゆる創業"前"に出資を受けることは困難であると言わざるを得ません。

もし、創業"前"に出資などを受けたい場合は、家族、親類、友人、仕事仲間などにお願いすることが多いと思われます。また、プロの個人投資家か

ら出資などを受けることも可能であるのかもしませんが、そもそも、そう簡単に出会えるものでもありません。

　もし、どうしても個人投資家から出資などを受けたいという場合は、個人投資家とのチャネルを有している専門家に相談するべきです。また、出資してもらいたい企業や投資家などに、起業家本人が直談判するくらいの行動力が必要になるかもしれません。ある起業家の実話ですが、出資をしてもらいたい企業の社長に会うために何度も会社の入り口で待ち伏せしていたそうです。それでも話を聞いてくれるかどうかわかりません。それだけ出資を受けることはハードルが高いということです。

　また、事業者と個人投資家などのマッチングをしている専門会社もあります。税理士として、こういう専門家たちとのネットワークを構築しておくことをおすすめします。

Q3 クラウドファンディングの活用方法とは？

クラウドファンディング、ソーシャルレンディングは創業資金として調達可能でしょうか。また、手続きのポイントや注意点などはあれば教えてください。

Point
- ●クラウドファンディングは創業時の資金調達手法の1つとして認知されています。
- ●クラウドファンディングは、寄付型、購入型、融資型、投資型などに分類することができます。それぞれの特徴やメリット・デメリットなどを事前に調べておくことをおすすめします。

> **A**
> **解説**
　クラウドファンディング（crowdfunding）とは、群衆（crowd）と資金調達（funding）を組み合わせた造語だといわれています。簡単に説明しますと、「インターネットを介して不特定多数の人々から資金調達する」仕組みのことです。

　クラウドファンディングは、リターンの形態によって、一般的には、「寄付型」、「購入型」、「融資型」、「投資型」などに分類されています。また、この融資型は「ソーシャルレンディング」といわれています。

　さて、クラウドファンディングによる創業資金を調達する際には、以下のような点について注意してください。

1．どういう種類のクラウドファンディングを利用するのか？
2．どういうクラウドファンディングサイトがあるのか？
3．それぞれの特徴や違いは？

（1）どういう種類のクラウドファンディングを利用するのか？

　まずは、寄付型、購入型、融資型、投資型など、どういうリターン形態を選択するのか？という点です。創業の業種やビジネスモデルなどを考慮して選択する必要があります。

（2）どういうクラウドファンディングサイトがあるのか？

　そして、そのリターン形態によって、クラウドファンディングサイトを決定しなければなりません。例えば、有名なクラウドファンディングサイトとして、CAMPFIRE、READYFOR、Makuake などがありますが、それらがすべてのリターン形態のクラウドファンディングを実施しているわけではありません。

（3）それぞれの特徴や違いは？

　クラウドファンディングの種類、そしてクラウドファンディングサイトの

特徴やメリット、デメリットなどをしっかりと調べてみてください。

　クラウドファンディングサイトなどは数多くありますので、比較するのはとても困難かもしれません。よって、クラウドファンディングに詳しい専門家などのアドバイスを受けることもおすすめします。

　さらに、実際にクラウドファンディングを開始するには、事業プランなどを作成しなくてはいけません。実務的には、クラウドファンディングサイト側の「キュレーター」と呼ばれる専門家がついてアドバイスをしてくれますが、創業支援者である税理士としての立場からも事業アイデアなど、さまざまなアドバイスが必要になるケースがあるかもしれません。

　クラウドファンディングについては、税理士としてどこまで支援できるのか？　という問題もありますが、最低限の情報、知識を持ちながら、その分野の専門家とのネットワークを構築しておくことをおすすめします。

7 創業融資支援のやり方

Q1 顧問契約までの4段階フローとは？

第1章にて、創業融資支援をすると効率的に顧問契約が成約できることは理解できましたが、具体的なポイントや注意点などがあれば教えてください。

Point

● 顧問契約までに4段階のステップを踏めば契約確率は高くなります。

● 創業時に新密な支援をすることによって絶対的な信頼を獲得することができます。その結果、その後の顧問指導にも大きく影響してきます。

A 解説

顧問契約までの4段階フローとは以下の通りです。この流れで支援を進めていきますと顧問契約の成約の可能性は高くなります。

■〈図表〉顧問契約までの4段階フロー

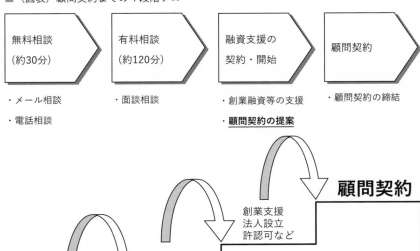

無料相談 （約30分）	有料相談 （約120分）	融資支援の 契約・開始	顧問契約
・メール相談 ・電話相談	・面談相談	・創業融資等の支援 ・**顧問契約の提案**	・顧問契約の締結

　まずは、入り口として創業融資などに関する「相談」業務を行います。無料にするか、有料にするかは、相談業務の受入態勢が取れているかどうかなど、さまざまな諸条件を考慮して決定してください。

　そして、相談を受けながら、創業融資支援のクロージングをします。できれば相談当日に支援の申込みを受けることが理想です。また、相談日から1週間以内の依頼なら、「支援報酬から相談料を割引する」などの特典をつけてもよいかもしれません。

　そして、創業融資支援の依頼を受けたら、しっかりと契約書を結んで、事業計画書作成などの支援業務をするようにしてください。

　このようにいくつかのステップを踏んで、しっかりとコミュニケーションをとりながら創業支援をしていくと、最終的に顧問契約を結ぶことのできる可能性が高くなるといえるでしょう。

　創業融資支援から関わることで、創業者にとって税理士は、"最初の専門家"となります。創業融資の支援は、一緒に事業プランを考えたり、申請書のアドバイスなど、とても濃い時間を共有することになります。

　また、創業融資支援をしているときに、今後のこと、つまり、創業時より開業後の方が、銀行交渉や日頃の経理作業や決算対応など、大変なことが多いという経営の日常の実態についても説明しましょう。

　創業融資支援には、「融資が実行される」という明確な結果がついてきます。よって、濃い時間を一緒に過ごせば過ごすほど、その専門家は絶対的な存在にもなり得るのです。つまり、顧問契約を結ぶことは容易だといえるでしょう。

　なお、税理士の場合は、"顧問契約ありき"の支援にて依頼を受けるケースも多いと思われますので、そういう場合は、このような流れを意識する必要はないのかもしれません。しかしながら、創業融資の単発支援の依頼を受けた場合、このようなフローを意識して業務に取り組めば、顧問契約に繋げることができる可能性が高くなることでしょう。

Q2　効果的なヒアリングのやり方とは？

　経営者に対する税務会計に関するヒアリングは慣れているのですが、創業の相談や融資の相談については経験がありません。具体的には、どのようにヒアリングをすればよいのでしょうか。

Point
- 慣れるまでは、ヒアリングシートを活用してください。
- ヒアリングシートを"カルテ"のようにファイリングすることによって、ノウハウの蓄積にも繋がります。

A 解説　融資の相談を受けることに慣れるまでは、ヒアリングシートを活用することをおすすめします。また、そのシートに「融資支援の結果はどうだったのか？」「問題点・課題点」などを別紙1枚でまとめておくと便利です。最低限、この情報を事務所で共有化するようにしましょう。そのようにしておけば、他のスタッフが融資支援を担当する際に有益な情報源になります。

　ヒアリングシートには、「企業概要、事業内容、キャリア・経験、販売先、必要資金額、自己資金額、売上・利益計画、個人負債、連帯保証・担保、出資、親・兄弟の事業経歴、その他質問等」などについて書き込みます。

　これらの項目は、創業融資の審査に影響する重要な内容です。よって洩れなく情報を整理するには、慣れるまでヒアリングシートなどを活用することをおすすめします。

　具体的な使い方ですが、できれば相談者に事前に渡して、記入できる箇所は記入してもらってください。Wordなどで作成した記入用フォーマットをお渡ししてもよいでしょう。しかしながら、しっかりと記入されたものが返送されてくるとは限りません。よって、実際に相談を受ける際に、ヒアリングをしながら追記したり、空欄を埋めていくようにしてください。

■ 〈図表〉ヒアリングシートの例

創業融資に関するヒアリングシート

平成　年　月　日

（ひらがな） お名前	（　　　　　　　　　　）	生年月日	年　月　日
		年齢	歳
TEL（自宅）		FAX（自宅）	
ご自宅の 住所	〒		
御社名 （屋号）		TEL（事業所）	
		FAX（事業所）	
URL		E-mail	
御住所 （開業地）	〒		
創業予定日	年　　月	決算月	月
資本金	万円	従業員	人

◆以下の質問にお答えください。

1．事業内容（できるだけ詳しくお願いいたします。）

2．開業する予定の事業に関する経験やキャリア、職業等について教えて下さい。

3．既に販売先は決まっていれば概要について教えてください。

・販売先の数：　　　　人　　・そのうち何かしらの契約書を交わしている数：　　　　社

4．今回の創業融資で必要な資金額はどれくらいですか？

・運転資金：　　万円　／　設備資金：　　万円　／　合計：　　万円（据え置き期間の希望：　　ヶ月）
・設備資金の内訳を簡潔に教えてください（フリーハンド）。：

5．自己資金はどれくらい準備していますか？

・自分が貯金してきた“現金”：　　万円　　・他からの借入など：　　万円　・その他：　　万円

6．簡単な売上・利益の計画を教えてください。

※ざっくりと分かる範囲で結構です。売上だけでも結構です。

	開業初月の予定	第一期（年間）の予定	その他
売上高	万円	万円	
売上原価	万円	万円	
経費	万円	万円	
営業利益	万円	万円	

7．個人的な借金はありますか？（サラ金、闇金など含む）

8．（第三者）連帯保証人はいますか？　いれば概要について教えてください。

・関係：　　　　　／　職業：　　　　　／　年齢：

9．何かしらの担保はありますか？　あれば概要について教えてください。

・担保の種類：

10．他社からの出資があれば教えて下さい。（他企業、ベンチャーキャピタル等）

・社名：　　　　　・社長出資比率：　　％
・役員の数：　　人　・他企業からの出資比率：　　％　・他企業からの役員：　　人

11．親、兄弟が事業をされていますか？いれば以下の質問にご回答ください。

・誰ですか？　：
・事業は順調ですか？：　順調、普通、順調でない

12．その他質問事項がありましたら何なりとお書き下さい。

＜備考欄＞

Q3　具体的な創業融資支援に関する報酬の取り方とは？

　　創業融資の支援をしたらどれくらいの報酬を請求してもよいので
しょうか。また、顧問契約を前提とすれば、創業融資支援報酬は無
料としてもよいのでしょうか。

> **Point**
> ●創業支援をする上で報酬が取りやすいのは、創業 " 融資 " に関する
> 　報酬だと思われます。
> ●一般的には、平均的な成功報酬の3～5％です。
> ●税理士の場合は、顧問契約を前提とすれば、融資支援報酬は無料も
> 　可能だと思われます。

A
解説
　　一般的に経営コンサルタントなどが創業融資支援を行う場合の
平均的な報酬額は、以下の通りです（あくまでも筆者の私見で
す）。

■〈図表〉創業融資の支援に関する平均的な報酬額

	報酬額
相談料	5,000円～30,000円（税別）
事業計画書等資料作成支援報酬	50,000円～100,000円（税別）
成功報酬	融資実行額の3～5％（税別）

　相談についてですが、これは有料でなく無料のケースもあると思われま
す。次に、相談を経て、創業融資支援の依頼を受けて契約をした後に、金融
機関に提出する事業計画などの資料作成支援報酬を請求することになりま
す。なお、いわゆる " 完全成功報酬 " のスタイルをとるならば、事業計画書

等資料作成支援報酬は請求しないことになります。

　そして、融資申請の結果、実際に融資が実行されたら成功報酬を請求します。その際に「事業計画等資料作成支援報酬」を「成功報酬」から差し引くケースもあります。これが一連の流れになります。

■〈参考〉報酬の請求例（10,000,000 円の融資実行の場合。消費税込み）

・相談料　5,500 円
・事業計画等資料作成支援報酬　55,000 円
・成功報酬　550,000 円（※成功報酬額 5 ％とした）
　報酬総額　500,500 円（※＝ 5,500 円＋（550,000 円－ 55,000 円））

　創業融資の支援は、一般的に報酬額が明確ですので、依頼する側（創業者側）としても、とてもわかりやすいです。

　なお、税理士の場合は、顧問契約を前提とするのであれば、これらの報酬額を無料とすることも可能だと思われます。また、「創業融資支援＋顧問契約パッケージ」として、特別価格などを提示することもできます。

　もちろん、顧問契約を前提としない依頼の場合は、事業計画等資料作成支援報酬および成功報酬をしっかりと請求するようにしてください。

Q4　創業融資支援の際に注意することは？　ＮＧ用語とは？

　創業融資の調達の支援をするときに特に注意する点はありますか。やはり「資金（お金）」に関することなので、クレームなどに繋がることがあるかもしれません。何か注意点があれば教えてください。

> **Point**
> ●最も注意していただきたいのは、融資の成功可能性について質問されたときの回答の仕方です。確実性を感じさせる表現は避けたいものです。
>
> ●成功報酬の回収の仕方についても注意してください。

A
解説

1　創業融資支援の際に注意するべきNG用語について

　創業融資支援をしていると、相談者から「融資を受けることのできる可能性はどれくらいですか？」というような質問をされることがあります。これに関してどう回答するのか？　とても悩ましい限りです。

　口が裂けても言ってはいけない回答として「"絶対に"大丈夫」という表現です。資金調達に"絶対"はありません。

　さらに「まあ、大丈夫でしょう」「可能性は非常に高いですよ」といった表現も、相談者からすると「ほぼ問題ない」「100％近く大丈夫なのだろう」と認識するかもしれません。

　結果として、創業融資の調達ができなかった場合、「先生は大丈夫っていいましたよね。これでは開業できませんよ。一体どうしてくれるのですか？」といったクレームに繋がりかねません。

　一部の専門家の中には、「創業融資の成功率99％」などと謳っている方もいますが、恐らく相談を受けた際に難しそうだと判断した場合は、創業融資の支援をお断りしているはずです。また、「成功の可能性を質問されて自信を持って回答できないような専門家は本物の専門家とはいえない」という主張をされている専門家もいますが、その点については、人それぞれの価値観、判断だと思われます。

　創業者にとって、創業融資の調達ができるかどうかは最大の重要な関心ごとです。支援する側としても慎重な言葉選びを意識するようにしてください。

2　成功報酬の回収の際に注意する点について

　次に、成功報酬の回収の際に注意する点について説明します。金融機関から創業融資が実行されたら成功報酬を請求することになります。至って当たり前の請求なのですが、「成功報酬を支払いたくない」という思いから専門家に連絡をしてこなくなる方もいるようです。

　また、1,000万円の融資が実行されたのに「減額されて800万円でした」と虚偽の報告をする方もごく稀にいるようです。また、成功報酬の値引きを要求してくる方もいるようです。

　この回避方法についてですが、主に以下の3点を意識してください。

1．契約書を締結する

2．密に金融機関とのコミュニケーションを図る

3．専門家として堂々と支援をする

　最も簡単な対応策は「契約書を結ぶ」ことです。至って当たり前すぎる対応策ですが、これが最も効果的です。契約書を結ばずに支援をしてしまう方もいます。トラブルが発生すれば契約書に基づいて対応する旨を伝えることが重要です。

　次に、貸し手側の金融機関（日本政策金融公庫や銀行、信金、信用組合）などとコミュニケーションを図ることも重要です。自身で紹介した金融機関窓口であれば、担当者と随時情報交換をすることができます。そうすれば、1,000万円の融資が実行されたのに「800万円の実行だった」という虚偽を見抜くのは容易です。また、相談者側もそういう嘘をついてもすぐに見破られてしまうと思うはずです。よって、できる限り金融機関チャネルを開拓しておくことをおすすめします。

　そして、最も重要なのは、専門家としての姿勢です。創業融資の専門家と

して堂々と自信を持って支援をすることによって、深い信頼感を築くことができるはずです。相談者としても、そういう専門家に嘘を付いたり、値引きを要求したりするようなことはしないのではないでしょうか。

Q5 "コロナ禍"における創業融資支援の注意点とは？

現在、新型コロナウイルス感染症の拡大で創業するハードルが高くなっていると思うのですが、このようなときでも日本政策金融公庫などは創業融資をしてくれるのでしょうか。また、今後、同様の事態が発生した際には、日本政策金融公庫などの創業支援はどうなるのでしょうか。創業融資の支援をする際に注意する点があれば教えてください。

Point

● たとえコロナ禍においても、日本政策金融公庫がすべての申請者に対して「創業融資しない」ということはあり得ません。

● 創業者側としては、あらゆるリスクを検討して事業計画を検討する必要があります。"コロナ禍"が長引いた際にはどのような事業プランを考えているのか等、事前に考えておくべきでしょう。

A
解説

2020年以降、新型コロナウイルス感染症が猛威を振るっています。現時点（2021年3月現在）においても、なかなか収束しない状況が続いています。また、新型コロナウイルス感染症が終息したとしても、今後、新たなウイルスの出現などにより、創業市場や景気、経済などが大きな影響を受ける可能性は否定できません。

さて、このような状況のときに創業融資はどうなるのでしょうか。結論からいうと、日本政策金融公庫や民間金融機関、信用保証協会などがすべての

申請者に対して創業融資（保証）などをしない、ということはあり得ません
し、実際に、"コロナ禍"においても創業融資は実行されています。

　公的金融における創業融資支援は、経済の活性化においてとても重要な施
策の1つだといえます。日本は特に開廃業率の低い国だと言われています。
先進国は10％前後の開廃業率に対して、日本は5％前後で推移していま
す。どんな状況下においても創業者支援は、国の施策としては最重要項目の
1つなのです。

　このような状況下において、創業融資支援をする際には、あらゆるリスク
回避策を検討しておく必要があります。創業希望者自身もリスク回避策につ
いて検討する必要がありますが、支援する税理士側においても、一緒になっ
て回避策についてアドバイスをしてあげてください。

　例えば、現在のような新型コロナウイルス感染症が収束していない時期に
創業融資を申請する際には、コロナウイルスの影響を前提としない事業計画
は考えられません。また、今後、新型コロナウイルス感染症がさらに拡大し
た場合にはどのようなプランがあるのか、などについて考えておく必要があ
ります。「そのような方法などあるはずがない」と思われるかもしれません
が、やはり困難な状況で創業する以上、貸し手側を説得する材料は必要で
す。プランA、プランB、プランC…というような事業計画が必要です。

　貸し手側である日本政策金融公庫も民間金融機関、信用保証協会なども、
創業者が考えているプランが100％正しいとは思わないでしょう。しかしな
がら、貸し手側が「この人は、ここまで今後の展開を考えているのか。これ
ならたとえ"コロナ禍"でもこの人なら事業継続できるかもしれない。我々
としても支援をする必要がある」と判断してくれるように、しっかりと資料
作りや提案をする必要があります。

　もちろん、このような状況下においては、ひとまずは「創業」を延期する
という選択肢もあります。そのような提案をせざるを得ないケースもあると
思われます。

第 3 章

法人設立法務、許認可について

1 法人設立の方法

会社が登記されるまでの流れとは？

　事業を始めるために会社を設立したいと考えていますが、どうやって会社を設立すればよいのでしょうか。

Point

●会社は、法務局に登記をすることで法人として認められます。

●法人設立の流れは、「基本事項の決定」→「定款作成」→「定款の認証」→「登記書類の作成」→「法務局に申請」となります。

A 解説

　税理士として、法人設立の相談を受けた際には、具体的な実務は提携先の司法書士、行政書士などに依頼されると思われます。

　その他、他士業の方に依頼される場合でも、法人設立に関する基本的な知識については、ぜひ理解しておきましょう。

　なお、本章においては、法人設立の方法として、「株式会社」の設立（会社設立）を取り上げて説明します。

　会社は、法務局に登記をすることで法人として認められます。これは、法人が「権利義務の主体になることができる」ということを意味します。例えば、会社名義で契約を交わすことができるようになります。また、銀行などの金融機関の口座を開設することができるようになります。会社を設立するには、数多くの手続きを経る必要があり、これが個人事業主との大きな違いといえるでしょう。

　以下に、登記するまでの流れを簡潔に示しましたので、ご確認ください。

■〈図表〉登記するまでの流れ

```
会社の基本事項の決定
↓
定款の作成
↓
定款の認証（公証役場）
↓
登記に必要な書類の作成
↓
設立登記を法務局に申請
```

Q2 **会社を設立する期間および費用はどれくらいか？**

　会社を設立する手順は理解できました。それでは、会社設立までの期間はどれくらいかかるのでしょうか。また、費用はどれくらい必要なのでしょうか。

> **Point**
> ●会社設立までには「定款作成」、「定款の認証」、「設立登記」、「各種届出」が必要になります。
> ●手続きによって、対応する行政庁はそれぞれ違い、それぞれの窓口に出向く必要がありますので、不便を感じるかもしれません。
> ●登記に関する費用は、株式会社ですと約25万円かかります。

A
解説

1　定款の作成と認証

　会社の基本事項（本章－1－Q3（P125））が決まったら、それを基に会社のルールである定款（本章－1－Q4（P129））を作成します。次に、定款を作成したら公証役場にて認証を受けなければなり

ません（本章－1－Q5（P131））。これは、公証人に定款が正しく作成されているどうかについて確認するためです。この認証がないと登記をすることはできません。この間、およそ1～2週間ほどかかります。

2　登記書類の作成と登記申請

登記申請をするにあたって、登記書類の準備をします。設立登記は本店所在地を管轄する「法務局」にて行います。これにより法務局に会社の情報が登録され、第三者も見ることができるようになります（本章－1－Q6（P135））。設立日は法務局へ登記申請した日となります。

3　税務署・年金事務所への「設立の届出」など

登記が完了したら、次は、税務署・年金事務所に「設立の届出」をします。また、法人名義での銀行口座の開設を行うことができます。なお、登記からここまで、約1～2週間ほどかかります。

まとめますと、上記のように、行政庁での手続きの期間を考えて、余裕をみて4週間ほどかかると想定しておいたほうがよいでしょう。設立時の費用に関しては、株式会社の場合、紙の定款で約25万円、電子定款で約21万円が必要となります。

■ 〈図表〉会社設立時の費用

	株式会社	
	電子定款	紙定款
定款認証費用	¥50,000	¥50,000
印紙代	¥0	¥40,000
定款の謄本	¥2,000	¥2,000
登録免許税	¥150,000	¥150,000
合計	¥202,000	¥242,000

※株式会社の場合、登録免許税は、資本金×0.7%（1000分の7）で、最低額が15万円です。

※株式会社の場合、定款の謄本交付料は、250円／枚。登記用・保管用で2部必要。

Q3　会社設立のための基本事項（決めるべきこと）とは？

　できる限りスピーディーに会社を設立したいと思っています。あらかじめ決めておくべき事項があれば教えてください。

Point

●登記簿に記載される商号、住所、目的などを決めておきます。

●定款に記載が必要な事項について、あらかじめ決めておくとスムーズに作成することができます。

A 解説

　定款の作成前に、設立に必要な基本事項を決めておくと、スムーズに定款を作成することができます。必要な基本事項が漏れていると、定款の認証を受けることができなかったり、また、登記の申請手続きを行っても取り下げなければならなかったりすることがあります。このように、結果として余計に手間と費用がかかってしまう場合もありますので、必要事項については、しっかりと決めておきましょう。

　以下に「株式会社設立事項チェックシート」を掲載しておきます。このチェックシートに記載されていることを洩れなく決定することによって、スムーズに認証、登記の手続きを行うことができます。

■〈資料〉

株式会社設立事項チェックシート

1.商号

ふりがな

2.本店所在地

3.事業内容（目的）

1.	6.
2.	7.
3.	8.
4.	9.
5.	10.

XX. 前各号に附帯または関連する一切の業務

4.資本金

金　　　　　　万円

5.設立日・事業年度

設立日：　　月　　日　　事業年度；　　月　　日　～　　月　　日

6.取締役（最低 1 名、取締役会設置の場合は 3 名以上必要）

※1	氏　名	任期（原則 2 年）※2	住　所
		年	

※1 代表取締役に〇
※2 譲渡制限会社の場合、任期 10 年可能

6.取締役会

設置　　　or　　　非設置

7.監査役（任意、取締役会設置の場合は必ず設置）

氏　名	任期（原則 4 年）	住　所
	年	

8.株式

出資者	氏　名	住　所	出資金	持株数
（発起人）			円	株
出資金			円	株
持ち株数			円	株

発行可能株式総数	株
設立時株数	株（設立当初発行する株数、発行済株式総数）
株式譲渡制限規定	あり　　　譲渡承認機関：株主総会　or　代表取締役　or　取締役会 なし

9.公告方法

官報　or　電子公告　or　新聞

印鑑作成　有　・　無

次に、それぞれの注意点などについて簡潔に説明します。

1　商号

商号を決める際には、以下の点に注意してください。

(1)　同一住所で同一の商号はつけられません。

(2)　株式会社を必ず入れます。（※株式会社の場合）

(3)　公序良俗に反する商号は使用できません。

(4)　使用できる文字は決まっています。

商号の調査は、インターネット・本店所在地を管轄する法務局・登記情報提供サービス等で調べることができます。なお、同一住所・同一商号の登記事項証明書を取得してみて、取得できなければ"存在しない"ことになります。

2　本店住所

本店はどこでも構いません。レンタルオフィスやバーチャルオフィスによる登記も可能です。また、当然のことですが、本店住所に関しては登記までに決める必要があります。

また、レンタルオフィスやバーチャルオフィスの1室の料金は登記する会社の数によることもありますので、事前に管理会社に確認するようにしてください。

なお、レンタルオフィスやバーチャルオフィスを利用される場合は、本章－2「法人設立と創業融資」も参考にしてください。

3　目的

目的には「適法性」「営利性」「明確性」が求められます。これらを意識して目的（事業の内容）を定めましょう。

「適法性」とは、会社の目的は適法でなければならないということです。

公序良俗に反する違法な事業を目的とすることはできません。

　次に「営利性」ですが、会社は営利団体です。よって営利性のある活動をしなければなりません。

　次に「明確性」ですが、会社の目的は誰にでもわかる明確なものでなければなりません。一般的に利用されていない不明瞭な目的は許されません。

　なお、「目的」に関しては、本章－2「法人設立と創業融資」も参考にしてください。

4　資本金

　資本金については、「税金」「運転資金」「借り入れ・融資」「許認可」「決算書の観点」「信用」など、総合的な観点から検討して決定するようにしてください。

　なお、「資本金」に関しては、本章－2「法人設立と創業融資」も参考にしてください。

5　決算期

　決算期の決定については、「会社の繁忙期」「消費税」「資金繰りの観点」など、総合的な観点から検討して決定するようにしてください。このあたりの判断については、税理士の最も得意とする分野だと思われます。

6　役員

　役員については、以下の3点に注意して決定するようにしてください。

(1)　取締役は必ず1名以上置きます。

(2)　取締役会を置くかどうかは任意です（取締役会設置の場合、取締役は3名以上）。

(3)　監査役設置は任意ですが、取締役会を設置したら必ず設置します。

　なお、「役員」に関しては、本章－2「法人設立と創業融資」も参考にしてください。

7　役員の任期

取締役は原則２年、監査役は原則４年となります。譲渡制限会社は、10年にすることができます。

8　発起人

発起人は１名から設立できます。また、発起人は定款に記載されます。

9　印鑑

会社の実印、銀行印、社印（角印）を用意するのがよいでしょう。法人設立３点セットとして販売されています。また、会社の商号や住所が入ったゴム印もあると、とても便利です。

Q4　定款の作成の方法とは？

定款とはどういう構成になっているのでしょうか。定款の作成方法や必要な書類について、最低限知っておくべきことについて教えてください。

> **Point**
> ●定款には、記載しなければならない事項（絶対的記載事項）が決まっています。
> ●発起人の実印が必要になります。

A
解説

会社の設立には基本原則となる「定款」を作成する必要があります。定款の効力を発生させるためには、公証人の認証が必要となります。以下に、定款に記載する事項について簡潔にまとめま

したので、ご確認ください。

1　絶対的記載事項

　以下の事項については、必ず記載しなければなりません。記載を欠くと定款自体が無効となります。

(1)　目的

(2)　商号

(3)　本店の所在地

(4)　出資される財産の価額

(5)　発起人の氏名・住所

(6)　発行可能株式総数

2　相対的記載事項

　定款に定めないかぎり、その効力が認められませんが、定款の効力自体には影響がありません。

(1)　現物出資

(2)　財産引受け

(3)　発起人の報酬

(4)　設立費用

(5)　株式の内容制限事項

(6)　種類株式に関する事項

(7)　株券を発行する旨の定め

3　任意的記載事項

　定款外において定めても当事者を拘束しますが、定款の効力自体に影響はありません。

(1)　定時株主総会の招集時期

(2)　株主総会の議長

(3) 取締役・監査役の員数

(4) 事業年度

(5) 発行可能株式総数

　なお、定款には全発起人の実印を押印する必要があります。ただし、電子定款の場合は、発起人のうちの1人もしくは代理人に依頼する場合は代理人の電子署名が必要となります（発起人全員の実印押印は不要となります）。

Q5　定款認証のやり方とは？

　定款を作成した後の公証人による認証について教えてください。どのような流れになるのでしょうか。また、どういう書類が必要になるのでしょうか。

> **Point**
> ●定款の認証を受ける公証役場を決めます。
> ●事前に公証役場で定款内容をチェックしてもらいます。
> ●実質的支配者となるべき者の申告書を作成します
> ●公証役場へ発起人全員で行きます。

A 解説

1　公証役場について

　定款の認証は、会社の本店の所在地を管轄する法務局または地方法務局に所属する公証人しかできないとされています（公証人法第62条ノ2）。例えば、東京都に本店を置く会社については、東京都内のどこの公証役場でも認証を受けることができますが、他県（例えば、隣接している千葉県や埼玉県など）の公証役場で認証を受けることはできませ

ん。

　定款の案文ができたら、認証前に公証役場に内容をチェックしてもらいましょう。あわせて、発起人の印鑑登録証明書や委任状も確認してもらいましょう。

2　実質的支配者となるべき者の申告書について

　2018（平成30）年11月30日より、認証時の添付資料として「実質的支配者となるべき者の申告書」を作成して提出することが必要となりました。これは、法人の透明性を高め、暴力団員および国際テロリストによる法人の不正使用（マネーロンダリング、テロ資金供与等）を抑止するためのものとなります。

■〈図表〉実質的支配者となるべき者の申告書（株式会社用）

実質的支配者となるべき者の申告書（株式会社用）

（公証役場名）

認証担当公証人　　　　　　　　　　　　　　　　殿

（商号）

の成立時に実質的支配者となるべき者の本人特定事項等及び暴力団員等該当性について、以下のとおり、申告する。

令和　　年　　月　　日

■ 嘱託人住所

■ 嘱託人氏名（署名押印又は記名押印（記名＋電子署名も可））

印

実質的支配者となるべき者の該当事由（①から④までのいずれかの左側の□内に✔印を付してください。）（※1）

- ❶　設立する会社の議決権の総数の50％を超える議決権を直接又は間接に有する自然人となるべき者（この者が当該会社の事業経営を実質的に支配する意思又は能力がないことが明らかな場合を除く。）：犯罪による収益の移転防止に関する法律施行規則（以下「犯収法施行規則」という。）11条2項1号参照

- ❷　❶に該当する者がいない場合は、設立する会社の議決権の総数の25％を超える議決権を直接又は間接に有する自然人となるべき者（この者が当該会社の事業経営を実質的に支配する意思又は能力がないことが明らかな場合又は他の者が設立する会社の議決権の総数の50％を超える議決権を直接又は間接に有する場合を除く。）：犯収法施行規則11条2項1号参照

- ❸　❶及び❷のいずれにも該当する者がいない場合は、出資、融資、取引その他の関係を通じて、設立する会社の事業活動に支配的な影響力を有する自然人となるべき者：犯収法施行規則11条2項2号参照

- ❹　❶、❷及び❸のいずれにも該当する者がいない場合は、設立する会社を代表し、その業務を執行する自然人となるべき者：犯収法施行規則11条2項4号参照

実質的支配者となるべき者の本人特定事項等（※2、※3）　／　暴力団員等該当性（※4）

住居		国籍等	日本・その他　（※5）（　　　）	性別	男・女（※6）	（暴力団員等に）
	フリガナ	生年月日	（昭和・平成・西暦）　年　月　日生	議決権割合	％（※7）	該当・非該当
氏名		実質的支配者該当性の根拠資料	定款・定款以外の資料・なし（※8）			
住居		国籍等	日本・その他　（※5）（　　　）	性別	男・女（※6）	（暴力団員等に）
	フリガナ	生年月日	（昭和・平成・西暦）　年　月　日生	議決権割合	％（※7）	該当・非該当
氏名		実質的支配者該当性の根拠資料	定款・定款以外の資料・なし（※8）			
住居		国籍等	日本・その他　（※5）（　　　）	性別	男・女（※6）	（暴力団員等に）
	フリガナ	生年月日	（昭和・平成・西暦）　年　月　日生	議決権割合	％（※7）	該当・非該当
氏名		実質的支配者該当性の根拠資料	定款・定款以外の資料・なし（※8）			

※1　❶の50％及び❷の25％の計算は、次に掲げる割合を合計した割合により行う（犯収法施行規則11条3項）。
　(1)　当該自然人が有する当該会社の議決権が当該会社の議決権の総数に占める割合
　(2)　当該自然人の支配法人（当該自然人がその議決権の総数の50％を超える議決権を有する法人をいう。この場合において、当該自然人及びその一若しくは二以上の支配法人又は当該自然人の一若しくは二以上の支配法人が議決権の総数の50％を超える議決権を有する他の法人は、当該自然人の支配法人とみなす。）が有する当該会社の議決権が当該会社の議決権の総数に占める割合
※2　「住居、氏名」欄には、❶の場合は、該当する者1名を記載し、❷から❹までの場合は、該当者全員を記載する。
※3　犯収法施行規則11条4項によって、上場企業等及びその子会社は自然人とみなされるので、上記自然人の「住居、氏名」に、その「住所、名称」を記載する。
※4　実質的支配者となるべき者が暴力団員（暴力団員による不当な行為の防止等に関する法律第2条第6号）又は国際テロリスト（国際連合安全保障理事会決議第1267号等を踏まえ我が国が実施する国際テロリストの財産の凍結等に関する特別措置法第3条第1項の規定により公表されている者若しくは同法第4条第1項の規定による指定を受けている者）のいずれにも該当しない場合には、「暴力団員等該当性」欄の「非該当」を○で囲み、いずれかに該当する場合には、「該当」を○で囲む。
※5　「国籍等」欄は、日本国籍の場合は「日本」を○で囲み、日本国籍を有しない場合は「その他」を○で囲んで具体的な国名等を（　）内に記載する。
※6　「性別」欄は、該当するものを○で囲む。
※7　「議決権割合」欄は、❶及び❷の場合のみ記載する。
※8　「実質的支配者該当性の根拠資料」欄は、該当するものを○で囲み、定款以外の資料がある場合には、その原本又は写しを添付する。また、実質的支配者となるべき者の本人特定事項等が明らかになる資料も添付する（自然人の場合には、運転免許証、旅券、個人番号カード（マイナンバーカード）、在留カード等の写し等、法人の場合には、全部事項証明書及び印鑑証明書の原本又は写し）。

実質的支配者となるべき者が3名を超える場合は、更に申告書を用いて記入してください。

〈出典〉日本公証人連合会ホームページ「公証事務　7-4　定款認証」

3　定款の認証について

　定款の公証役場による事前チェックが終わったら、発起人全員で公証役場にて認証を受けます。発起人が行けない場合は代理人に行ってもらうことも可能です。ただし、この場合は委任状が必要となります。

　公証役場における認証に必要なものは、以下の通りです。

■〈図表〉認証に必要なもの一覧

	内容
定款	3通（製本して発起人全員の実印押印されたもの）
印鑑証明書	発起人全員の印鑑証明書各1通
収入印紙	4万円分が必要になります。（なお、公証役場には収入印紙がない場合もありますので事前に準備しておきます。）
認証費用等	認証の手数料が5万円でその他定款の枚数や謄本の発行通数により手数料がかかります。なお、これらはすべて現金での支払いとなります。
代理人に行ってもももらう場合	・代理してもらう発起人の委任状 ・代理人の印鑑（認印可） ・代理人の本人を確認できるもの（運転免許証等）

4　電子定款について

　電子定款で認証を行う場合は、収入印紙代の4万円は必要ありません。また、電子定款の場合は発起人全員による実印押印が不要となり、発起人のうち1人もしくは代理人に認証を行ってもらう場合は、代理人の電子署名が必要になります。この場合、電子署名者以外の発起人の実印を押印した委任状が必要となります。

　なお、公証役場提供の電子定款の委任状サンプルを参考にした場合、当該委任状を1頁目として、2頁目以降に定款案を合わせて綴じ、これらを一体化させ、文書の改ざんや差換えを防ぐために、委任者全員が、1頁目の委任

状を含め各頁の間に実印で契印をして公証役場に提出します（袋綴じにした場合は、綴じ目に契印するだけですみます。）。

　また、電子署名を行うには、電子証明書を取得したり、ＩＣカードリーダを用意したり、ＰＤＦ変換ソフトを用意したり等の準備が必要となります。なお、電子定款による認証の場合、紙による定款の謄本２通を取得しておきましょう。会社保存と登記のために必要となります。

Q6　法務局への登記申請のやり方とは？

会社設立の登記の手続きについて教えてください。

> **Point**
> ●登記申請の流れとしては、「資本金の払込み」→「登記申請書の作成」→「登記の申請」となります。
> ●同時に、「印鑑届出書」で法人実印を登録し、「印鑑カード交付申請書」で、印鑑カードの交付申請も行います。

1　出資の履行について

　定款の認証が完了したら、資本金の払込みを行います。払込先は必ず発起人の口座であって、さらに払込みをする方と発起人の名前が同じでなければなりません。口座は発起人が現在使用している個人の口座でも構いません。また、新たに作成した口座でも構いません。なお、既口座に出資する金額があり、それを出資金とする場合は、一度引き出して再度振込する必要があります。

2　登記申請書の作成

　登記の申請手続きをする際に、「登記申請書」を作成して提出します。こ

の中で最も重要なのが「登記すべき事項」です。以下に「登記すべき事項」の一覧を示します。

■登記すべき事項

⑴　商号
⑵　本店住所
⑶　公告の方法
⑷　目的
⑸　発行可能株式総数
⑹　発行済み株式の総数
⑺　資本金の額
⑻　株式の譲渡制限に関する規定
⑼　役員に関する事項
⑽　取締役会の設置、監査役の設置

3　登録免許税について

　　登録免許税については、15万円分の収入印紙を購入して、自作の台紙（登録免許税納付用台紙）に貼付します。なお、「登録申請書」を含め、他の添付資料と一緒に綴じて、登記申請書と本台紙との継ぎ目に会社実印で契印をします。

4　添付書類について

　　登記申請の際は、「登記申請書」「登録免許税納付用台紙」のほか、以下の添付書類が必要になります。

⑴　定款（公証人の認証済の定款）

⑵　発起人の決定書（本店の所在地の詳細の決定）

⑶　設立時代表取締役を選定したことを証する書面

⑷　就任承諾書（設立時取締役・代表取締役・監査役）

⑸　取締役全員の印鑑証明書

⑹　本人確認証明書（設立監査役を選任した場合）

⑺　払込みを証する書面

なお、資本金に現物出資がある場合には、「調査報告書」、「財産引継書」、「資本金の額の計上に関する証明書」が必要になります。

5　法務局への提出について

会社の本店所在地を管轄する法務局に、「設立登記申請書」の「登記の事由」に記載した日付（発起人全員の資本金の払込が終わった日以後の日付）から２週間以内に申請をします。

同時に法人代表印の「印鑑届書」を提出して、代表印を登録します。

6　印鑑カードの交付について

会社設立の登記が完了したら、「印鑑カード交付申請書」を作成して法務局の窓口に申請します。

Q7　その他、必要な各種届出とは？

無事、会社設立登記も終了しました。その他、どのような手続きがあるのでしょうか。

> **Point**
> ●金融機関の口座開設の手続や税金、社会保険、労働保険など、各種の手続きがあります。
> ●詳細については、第４章および第５章などを参考にしてください。

A 解説

1　口座開設

金融機関（銀行、信用金庫、信用組合など）の口座を開設する際には、以下の観点から総合的に判断してください。

・利便性（場所、手間等）
・サービス面（親身かどうか）
・管理（手数料、自社サービスと顧客の関連から）
・資金調達（借入れを考えて）

　口座開設時に必要な書類などは金融機関によって異なりますので、事前にホームページや電話などで確認しておきましょう。詳細については、本章－3「法人口座の作り方」を参考にしてください。

2　税金に関して

　国税（法人税、消費税）は税務署へ、地方税（事業税、住民税）は都道府県事務所か市区町村の役所に納めることとなるので、それぞれに届出が必要となります。

　詳細については、第4章「税務・会計について」を参考にしてください。

3　社会保険に関して

　年金事務所で従業員の社会保険加入手続きをします。社会保険とは「健康保険」「介護保険」「厚生年金保険」になります。

　詳細については、第5章「社会保険・労働保険、共済などについて」を参考にしてください。

4　労働保険に関して

　労働者を雇用したら労働保険（労災保険、雇用保険）に加入しなくてはなりません。労災保険はすべての労働者が、雇用保険はある一定の加入要件を満たした労働者が加入します。労災保険は労働基準監督署で、雇用保険はハローワークで手続きをします。

　詳細については、第5章「社会保険・労働保険、助成金について」を参考にしてください。

2 法人設立と創業融資
～金融機関から門前払いされないために～

Q1 「本店」の注意点とは？

　法人を設立するとき（登記簿）の「本店」の場所を決める時にはどのようなところに注意すべきでしょうか。また、開業後に本店を移転した場合はどうなるのでしょうか。

> **Point**
> ●開業する都道府県の中小企業施策をしっかり調べてみましょう。
> ●本店住所によっては、銀行の法人口座が作れない場合があります。
> ●本店を移転した場合、今までの保証協会とは取引ができない場合があります。

A 解説
　法人を登記する際には、「本店」を決めなければなりませんが、本店の“場所”によって、創業融資の審査に影響を与えてしまう場合があります。

1　どこで（どこの都道府県、市区町村で）開業するのか？

　開業した時には、できるだけ都道府県の中小企業施策の恩恵を受けたいものです。中小企業施策の範囲は各県でそれぞれ異なり、本店の所在地で受けられる施策が決まります。

　例えば、「東京都と他県との違いは？」、また「東京23区と23区以外との違いは？」などについても検討する価値があります。東京都の例で説明しますと、中小企業施策や金融施策は他県に比べて豊富です。特に東京都には独自の「東京都女性・若者・シニア創業サポート事業」などがあります。

〈参考〉東京都女性・若者・シニア創業サポート事業ホームページ
　　　　https://cb-s.net/tokyosupport/

　　また、東京23区は、他県の市区町村と比較すると施策がとても充実しています。本店登記する場所で、利用できる施策の範囲が異なってしまう可能性がありますので、しっかりと調べてみることが重要です。

　　開業時に信用保証協会の信用保証付きの融資を受けた後に、他県に本店の移転をしたとしましょう。後に新たな融資を受けようと移転後の信用保証協会に申込をしても、そこでは実績がないので「次期の決算状況を見てから判断させてください」といわれてしまうようなケースも少なからずあります。各都道府県の信用保証協会は独立経営であり、保証審査は各都道府県の信用保証協会の判断によるためです。

　　以上の理由から、例えば、「東京と隣の神奈川県のどちらで開業する方が将来的にも得策なのか？　また、東京だったらどこの市区がよいのか？」などについて、事前に検討されることをおすすめします。

2　レンタルオフィスやバーチャルオフィスの注意点について

　　レンタルオフィスやバーチャルオフィスを本店にする場合は十分注意が必要です。マネーロンダリング対策もあり、金融庁や金融機関も口座開設にはとても慎重になっています。

　　レンタルオフィスやバーチャルオフィスには、同じ住所に多くの会社が存在することとなります。もし万が一、その中で問題がある企業があったとしたら、同じ住所の企業は要注意と判断されてしまうかもしれません。

　　バーチャルオフィスなどを利用する際は、運営者に既存入居者の口座開設状況について聞いてみましょう。十分に注意して検討するようにしてください。

「目的」の注意点とは？

　　開業してやりたいことが多くあるのですが、事業目的の数や順番に何か決まりがありますか。創業融資を受ける際に何か影響があるのでしょうか。

> **Point**
> ●この会社は何をしたい会社なのかがわかるように目的を選びましょう。
> ●開業したときに行う事業内容を1番目に掲載するのが通常のイメージです。
> ●日本政策金融公庫や信用保証協会の対象とならない業種がありますので、注意してください。

A　解説

　　法人を登記する際には、「目的」を決めなければなりませんが、その目的の数や内容などによって、創業融資の審査に影響を与えてしまう場合があります。最悪の場合は、金融機関から門前払いされてしまうケースもあります。

1　目的の「数」について

　登記簿謄本をみると、何十もの目的が書かれているものがあります。これが創業融資と何か関係があるのかということですが、金融機関から「この会社はいったい何をしたいのか？　どういう会社なのか？」と思われてしまうかもしれません。特に「適正な数」を指摘することは難しいのですが、常識の範囲内で判断したいものです。

2　目的の「順番」について

　目的の書かれている「順番」についても同様のことがいえます。目的が沢山あってメインの事業が3番目や5番目に掲載されていたら、「金融機関がどう思うのか？」ということです。

　一見、大した問題ではないと思われるかもしれませんが、何かしらネガティブなイメージを持たれてしまう可能性は否定できません。一旦ネガティブなイメージを抱かれてしまうと、それを払拭するのはとても面倒なのです。

3　融資の対象とならない「業種」について

　日本政策金融公庫や信用保証協会で融資や保証の対象とならない業種があります。それぞれ対象者については、一例ですが、下記の通り記載があります。

■日本政策金融公庫　一般貸付

> 「ほとんどの業種の中小企業の方にご利用いただけます（金融業、投機的事業、一部の遊興娯楽業等の業種の方はご利用になれません）。」

〈出典〉日本政策金融公庫ホームページ

■東京信用保証協会

> 　商工業のほとんどの業種でご利用になれます。ただし、農林・漁業、遊興娯楽業のうち風俗関連営業、金融業、宗教法人、非営利団体（NPOを除く）、LLP（有限責任事業組合）等、その他当協会が支援するのは難しいと判断した場合は利用できません。

〈出典〉東京信用保証協会ホームページ「ご利用いただける中小企業とは」

　両者で共通となる「金融業」については特に注意が必要です。「金融業」

は日本政策金融公庫においても、信用保証協会においても"対象外"となっています。例えば、「金融業」が目的に記載されていたら、その会社には融資や保証ができなくなる可能性があります。実際の事例として、最悪の場合、門前払いされてしまったケースもあります。

　創業融資の相談を受けたときに、その事業内容から、何となく「金融業のようなイメージがする」と感じたら、日本政策金融公庫や信用保証協会に電話をして「こういう業種なのですが、これは金融業ですか？　融資の対象となりますか？」と確認した方がよいかもしれません。万が一、対象外になるようだったら、「目的」には入れない方がよいかもしれません。慎重に判断するようにアドバイスしてあげてください。

Q3　「資本金」の注意点とは？

　「資本金はどのくらいにしたらいいか」と相談を受けることがあります。どのくらいが望ましいのでしょう。融資の関係で注意すべき点はありますか。

> **Point**
> ●資本金を300万円とする考え方があります。
> ●3カ年計画など事業計画によって判断するのも一案です。

A 解説　法人を登記する際には、「資本金」を決めなければなりませんが、過少資本だったりしますと、創業融資の審査に影響を与えてしまう場合があります。

1　「資本金300万円」の根拠について

「資本金はどれくらい必要なのか？」これについてはさまざまな判断基準

がありますが、ここでは創業融資との関連で説明いたします。法人にて創業する方にとっても、創業支援をしている税理士ばかりでなく、法人設立支援をしている司法書士や行政書士にとっても、同じように悩むところだと思います。

　具体的な資本金額についてですが、「300万円」という1つの考え方があります。なぜ300万円なのかといいますと、最低資本金制度が廃止される前は、「有限会社の資本金が300万円であった」からです。その当時は多くの起業家が300万円で会社を設立して創業融資の申請をしていました。

　つまり、日本政策金融公庫や信用保証協会などは300万円の資本金の審査に"慣れている"という見方もできます。しかしながら、会社法の成立により最低資本金制度が廃止されたのが2005年で、それから相当の年数が経過しているので、今となってはさほど根拠がないかもしれません。

2　「債務超過」を避ける！

　たとえば、資本金が10万円などの過小資本ですと、どういうデメリットがあるでしょうか。資本金以上の多額な赤字を計上してしまうと、「債務超過」になってしまいます。

　税理士の方には釈迦に説法かもしれませんが、例えば、「創業のために用意した資金は500万円あるが、ひとまずは資本金50万で法人を設立して開業した（創業前に融資を利用してない）。初年度は売上計画を大きく下回り、大赤字を出してしまった。手元資金の450万円はすべて会社の運転資金に使ってしまった」という中小企業があるとしましょう。設立時の貸借対照表（B／S）と決算時のB／Sのイメージは、次のようになります。

■〈設立時Ｂ／Ｓイメージ〉

資産	負債
現預金 50 万	
	純資産の部
	資本金 50 万

■〈決算時Ｂ／Ｓイメージ〉

資産	負債
現預金 50 万	借入金　450 万
	純資産の部
	資本金　50 万
	損失 △ 450 万
	△ 400 万

↑
債務超過

　この決算時Ｂ／Ｓは、（役員）借入金もあり、債務超過だと積極的に融資を受けることは困難です。それでは、この会社は設立時にどうすればよかったのでしょうか？

　自己資金が 500 万円あったのなら、500 万円を資本金とすればよかったのではないでしょうか。自己資金を追加して自分の会社に貸し出した場合でも、「借入金」が増えるだけで債務超過の解消とはなりません。債務超過になってしまうとその後の資金調達はかなり困難になってしまいます。

　そこで「最悪のシナリオ（事業計画）」を検討した際に、いくら赤字が出るだろうか？という視点で資本金を検討してみるのです。できれば創業から 3 年くらいは債務超過を避けたいところです。

　創業年度の赤字については、金融機関は大目に見てくれる傾向はありますが、やはり連続大赤字で債務超過に陥ると、その後、融資などの支援を受けることが、どうしても厳しくなってしまいます。

「役員に関する事項」の注意点とは？

　　「妻を社長にしたい」、「知り合いが役員になってくれると言うの
だけど」というような相談を受けることがあります。そういう場
合、何かしらリスクや融資の関係で注意すべき点はありますか。

> **Point**
> ● 妻が本当に事業に参画するのかどうかの見極めが必要です。
> ● 社外から役員を入れる場合は、その方を役員にすることによって金
> 融機関との取引に支障が出ることがないかどうかについて、事前に
> 判断する必要があります。

A
解説
　　法人を登記する際には、「役員」を決めなければなりません
が、その役員によって、創業融資の審査に影響を与えてしまう場
合があります。

1　妻を社長にする場合について

　例えば、「自分ではなく、妻を社長にして開業したい」というようなケー
スがあります。この場合、奥様が事業に「参画する」のであれば、さほど大
きな問題はないかもしれません。例えば、戦略の一環として化粧品関連の商
材や婦人服などを扱う会社などでは、女性社長のイメージはよいかと思われ
ます。一方、奥様が事業に「参画しない」場合は、奥様を社長にするのは避
けた方がよいかもしれません。

　よくあるケースですが、ご本人（ご主人）が既に会社を経営されていて、
業績が悪化しているため（またはリスケジュールなどをしているため）、奥
様を起業させて資金調達しようとしているケースです。この場合は大抵、社
長であるご主人が、ほぼ資金調達できない状況にあることが多いです。「奥

さんは専業主婦で事業の経験などなく、実は本人も事業をやる気がない」「事業の内容も数字についても全くわからない」「融資の面談の際には横からご主人が全てを説明するつもり」など、このような状況では資金を借りることは相当困難だと思われます。

　創業融資を検討する場合、このケースに限らず「金融機関がどう思うのか？」「何かしら疑われないか？」「ネガティブイメージを持たれないか？」などについて、最大限注意してください。

2　社外から「役員」を入れる5つのポイントについて

　社外から「役員」を入れる場合は、以下の5つのポイントを意識して判断するようにしてください。

⑴　不用意に知り合いに取締役を依頼しないこと

⑵　不用意に知り合いからの「取締役になってもいいよ」という言葉に甘えないこと

⑶　個人債務について聞くこと

⑷　会社経営者の場合は、会社の債務状況について聞くこと

⑸　状況によっては勇気をもって断ること

　例えば、社外取締役になってもらおうと思っている方が他社の"経営者"だったとしましょう。そして、その方が経営されている会社の融資の返済が滞っていたり、個人的に多額の債務などがあり同様に返済が滞っていたりと、いわゆる"ブラック"の状態だと判明して、その方が「役員」として登記されているとしたら、創業融資の審査をする貸し手側の金融機関は、どのように判断するのでしょうか。

　もう少し具体的に説明しますと、例えば、役員になってもらおうと思っている経営者の方が、日本政策金融公庫にリスケジュールをしている状況だと

します。そういう方を役員として迎えて法人を設立（登記）し、日本政策金融公庫に創業融資の申請をしたとします。その際、日本政策金融公庫はこの会社の登記簿を見て、「この取締役の○○さんは、現在リスケジュールをしている○○社の社長ではないか。この会社の本当のトップは誰なのだろうか？」と疑うかもしれません。最悪の場合、創業融資を受けることができなくなる可能性があります。また、日本政策金融公庫に限らず、民間金融機関や信用保証協会も同じように疑うかもしれません。

　逆に、優良企業の経営者や取締役の方が、「役員」になってくれるのなら、これは自社にとって大いにプラスになるケースもあります。優良企業の経営者などが「役員」として登記されていて、経営にも参画している創業企業であれば、金融機関としては、融資審査の際にプラスの定性要因として積極的に評価してくれる可能性もあります。

3 法人口座の作り方

Q1 **法人口座を作る際の金融機関の選び方とは？**

　　創業後、すぐに法人口座を開設したいと思っています。都市銀行に個人口座を持っていますが、その銀行にお願いすればいいのでしょうか。そもそも開業時の金融機関はどのようにして選んだらよいのでしょうか。

> **Point**
> ●個人の取引とは違い、創業融資を受けることができるかどうかが重要になります。
> ●自分の事業を応援してくれる金融機関と取引しましょう。

A 解説

　　開業した際には、当然ながら売上の入金や支払等のために銀行などの法人の口座が必要となります。金融機関との付き合いは、日々のお金のやり取りだけでなく、創業時には創業融資を受けることができるのかどうかという点も重要になってきます。日本政策金融公庫ではなく、民間金融機関（銀行、信用金庫、信用組合など）から創業融資を受けたいと考えた場合には、やはり融資を受ける金融機関の法人口座が必要になるのは当然のことです。なお、創業融資支援をしてくれる場合は、当然、その金融機関で法人口座を作ることはできます。

　　しかしながら、どこの金融機関でも創業融資をしてくれるわけではありません。

■〈図表〉金融機関の種類、分類

	特徴
都市銀行	原則として、普通預金口座の開設は難しい。支店にもよるが創業融資を積極的に扱わない傾向がある。
地方銀行	都市銀行と同様に、特に大手の地方銀行（支店にもよる）においては、創業時の事業者との取引を積極的に行っていないところもある。
第二地方銀行	「地方銀行」と比べると、創業時に口座の開設や融資の可能性もある。
信用金庫	地域の事業者の支援を積極的にしており、創業時に口座の開設も比較的しやすく、融資の可能性もある。
信用組合	地域密着で地域内の事業者を積極的に支援している。創業支援も積極的にしていることが多く、口座開設も比較的しやすく、融資の可能性もある。

　一部の都市銀行や大手地方銀行の支店などによっては、法人口座の開設をしてくれるところもありますが、創業時は地域性が高く創業支援を積極的に行っている創業予定地の「信用金庫、信用組合」で口座の開設を行うことをおすすめします。また、創業時は、取り急ぎ、インターネット銀行に法人口座を開設するのも一案です。

　創業時は地域金融機関に口座を開設して、その後、実績を積みながら徐々に都市銀行や大手地方銀行との取引を拡大していくことをおすすめします。

Q2　口座開設の手続きおよび必要な書類とは？

　　開業時の銀行口座は個人の場合と違うということはわかりましたが、実際の口座開設の手続きも違うのでしょうか。また、法人の口座開設はどのような手続きになり、どのような書類を用意する必要があるのでしょうか。

A
解説

1　開業後すぐに口座を開設するのは困難になってきている

　昨今（2020 年時点）の傾向として、開業後すぐに法人口座を開設するのはやや困難になっています。つまり、審査が厳しく、通りにくくなっているということです。

　なぜ審査が厳しくなっているのでしょうか。主に以下の 5 つの理由が考えられます。

(1)　実績や社会的信用が低いため

(2)　振り込め詐欺などの犯罪が増加しているため

(3)　バーチャルオフィスや固定電話がないなど、法人の実態がわからないため

(4)　資本金が少ないため

(5)　事業内容が明確でないことが多いため

　これら 5 つの理由は、金融機関の立場に立てば、全て納得できることばかりではないでしょうか。この中で最も金融機関が懸念していることは(2)の「振り込め詐欺などの犯罪が増加しているため」についてです。さまざまな犯罪などに「バーチャルオフィス」の法人口座が悪用されているという報道も少なからずあります。決して「バーチャルオフィス」を完全否定しているわけではありませんが、こういう理由から「バーチャルオフィス」の利用はやはり慎重に判断する必要があるのかもしれません。

　よって、バーチャルオフィスにて開業する場合は、特に「口座を開設する法人はどのような事業を行うのか？」「本当に営業する実態があるのか？」などについて、金融機関にしっかりと説明する必要があります。もちろん、

これはバーチャルオフィスに限ったことではありません。

2　口座開設の手続きと必要書類について

　法人口座を開設する際は、基本的には代表者が金融機関に訪問することになります。あらかじめ金融機関の窓口に「法人口座の開設をしたい」という旨の連絡をして、事前に必要書類などについて確認をした方がスムーズだと思われます。昨今においては、インターネット経由で法人口座開設の受付を行っている金融機関も増えていますので、ホームページなどで確認するようにしてください。

　なお、個人の場合とは異なり、書類を揃えてもすぐに口座を開設してもらえません。必要な資料を提出し、担当者からの面談を経てから審査に入り、通常は3日〜1週間程度で結果が連絡されます。金融機関によっては、2〜3週間かかる場合もありますので、事前に期間について確認した方がよいかもしれません。また、面談については、大抵の場合、1回のみなので、その時にしっかりと事業の実態と展望の説明をする必要があります。

■口座開設申込時に必要とされる一般的な書類（1）

①　履歴事項全部証明書
②　法人印鑑証明書
③　代表者の本人確認書類

　また、上記以外に法人の事業の実態を説明するために下記のような資料を用意することが望ましいです。

■口座開設申込時に必要とされる一般的な書類（2）

① 会社案内、製品、パンフレット、お取引先さま向けご提案書
② 会社のホームページがあれば URL
③ 許認可・届出・登録が必要な業種の場合には許可証や手続き完了がわかる収受印
　 付申請書（控）等資料
④ 法人設立届（控）
⑤ 事業開始届（控）

　金融機関は、「この法人は本当にきちんと事業をするつもりなのだろうか」
という疑いの目をもって判断しているかもしれません。よって、これらの資
料に加え、今後の事業の展望や事業計画、ビジネスモデル（俯瞰図）、また
代表者の今までの経験や業績などに関する資料なども揃えておいた方がよい
かもしれません。これらについて、しっかりと説明することがとても重要に
なると思われます。

4 許認可について

Q1 創業時に多い許認可とは？

許認可の定義について教えてください。また、創業時に許認可などが必要となる業種にはどういうものがあるのでしょうか。

Point

●許認可とは、許可・認可・登録・届出のことをいいます。

●創業時に多い主な許認可業には、飲食業、リサイクルショップなどの古物業、理美容業、整骨院などがあります。

A 解説

1 許認可（許可、認可、届出）とは？

許認可とは、法令で定められた事業を行うために必要な手続きのことです。「許可」「認可」「登録」「届出」の4つに分類されます。

（1）許可

法令により一般的に禁止されている行為を、行政機関が特定の場合に解除し、適法に行えるようにすることです。本来は禁止されていることであり、その禁止を解除してもらうということがポイントです。例としては、飲食店の営業許可が該当します。行政機関の裁量が認められます。

（2）認可

行政機関が第三者の行為に同意を与え、その行為を法律上有効に完成させる行政行為です。わかりやすい例としては、保育園が該当します。保育園には認可保育園や認可外保育園があります。認可保育園は、国等が定めた認可基準を満たすことで認可を受けます。一方、認可外保育園は認可基準を満た

154

していないため認可を受けることはできませんが、保育園の運営自体禁止されているわけではありません。

(3) 届出

　行政庁に対し、一定の事項の通知をする行為（申請に該当するものを除く。）であって、法令により直接に当該通知が義務付けられているもの（行政手続法第2条第7項）です。行政庁の諾否の返事は不要であり、単に届出の通知をすれば手続きは完結します。例えば、整骨院や診療所などが該当します。

(4) 登録

　行政機関において一定の事項を，多くの場合関係人の申請により，公簿に記載することです。登録された事項につき公の証拠力を生じたりします。例としては、特許登録、税理士登録、屋外広告業登録等です。

2　主な許認可業について

　事業の内容によっては、行政庁の許可、認可を受けなければならないもの、届出が必要なものがあります。適正な手続きをしておかないと、営業停止などの処分を受けたりしますので、設立前に注意が必要です。

　創業支援をしているとよく相談を受ける許認可が必要な業種は、次の通りです。

■〈図表〉主な許認可業

	主な業種
許可	・建設業 ・古物商営業（リサイクルショップ、中古車など） ・飲食店営業 ・風俗営業（バー、スナックなど） ・障害福祉事業 ・宅建業 ・運送業　など
認可	・医療法人設立 ・学校法人設立 ・認可保育園　など
登録	・旅行業 ・屋外広告業 ・建築物清掃業　など
届出	・整骨院 ・理美容室 ・クリーニング所 ・ペットショップ　など

Q2　許認可の基本的な要件、フローとは？

　　税理士として最低限、知っておきたい主な許認可の要件及びフローなどについて教えてください。

> **Point**
> ●要件としては、人的要件、施設要件、財務要件などがあります。
>
> ●フローは許認可の種類によって異なりますが、「事前相談」→「申請書等提出」→「現地確認」→「許認可通知」となります。
>
> ●詳細については、行政書士にお問い合わせください。

A
解説

　　　許認可の種類は 1000 種類以上あると言われています。すべての許認可業について説明することは困難ですので、本書においては、創業の相談の多い許認可業に絞り込んで、飲食店営業、古物営業、整骨院、美容院、障害福祉事業について最低限の知識についてまとめておきました。しかしながら、税理士として、これらの知識をすべて覚える必要はないと思われます。

　許認可の詳細については、行政書士にお問い合わせください。また、許認可の種類はとても多く、行政書士も専門分野によって得手不得手があるので、複数の行政書士との連携も重要です。

1　飲食店営業

　新規に飲食店営業を開始する場合には、食品営業許可が必要になります。食品営業許可申請書は、施設完成予定日の 10 日位前に保健所への提出が必要です。施設基準は管轄の地域によっては独自の要件が定められている場合がありますので、事前に管轄の保健所への確認が必要です。

■〈図表〉飲食店営業の概要

	内容
申請フロー	申請先に事前相談→施設工事→申請書提出→施設実地検査→営業許可証交付
要件	1．人的要件 ・施設ごとに食品衛生責任者を設置すること ・食品衛生法に違反して罰せられたり、許可を取り消されたりした者等でないこと 2 施設要件 ・営業施設の構造 ・食品取扱設備 ・給水及び汚物処理に関する基準 　また、業種（飲食店、喫茶店、菓子製造など）ごとに定められた特定基準があります。例えば、飲食店では、冷蔵設備・洗浄設備・給湯設備・客先・客用便所などに基準が設定されています。
申請先	開業する場所を管轄する保健所
申請書類	・許可申請書 ・店の平面図・設備の大要（調理設備などの位置が入ったもの） ・水質検査成績書 ・食品衛生責任者の資格を証明するもの ・登記事項証明書（法人の場合）
標準処理期間	申請日から10日～2週間程（検査時に連絡）

2　古物営業

　中古品等を業として売買したり、交換したりする古物営業を開始する場合には、都道府県公安委員会の古物商許可が必要となります。古物商の営業を行なう場所を「営業所」として届け出なければなりません。

■〈図表〉古物営業の概要

	内容
申請フロー	営業所の選定→申請書類の提出→許可証交付
要件	1．人的要件 ・営業所ごとに管理者を選任すること ・破産者、犯罪者、住居の定まらない者、古物営業の許可を取り消された者等でないこと 2．施設要件 ・営業所の使用権限があること ・営業所の独立性（独立管理のできる構造設備）があること。
申請先	主たる営業所が所在する都道府県の公安委員会（所轄の警察署）
申請書類	・許可申請書 ・主たる営業所等届出書 ・住民票の写し ・身分証明書 ・略歴書 ・誓約書 ・営業所の賃貸借契約書 ・登記事項証明書と定款（法人の場合） ・URL の使用権限疎明資料（URL を届け出る場合）
標準処理期間	申請から 40 日以内（申請翌日から土日祝含めない）

3　整骨院

　あん摩マッサージ指圧師、はり師、きゅう師等に関する法律および柔道整復師法に基づく施術所を開設する場合は、保健所への施術所開設届の提出が必要です。あん摩マッサージ指圧・はり・きゅうと柔道整復の両方を行う施術所の場合、それぞれに開設の届出が必要になります。

■〈図表〉整骨院の概要

	内容
申請フロー	申請先に事前相談→施術所の開設→届出書提出→施設検査
要件	1．人的要件 　あん摩マツサージ指圧師、はり師、きゅう師、柔道整復師の資格を有していること 2．構造設備基準 ・6.6㎡以上の専用の施術室を有すること ・3.3㎡以上の待合室を有すること ・施術室は室面積の7分の1以上に相当する部分を外気に開放できること ・施術に用いる器具、手指等の消毒設備を有すること
申請先	開業する場所を管轄する保健所
申請書類	・施術所開設届 ・開設者および施術者の免許証の写し ・施術所平面図 ・施術所の地図 ・賃貸借契約書の写し ・登記事項証明書（法人の場合）
提出期限	開設後10日以内に提出

〈注意〉
　健康保険を取り扱う場合の保険取扱開始日は地方厚生局への「受領委任の届出」（施術所開設届控添付）提出日からとなります。

4　美容院

　美容室を開業するには、営業予定地となる管轄の保健所に美容所開設届を提出して確認を受ける必要があります。開業の7日前までに提出する必要があります。施設基準は、管轄の地域によって独自の要件が定められている場合があります。

■〈図表〉美容院の概要

	内容
申請フロー	申請先に事前相談→開設届の提出→施設の検査→確認書交付
要件	1．人的要件 ・美容師の資格を有していること、又は美容師の資格を有している者を雇用すること ・管理美容師の配置（従業員が2名以上の場合） 2．構造設備基準 ・13平方メートル以上の作業室面積・作業椅子台数 ・客待場所 ・洗場 ・消毒設備 ・床・腰板 ・採光・照明・換気 ・格納設備 ・汚物箱・毛髪箱
申請先	開業する場所を管轄する保健所
申請書類	・開設届 ・構造設備の概要 ・施設の平面図 ・施設付近の見取り図 ・従業員名簿 ・診断書（結核性疾患・伝染性皮膚疾患のないこと） ・美容師免許証の写し ・誓約書 ・認定講習会修了証の写し（管理美容師がいる場合） ・登記事項証明書（法人の場合） ・検査手数料
標準処理期間	開設の届出から営業開始まで1週間程度

5　障害福祉事業

　障害者を支援する障害福祉事業には、就労継続支援A・B型や生活介護、就労移行支援、共同生活援助など、さまざまな事業種別があります。事業は

法人のみが行うことができます。事業開始のためには、事業種別ごと、事業所ごとに、都道府県に事業所としての「指定」を受けなければなりません。要件・手続き等は事業種別で異なります。

■〈図表〉障害福祉事業の概要

	内容
申請フロー	申請先に事前相談→建築課との協議→消防署との協議→申請書の提出→（実地確認）→指定通知書交付
要件	1．人的要件 ・サービス管理責任者の資格を有している者を配置すること ・管理者を配置すること ・事業ごとに必要な医師、看護師、生活支援員等の従業者を配置すること 2．施設要件 ・事業ごとに定められた広さや設備を有することある ・建物が消防法に適合していること ・建物が建築基準法に適合していること
申請先	事業所ごとの都道府県 障害福祉課
申請書類	・指定申請書 ・介護給付費等算定に係る体制等に関する届出書 ・定款および登記事項証明書 ・事業所の平面図および地図 ・サービス管理者の経歴書・資格証の写し ・管理者の経歴書 ・従業者の勤務体制一覧表 ・運営規程 ・事業計画書及び収支予算書 ・賃貸借契約書の写し ・協力医療機関との契約内容
標準処理期間	申請後2週間から1カ月

Q3 創業融資は許認可を取得した後でないと申請できない
のか？

　一般的に創業融資を申請する際、許認可業については「許認可を
受けていること」が大前提となるそうですが、飲食店などにおいて
は、融資を受ける前に店舗を契約して営業許可書を取得してからで
ないと融資の申請ができないのでしょうか。そうだとしますと、非
常にリスクが大きいと感じますが、実際はどうなのでしょうか。

> **Point**
> ●許認可業の創業融資申請においては、「許認可を受けていること」が
> 　大前提となります。
>
> ●業種によっても異なりますが、許認可を受けていなくても融資の申
> 　請をすることができる場合があります。必ず日本政策金融公庫や金
> 　融機関、信用保証協会に事前に確認してください。

 A 解説

1　「許認可を受けていること」が大前提となる

　基本的に日本政策金融公庫および自治体の創業融資を申請する
際には、「許認可を受けていること」が大前提となります。

　第2章−4「自治体の創業融資制度」でも説明しましたが、東京都の創業
融資制度の「ご利用いただける方」の1つに「許可、認可、登録、届出等が
必要な業種にあっては、当該許認可等を受けている（又は、受ける）こと」
と書かれています。また、申請時には書類として「事業に必要な許認可書の
写し」の提出が必要になります。

　また、これも第2章−4「自治体の創業融資制度」で説明しましたが、東
京都中央区の創造支援資金融資においても、申し込み基本要件として「必要
な許認可を受けていること」と書かれています。

2　融資申請と許認可のタイミング

　本章－4－Q2の「1　飲食店営業」（P157）にて説明しましたが、例えば飲食店の場合、営業許可申請は「申請先に事前相談→施設工事→申請書提出→施設実地検査→営業許可証交付」という流れになっています。「施設実地検査」とは、施設（店舗）が申請の通り、施設基準に合致しているかどうかについて保健所の担当者が確認します。そして、問題がなければ営業許可書が交付されます。

　先ほど、創業融資においては「許認可を受けていることが大前提となる」と説明しましたが、この流れですと、融資を受ける前に、店舗を契約して「施設工事」をしなければ「施設実地検査」をしてもらうことはできないということになってしまいます。つまり、「融資を受けることができるのかどうかわからないのに、店舗を契約して内外装工事などをしなければならない」ということになります。創業融資を申請される方からすると、「融資を受けることができるとわかってから店舗の契約や施設工事をしたい」というのが本音です。

　このような現場の実態に即して、実務においては、飲食業などは、許認可を受ける"前"に創業融資の申請をすることもできます。この場合、許認可などを取得したら速やかに金融機関に許可書などの写しを提出することになりますので、事後提出ということになります。ただし、業種によってその対応が異なるため、事前に日本政策金融公庫や金融機関、信用保証協会、または自治体などに必ず確認するようにしてください。

第 4 章

税務・会計について

〔編注〕

　本章における法人とは、特に断りのない限り、普通法人（株式会社や合同会社など）のうち、資本金の額又は出資金の額が1億円以下である等の要件を満たす中小法人および中小企業者となるものを指しています。

〈出典〉国税庁ホームページ「タックスアンサー No.5432　措置法上の中小法人及び中小企業者」

1　設立時の手続き

Q1　創業したら、税務上、提出すべき書類は？

　　　顧問先となる方がこれから創業して事業活動を始めるのですが、税務上どのような書類を提出すればよいのでしょうか。

> **Point**
> ●青色申告の承認申請書や、源泉所得税の納期の特例の承認申請書など、重要な書類の提出が漏れないようにしましょう。
> ●電子申告の手続きも同時に済ませてしまうとよいでしょう。

A 解説

　　　個人で事業を始めたとき、または法人を設立したときは、税務署や各都道府県税事務所、市区町村へ各種届出書を提出する必要があります。中でも提出について特に検討すべきものについて、一覧にしてまとめてみました。

■ 〈図表〉提出書類一覧

個人事業		法人	
書類	提出期限	書類	提出期限
個人事業の開業・廃業等届出書	開業の日から1カ月以内	法人設立届出書（※）	法人設立の日以後2カ月以内
所得税の青色申告承認申請書	開業の日が1月1日から1月15日までの場合は3月15日まで、開業の日が1月16日以降の場合は、開業の日から2カ月以内	青色申告の承認申請書	法人設立の日以後3カ月を経過した日または最初の事業年度の終了日のいずれか早い日の前日まで
青色事業専従者給与に関する届出・変更届出書	同上		
給与支払事務所等の開設・移転・廃止届出書	給与支払事務所等を設けてから1カ月以内	給与支払事務所等の開設・移転・廃止届出書	給与支払事務所等を設けてから1カ月以内
源泉所得税の納期の特例の承認に関する申請書	随時（給与の支給人員が常時10人未満の場合）	源泉所得税の納期の特例の承認に関する申請書	随時（給与の支給人員が常時10人未満の場合）

〈出典〉国税庁ホームページ「個人で事業を始めたとき／法人を設立したとき」
※　法人の場合は、各都道府県税事務所、各市町村にも設立届を提出する必要があります。

　次に、その他実務上のポイントについて説明します。

1　個人事業の場合、「青色事業専従者給与に関する届出書」の提出も検討する

　個人で事業を開始し、青色申告の規定の適用を受ける際は、青色申告の承認申請を行うほか、青色事業専従者給与に関する届出も行うか検討しましょう。個人事業の場合は、事業主と生計を一にする家族へ支給する給与は、原則として必要経費へ算入できませんが、上記の届出書へ支給額を記載して提出することにより、その金額を上限として、必要経費へ算入することができます。

2　個人事業の場合、青色申告の方法が2種類ある

　個人事業で青色申告の適用を受ける方には、青色申告特別控除を10万円受けられるもの、または65万円受けられるものの2種類があるという事についてもお伝えする必要があるでしょう。

　65万円の控除を受けるための要件は、以下の通りです。これらを満たせない場合は、控除額は10万円となります。

⑴　不動産所得または事業所得を生ずべき事業を営んでいること。

⑵　これらの所得に係る取引を正規の簿記の原則（一般的には複式簿記）により記帳していること。

⑶　⑵の記帳に基づいて作成した貸借対照表および損益計算書を確定申告書に添付し、この控除の適用を受ける金額を記載して、法定申告期限内に提出すること。

　上記⑴についてですが、この場合の不動産所得は、不動産の貸付が事業として営まれている必要がありますので、注意が必要です。

　その判定は、原則として社会通念上事業と称するに至る程度の規模で行われているかどうかによって実質的に判断しますが、建物の貸付けについては、次のいずれかの基準に当てはまれば、原則として事業として行われているものとして取り扱われます。（いわゆる「5棟10室基準」と呼ばれるものです。）

・貸間、アパート等については、貸与することのできる独立した室数がおおむね10室以上であること。

・独立家屋の貸付けについては、おおむね5棟以上であること。

　また⑵⑶に記載してある通り、複式簿記による記帳と、貸借対照表と損益

計算書の作成が必要となります。こちらの基準を満たすためには会計ソフトの利用が必要になるかと思いますので、顧問先で会計ソフトへ入力していただくか、税理士側で記帳を代行してこれらを作成する必要があるでしょう。

　なお、令和2年分の所得税確定申告から、65万円の控除を受けるためには確定申告書等の提出について電子申告システムを利用して行う必要があるなど、要件が追加されているので注意が必要です。

〈参考〉国税庁ホームページ「令和2年分の所得税確定申告から青色申告特別控除額　基礎控除額
　　　　が変わります!!」

3　事業をすでに始められている方の場合は、提出すべき書類に漏れがないか確認する

　顧問先となる方が、事業開始後に相談に来た場合、青色申告の承認申請や源泉所得税の納期の特例の承認申請を行っていない場合があるので、今まで税務署へ何かを届け出たことがあるか、届け出ているのであれば、その控えはあるか必ず確認し、漏れのないようにしましょう。特に青色申告と源泉所得税の納期の特例の適用が漏れていると、純損失や欠損金の繰越控除の規定など有利な規定の適用を受けられなかったり、源泉所得税の未納額が溜まっていたりなど、納税者の方が不利になる場合が多く見受けられます。

　もしも控えを紛失されているなど、顧問先の手元にない場合は、税務署の窓口で確認する方法もあります。

〈参考〉国税庁ホームページ「申告書等閲覧サービスの実施について（事務運営指針）」

4　国税・地方税の電子申告の利用開始準備手続きも行う

　特別な理由がなければ、各種届出書を提出する前に、国税・地方税の電子申告の利用開始準備手続きも行っておきましょう。先に行っておけば、設立届や青色申告の承認申請の届出なども、電子申告により行うことができます。

> ## Q2　届出書の提出期限はいつまでか？

　届出書等は、それぞれいつまで提出すればよいのでしょうか。また、提出期限にあたって注意すべき点はありますか。

> **Point**
> ●青色申告の承認申請書は、個人と法人で提出期限が異なります。
> ●源泉所得税の納期の特例は、申請書を提出した日の翌月に徴収する源泉所得税から適用開始になります。

A 解説　各種届出書は、基本的には事業開始後速やかに提出しましょう。中には期限までに提出しなければ適用を受けられないものもあります。

その他、以下のものについても注意しましょう。

1　個人と法人とでは、青色申告の承認申請書の提出期限が異なる

青色申告の承認申請書の提出期限については、例えば普通法人は、

> 設立第1期目から青色申告の承認を受けようとする場合の提出期限は、**設立の日以後3カ月を経過した日**と設立第1期の事業年度終了の日とのうちいずれか早い日**の前日まで**

個人は、

> 　青色申告書による申告をしようとする年の3月15日まで（その年の1月16日以後、新たに事業を開始したり不動産の貸付けをした場合には、**その事業開始等の日から2カ月以内**）

となっており、それぞれ期限が異なります。

　特に上記の下線の部分ですが、例えば年が明けてしばらく経った後に事業を開始した個人が顧問先となる場合、法人と同じように3カ月後までに出せばよいと思っていたら、実は2カ月以内であったため過ぎてしまっていた…というケースも見受けられますので、間違えないようにしましょう。顧問先が事業を開始したときは、必要な届出は一式すべて、すぐに提出するよう、事務所内でルールを設けるとよいでしょう。

2　源泉所得税の納期の特例の、適用開始日に注意する

　源泉所得税の納期の特例は、申請書を提出した日の翌月に徴収、つまり翌々月に納付する源泉所得税から適用開始となります。提出が漏れており、やっと提出してもその翌月分から適用開始となる場合、それまでの源泉所得税はすべて毎月納付扱いとなりますので、注意しましょう。

Q3　税務上、それ以外に用意しておく書類はあるのか？

　　提出すべき書類はわかりました。それ以外に顧問先で用意していただく書類はありますか。

Point

● 各従業員へ初めて給料を支払う時までに、給与所得者の扶養控除等の（異動）申告書へ必要事項を記載していただく必要があります。

● 税務署へ提出する必要はありませんが、記入して備え付けておかなければ、源泉所得税を通常よりも高い金額で徴収することになるなどデメリットがあります。

● 年末調整の際に使用しますので、就業開始時に記入をお願いしておきましょう。

A
解説

税務署へ提出する必要はありませんが、「給与所得者の扶養控除等の（異動）申告書」も記入・保存をしていただきましょう。

この書類は給与の支払いを受ける人が、扶養控除などの諸控除を受けるために必要なものです。例えば、従業員を雇用したときは初勤務日に書いてもらうなど、社内でルールを決めていただくとよいでしょう。

従業員にこちらを記入してもらわなければ、源泉所得税の額を算出する際の扶養の人数などを把握することができません。また、こちらが会社に保存されていないと、源泉所得税は税額表の乙欄、つまり通常よりも高い金額で徴収しなければならないことになります。

なお、法人の場合で代表取締役へ役員報酬を支給するときは、代表取締役もこの書類を記入する必要があります。

Q4 法人と個人、どちらで事業を始めればよいのか？

よく質問されるのですが、法人と個人、どちらで事業を始めればいいのでしょうか。ポイントが多すぎて、どうアドバイスすればよいかわかりません。

> **Point**
> ●法人で事業を始めた場合のメリット・デメリットの中で、実務上重要な部分を中心にお答えするとよいでしょう。
> ●メリットとしては、信用力があることや、税額を抑えられる方法が多い点などが挙げられます。
> ●デメリットとしては、住民税均等割や登記費用など、個人事業の場合には発生しない支払いがある点などが挙げられます。

A 解説　　創業の相談に乗るときは、「個人で事業を始めた方がよいのか？」「法人を設立して事業を始めた方がよいのか？」についてよく質問されると思います。金融機関へ融資を申し込む際の違いは第2章−1−Q4（P39）で紹介した通りですが、その他の部分はどのようにアドバイスするべきでしょうか。

いろいろな考え方がありますが、法人を基準に重要なポイントをまとめてみました。まずは、「法人のメリット」について説明します。

1　一般的に、法人の方が信用力が高い

例えば、名刺を印刷して配ったり、請求書を発行したりするケースが多い場合は、法人の方がメリットがありそうです。また、初対面の方へ名刺を渡してご挨拶するときなど、これからご自身を知って頂く段階の場合には、法人の代表取締役としての名刺をお渡しする方が、一般的には信頼を得られることが多いようです。中には法人とのみ取引を行っているという会社もあります。このあたりの事情については業種によって違うかと思いますので、上記を参考に顧問先に検討していただくとよいでしょう。

2　債務に対する責任が有限となる

仮に会社が倒産することになっても、債務を負っているのは会社であり、株主である個人は出資額を超えた責任を負いません。しかしながら、"個

人"の場合は廃業することになっても、その事業の債務は原則としてその個人が負担することになります。基本的には金融機関から融資を受けることになった場合も同様です。

　また、会社で融資を受ける際に代表者個人が連帯保証人となった場合は、会社が倒産して返済ができなくなると、代表者個人がその債務の責任を負うことになりますので注意が必要です。こういう事態を回避する方策として、日本政策金融公庫の新創業融資制度など、連帯保証人が不要な融資制度を活用するとよいでしょう。

3　役員報酬を活用した節税が可能となる

　法人形態であれば、法人から代表者個人へ役員報酬を支払うことができます。その際、役員報酬を受け取る個人側では給与所得控除が適用されるため、所得金額を抑えることができます。

　また、法人税は年間800万円以下の所得は軽減税率が適用され、所得税は所得が低くなるほど税率も低くなるため、適切に所得を分散することにより、トータルの税額を抑えることができるようになります。

4　損失の繰越期間が長い

　青色申告書を提出している場合、法人は赤字を翌期以降10年間繰り越すことができます。個人の場合の繰越期間は、3年間となります。詳細は本章－2－Q4（P190）にて解説します。

　次に法人形態のデメリットについて説明いたします。

1　赤字の場合でも、税額が発生する

　法人の場合は、所得金額に関わらず法人住民税の均等割を納付する必要があります。よって、所得金額がマイナスであっても税金を払うことになります。

2　交際費について、損金算入可能限度額がある

計上した交際費の内、損金算入可能な額は年間 800 万円以内となるなど、制限があります。

3　登記の必要があり、手間と費用がかかる

例えば会社を設立するときや本店を移転するとき、役員変更などの際に登記が必要となり、手続きに手間と費用がかかります。

Q5 株式会社と合同会社、どちらが得なのか？

法人を設立して創業を考えているという相談者から、「株式会社と合同会社、どちらの形態で設立する方がよいのか？」という質問がありました。どう回答すればよいのでしょうか。

Point

●合同会社の方が設立費用を安く抑えることができます。

●法人税法上はどちらも「普通法人」に分類され、税額に差は生じません。

●迷ったときは株式会社を選択する方が無難でしょう。

A 解説

法人を設立して事業を始める際、「株式会社がよいのか、合同会社がよいのか」についても質問されることが多いかと思われます。合同会社を基準に、株式会社との違いの内、重要度の高いものをまとめてみました。

1　設立費用を安く抑えることが出来る

　合同会社は株式会社より、会社設立の際の登録免許税、定款認証手数料を安く抑えることができます。

　株式会社の場合は登録免許税が最低15万円、定款認証手数料が5万円かかりますが、合同会社では登録免許税が最低6万円、定款認証手数料は不要となります。ただ、設立時のみかかる費用であることと、そこまで多額ではないことから、さほど重要ではないという見方もできると思います。

2　重任登記の費用がかからない

　株式会社は役員の任期が定められており、引き続き役員を務める場合はその任期が満了する前に重任の登記をしなければなりません。また、登記のための費用がかかりますし、失念すると過料が課される可能性があります。

　もっとも現在は株式会社の役員の任期を10年まで伸ばせるので、頻繁に手続きを行ったり、登記費用を支払ったりする必要はありません。合同会社の場合は、代表社員や業務執行社員の任期に原則定めはありませんので、手続きは不要となります。

3　知名度が低い

　頻繁に名刺交換をしたり、広告宣伝を行ったりすることが多い方の場合、株式会社を選択した方がよいかもしれません。合同会社はまだまだ知名度が低く、対外的な面を考慮すると株式会社を選択する方が無難かと思われます。

　なお、これが原因で後々合同会社から株式会社へ変更されるケースも見受けられますが、その際には登記のための費用が発生することになります。

　以上、合同会社にもメリットはありますが、一般的には知名度等を考えると、株式会社にしておく方が無難かと思います。なお、法人税法上はどちらも普通法人に該当し、法人税の額に差は生じません。その他にも消費税や、

赤字の場合の住民税均等割も変わりません。また、債務に対する責任が有限
であることにも変わりはありません。

2 設立時の税務

Q1   役員報酬支給にあたってのポイントは？

　　これから事業を開始する方が、代表への給与支給を検討している
のですが、税務上注意すべき点はありますか。

Point

●法人である場合は役員報酬の額を事業年度開始後3カ月以内に決定
　し、その後1年間は基本的に金額の変更はできません。

●法人の利益計画と、給与にかかる源泉所得税、社会保険料など考慮
　して決定することがポイントです。

●個人で事業を行う場合は、代表に対する給与という考え方がなく、
　引き出す額に特に制限はありません。

A
解説

1　法人として事業を開始する場合

　　まず、法人として事業を開始する場合は、代表者へ支払う給与
は役員報酬（役員給与）に該当します。こちらは法人税法上いく
つかルールがありますので確認しましょう。なお、本項目では役員給与の規
定の中で最も一般的な「定期同額給与」を前提に説明します。また、近年は
取締役会非設置会社を選択する法人が多いため、そちらも前提に説明しま
す。

（1）支給額は事業年度開始から3カ月以内に決定する

　役員報酬は事業年度開始から3カ月以内に決定し支給する必要がありま
す。通常であれば、決算後の定時株主総会で決めればよいかと思われます。
設立一期目の場合は、設立日後3カ月以内に臨時株主総会を開催し、そちら

で給与支給額を決定すればよいでしょう。

(2) 毎月同額を支給し、基本的に一年間金額を変更することはできない

一度決定した役員報酬は、特別な事情がない限り変更ができず、変更があった場合は支給額の一部が損金として認められなくなります。変更する場合は、翌事業年度の開始から3カ月以内に新たな支給額を決定して、その金額で支給していただくようにします。

〈参考〉国税庁ホームページ「タックスアンサー No.5211 役員に対する給与（平成29年4月1日以後決議分）」

(3) 議事録の作成が必要

役員報酬の改定は株主総会の決議により行い、その内容を議事録へ記載する必要があります。この議事録は税務調査の際に必要書類として備え付けておく必要がありますし、社会保険の算定基礎届を提出する際にも必要となる場合があります。

役員報酬の金額は、株主総会の決議により自由に設定することができますが、とはいえ、安易に設定してはいけません。利益があまり出ない事業年度に多額の役員報酬を支給してしまうと、利益が減る、または赤字となり、融資を受ける際にマイナスポイントとなる可能性があります。

また、前述の通り、役員報酬は原則として事業年度の中途で変更することはできないため、決算日が近づいてきて今期の事業成績を見てから変更することなどはできません。あらかじめ前期末、または遅くても期首には年間の事業計画を立て、その事業年度の利益を予想し、そこから役員報酬の額をいくらにするか考えるとよいでしょう。

また、法人税（法人住民税、法人事業税も含む）を抑えるために役員報酬を上げるという方法を採る場合もありますが、こちらも法人税だけを見て安易に役員報酬を上げてはいけません。原則単一税率である法人税と違い、役員報酬を受け取った側は累進課税である所得税が課せられます。また、近年給与所得控除の額が減額されているため、より多くの所得が発生することに

なり、税額も上がりやすくなっています。

　さらに社会保険料の増加、市区町村の公的サービスの減額・不適用なども考えられるため、役員報酬の増加のみで法人税の節税を行うと不都合が生じる場合があります。

2　個人として事業を開始する場合

　個人として事業を開始する場合は、代表に対する給与という考え方がありません。残りがそのまま所得になるためです。よって、極端にいえば、事業用の口座から代表の口座へは、いつ、いくら振り込んでも税務上は問題ありません。しかしながら、可能であれば支払日と金額のルールを決めて引き出すとよいかと思います。そうすることによって、引き出したお金が給与分なのか、その他の理由での引き出しかを分けることができ、事業の資金繰り管理に役立つからです。

Q2　どのようなものが経費として計上できるのか？

　顧問先からどのようなものが経費になるのかと質問がありましたが、範囲が広くてうまくまとめられません。どうアドバイスすればよいでしょうか。

A 解説　こちらもよく相談を受ける内容かと思われます。税理士は実務経験上わかっているものでも、これから初めて事業を起こされる方の中には全くわからないという方もいらっしゃるでしょう。

　まずは、「事業活動のために支出したものが経費となる」ということをしっかりお伝えしましょう。そんなものは当然と思うかも知れませんが、これは大原則であり、税務調査の際もこちらを確認されることになるかと思います。よって、交通費や飲食代であっても、プライベートな理由で使ったものは損金・必要経費として算入できません。

　逆にいえば、事業として必要な支出であるとしっかり証明・説明ができれば、損金・必要経費として算入できる可能性は高くなります。その基本的な考えのもと、法人・個人それぞれ制限のあるものをピックアップしてお伝えするとよいでしょう。

　以下、「法人のケース」について説明いたします。

1　交際費等の損金算入可能限度額

　交際費は、法人の場合は損金に算入できる金額は、年間800万円までとなります。また、飲食費等のうち1人当たり5,000円以下のものについては、相手先名称等を記載した書類の保存等を要件として、交際費から省くことができます。これらは、顧問先に領収書等の裏に書いていただくなどで対

応する必要があります。

〈参考〉国税庁ホームページ「タックスアンサー　No.5265　交際費等の範囲と損金不算入額の計算」

2　役員に対する給与（役員報酬）

本章－2－Q1（P178）にて取り上げたとおりですが、法人の場合は役員報酬についての損金算入にあたり一定の制限があるので注意が必要です。その他、プライベートな費用など、支払っていたものが役員に対する利益供与とみなされる場合、定期同額給与などにあてはまらず損金不算入となり、さらに源泉所得税も課されるという、いわばダブルパンチとなる可能性もありますので、注意が必要です。

次に、「個人のケース」について説明します。

1　生計一親族へ支払った費用

生計一親族への支払いは原則必要経費として認められません。ただし、生計一親族への給与等に限っては、青色申告者が青色専従者給与の届出書を提出している場合は、その届出書への記載金額のうち相当と認められる額については必要経費へ算入することが可能です。

2　所得控除に関するもの

プライベートな支払いなので必要経費へ算入することができなくても、例えば、以下のものなどは、所得控除や税額控除となる可能性があるでしょう。

■〈図表〉支払内容および所得控除、税額控除の一例

支払内容	所得控除、税額控除
入院費や治療費など	医療費控除
生命保険料	生命保険料控除
地震保険料	地震保険料控除
国民年金保険料、国民健康保険料、介護保険料など	社会保険料控除
ふるさと納税	寄付金控除
住宅ローンの返済金	住宅借入金等特別控除

〈参考〉国税庁ホームページ「タックスアンサー」
　　　　・所得金額から差し引かれる金額（所得控除）
　　　　・税金から差し引かれる金額（税額控除）

　次に、「共通するもの」についてですが、「減価償却資産」があります。

　事業などの業務のために用いられる建物、建物附属設備、機械装置、器具備品、車両運搬具などの資産は、一般的には減価償却資産となり、取得した時に全額を損金・必要経費へ算入することはできません。

　しかしながら、取得価額が10万円未満のものや、青色申告を要件として取得価額が10万円以上30万円未満のものでその合計額が年間300万円以内のものについては、全額損金・必要経費へ算入することができます。

　これから事業を始めるといった方の場合は、支払ったものが全額費用になるとお考えのケースもあるかと思いますので、これを期に各年度に按分して費用化していく、減価償却費について理解していただくとよいかと思います。

Q3　消費税について注意すべき点は？

　消費税について、事業を始めて間もない時期に、特に注意すべき
ポイントがあれば教えてください。

> Point
>
> ●納税義務の有無の確認が最も重要となるでしょう。
>
> ●また、原則課税・簡易課税の有利判定や届出書の提出の要・不要の
> 確認も重要です。
>
> ●規定の適用漏れを防ぐため、チェックシートなどを活用しましょう。

A
解説

1　納税義務の有無の確認

　消費税の規定において最も重要なのは、納税義務の有無の判定
といっても過言ではありません。不要な納税を防ぐため、事業開
始間もない時期において特に気を付けなければならない部分については、
しっかりと規定を確認していきましょう。

　なお、納税義務の有無の確認については、株式会社日税連保険サービスよ
りチェックリストとフローチャートが公表されていますので、こちらを参考
にするとよいでしょう。

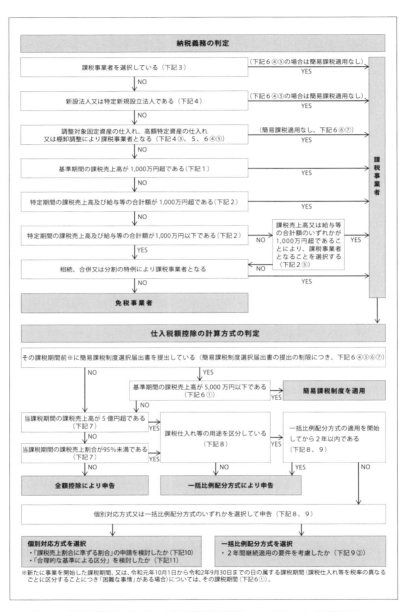

〈出典〉株式会社日税連保険サービス　令和2年度版自己診断チェックリスト　Ⅲ．適用関係フローチャート

2　届出書の提出

　例えば、納税義務が免除されずに課税事業者となる場合には、原則課税と簡易課税の有利判定を行う必要があるでしょう。また多額の設備投資を行う際は、課税事業者を選択したほうが有利かどうかを確認する必要もあります。その結果、必要に応じて届出書を提出することになりますが、これを失念すると顧問先の方で不要な納税が生じたり、還付を受けられなくなったりする可能性があります。

　これらを防止するためにも、株式会社日税連保険サービスより公表されている前述のチェックリストを活用されるとよいでしょう。

　また、事務所内のスタッフ全員が目に付くところに「今月決算の顧問先」の一覧を張り出し、チェックシートを作成したか、届出書を提出したか、など掲げておけば、よりミスを防げるようになると思います。

　なお、消費税の届出書は本来の提出期限が日曜日、祝日などの休日や土曜日の場合であっても、確定申告書等のようにその休日明けの日が提出期限とはなりません。その場合は土曜日や休日の前日までに提出する必要があります。特に個人事業の場合、年末は必ず休日となりますので、注意が必要です。

消費税選択チェックリスト（法人用）

Ⅰ. 現状確認

それぞれが確認した日を日付欄に記入すること。

関与先名	担当者欄		確認者欄	
	氏　名		氏　名	
	確認日　　　　年　　　月　　　日		確認日　　　　年　　　月　　　日	

設立年月日	基準期間がない場合	
年　　月　　日	新設法人(期首の資本金1千万円以上)に該当する。	YES・NO
	特定新規設立法人(課税売上高が5億円を超える者に支配されている)に該当する。	YES・NO

基準期間	特定期間	当事業年度
年　月　日　〜　　年　月　日	年　月　日　〜　　年　月　日	年　月　日　〜　　年　月　日

基準期間における課税売上高	特定期間における課税売上高	当課税期間
円	円	年　月　日　〜　　年　月　日

	特定期間における給与等の合計額	
	円	

	届出書・申請書	提出	控除保	提出日	その他の確認方法
納税義務	課税事業者選択届出書(第1号様式)	有　無	有　無	年　　月　　日	
	課税事業者選択不適用届出書(第2号様式)	有　無	有　無	年　　月　　日	
	課税事業者届出書(基準期間用)(第3−(1)号様式)	有　無	有　無	年　　月　　日	
	課税事業者届出書(特定期間用)(第3−(2)号様式)	有　無	有　無	年　　月　　日	
	消費税の納税義務者でなくなった旨の届出書(第5号様式)	有　無	有　無	年　　月　　日	
	高額特定資産の取得に係る課税事業者である旨の届出書(第5−(2)号様式)	有　無	有　無	年　　月　　日	
	新設法人に該当する旨の届出書(第10-(2)号様式)	有　無	有　無	年　　月　　日	
	特定新規設立法人に該当する旨の届出書(第10-(3)号様式)	有　無	有　無	年　　月　　日	
簡易課税	簡易課税制度選択届出書(第1号様式)	有　無	有　無	年　　月　　日	
	簡易課税制度選択不適用届出書(第25号様式)	有　無	有　無	年　　月　　日	
課税期間	課税期間特例選択・変更届出書(第13号様式)	有　無	有　無	年　　月　　日	
	課税期間特例選択不適用届出書(第14号様式)	有　無	有　無	年　　月　　日	
準ずる割合	課税売上割合に準ずる割合の適用承認申請書(第22号様式)	有　無	有　無	年　　月　　日	
	課税売上割合に準ずる割合の不適用届出書(第23号様式)	有　無	有　無	年　　月　　日	
申告関係	任意の中間申告書を提出する旨の届出書(第26-(2)号様式)	有　無	有　無	年　　月　　日	
	任意の中間申告書を提出することの取りやめ届出書(第26-(3)号様式)	有　無	有　無	年　　月　　日	
	消費税申告期限延長届出書(第28-(14)号様式)	有　無	有　無	年　　月　　日	

当課税期間（令和　　年　　月　　日〜令和　　年　　月　　日）の状況

当課税期間の納税義務	課税期間	仕入税額控除	「準ずる割合」の適用	任意の中間申告
免税事業者・課税事業者	事業年度・3ヶ月・1ヶ月	簡易課税・全額控除	有　　　　無	有　　　　無
		一括比例配分・個別対応	適用範囲	

II. 特例選択の検討

1 事業計画（ヒアリング）

2 設備投資等の予定

設備投資等①の時期	設備投資等②の時期	設備投資等③の時期	設備投資等④の時期	設備投資等⑤の時期
年　　月　　日	年　　月　　日	年　　月　　日	年　　月　　日	年　　月　　日
金額	金額	金額	金額	金額
円	円	円	円	円
内容	内容	内容	内容	内容

3 固定資産等の売却の予定

売却①の時期	売却②の時期	売却③の時期	売却④の時期	売却⑤の時期
年　　月　　日	年　　月　　日	年　　月　　日	年　　月　　日	年　　月　　日
金額	金額	金額	金額	金額
円	円	円	円	円
内容	内容	内容	内容	内容

4 所見

5　特例の選択と取りやめの検討

①　特例の選択

届出書等	提出可能期間	提出予定日	効力発生日	適用予定期間
	年　月　日～　年　月　日	年　月　日	年　月　日	年　月　日～　年　月　日

届出書等	提出可能期間	提出予定日	効力発生日	適用予定期間
	年　月　日～　年　月　日	年　月　日	年　月　日	年　月　日～　年　月　日

②　選択の取りやめ

届出書等	提出可能期間	提出予定日	取りやめとなる日	適用していた期間
	年　月　日～　年　月　日	年　月　日	年　月　日	年　月　日～　年　月　日

届出書等	提出可能期間	提出予定日	取りやめとなる日	適用していた期間
	年　月　日～　年　月　日	年　月　日	年　月　日	年　月　日～　年　月　日

6　結果説明

説明者	説明日	説明場所	説明を受けた者	説明を受けた者
氏名	年　月　日		様	様

※　災害特例等の検討

特定非常災害 （措法86の5）	届出期限　　年　月　日 原則として、指定日まで	課税事業者選択届出	課税事業者選択不適用届出
		簡易課税制度選択届出	簡易課税制度選択不適用届出
		特定非常災害による消費税法第12条の2第2項（第12条の3第3項）不適用届出書	
		特定非常災害による消費税法第12条の4第1項（第2項）不適用届出書	

簡易課税制度の災害特例 （消法37の2）	申請期限　　年　月　日 原則として、やむを得ない理由がやんだ日から2月以内	災害等による消費税簡易課税制度選択（不適用）届出に係る特例承認申請書

届出特例 （消法9、37）	申請期限　　年　月　日 原則として、やむを得ない事情がやんだ日から2月以内	消費税課税事業者選択（不適用）届出に係る特例承認申請
		消費税簡易課税制度選択（不適用）届出に係る特例承認申請

新型コロナウイルス特例 （新型コロナ税特法10）	申請期限　　年　月　日 原則として、特定課税期間の確定申告期限	新型コロナ税特法第10条第1項（第3項）の規定に基づく消費税課税事業者選択（不適用）届出に係る特例承認申請
		新型コロナ税特法第10条第4項から第6項の規定に基づく納税義務の免除の特例不適用承認申請

〈出典〉株式会社日税連保険サービス　自己診断チェックリスト

（注）税制改正により令和5年10月からいわゆるインボイス制度が開始され、こちらも併せて確認する必要があります。

Q4　赤字になった場合は、どのような取扱いになるのか？

　　　顧問先の創業後の今期決算は赤字となりそうです。税務上どのような取扱いになるとアドバイスすべきでしょうか。

> **Point**
> ●青色申告の規定の適用を受ける場合は、赤字を繰り越し将来の黒字と相殺して税額を抑えることができます。
> ●個人と法人では赤字を繰り越せる期間が違うので注意が必要です。
> ●法人は課税所得がマイナスとなっても、住民税均等割が発生します。

A 解説　　個人・法人どちらも、青色申告の承認を受けていればその期に発生した赤字（事業の損失）を翌期以降に繰り越し、黒字となった期の利益（所得金額）と相殺することができます。繰り越した赤字の金額の取り扱いは、以下の通りとなります。

■〈図表〉繰り越した赤字の金額の取り扱い

	個人	法人
白色申告	繰り越せない	繰り越せない
青色申告	3年間 （純損失の繰越控除）	10年間※ （青色欠損金の繰越控除）

※平成30年4月1日以後開始事業年度において生ずる欠損金額の繰越期間。

　なお、法人は課税所得がマイナスとなっても、住民税均等割が発生します。また、消費税は法人税・所得税の課税所得の額に関わらず発生する可能性があるため、事前にお伝えしておきましょう。

■〈繰戻し還付について〉

　赤字になった期の前の期が黒字となっており、法人税・所得税が発生している場合には、青色申告書の提出などを要件として、一度納付した法人税・所得税の還付を受けることができます。

　こちらは一度納付をした税金を返して下さいというものなので、内容を確認するという意味でも、税務調査を受ける可能性が高まります。

〈参考〉国税庁ホームページ
　　・個人（所得税）：純損失の金額の繰戻しによる所得税の還付請求手続
　　・法人（法人税）：欠損金の繰戻しによる還付

Q5　納付する税金の種類とは？（シミュレーション）

　事業を開始すると、いろいろな税金を納付することになりますが、「どういう税金をいつまでに…」とお伝えすればよいでしょうか。また、注意点があれば教えてください。

Point

●確定申告分、予定納税分、源泉所得税と特別徴収の住民税は、お伝えしたほうがよいかと思われます。

●源泉所得税と特別徴収の住民税は、納期の特例を活用するのも一案です。

●税理士や弁護士など以外への支払報酬の源泉所得税は、納期の特例の対象とならないものもあるので、注意が必要です。

A 解説	**1　確定申告分**

原則的な納期限は、以下の通りとなります。

なお、本解説における納期限が土曜日、日曜日、国民の祝日・休日の場合は、その翌日が納期限となります。

■〈図表〉納期限一覧

税目	個人	法人
所得税	翌年3月15日	
法人税		各事業年度終了の日から2カ月以内
住民税	翌年6月、 8月、 10月、 翌々年1月※	
事業税	翌年8月、 11月※	
消費税	翌年3月31日	

※東京23区内における期限です。

　他の自治体に納付する際は、当該自治体のホームページ等で確認してください。

　注意点としては、個人の確定申告書の作成が完了した時、所得税の額のみを事業者の方へ伝えて終わりになっていないでしょうか。個人の住民税と事業税は法人の場合と異なり、申告書の提出後数カ月経って市区町村から納付書が送られてきます。これらが課される場合には、確定申告時におおよその納税スケジュールを伝えておくとよいでしょう。

　なお、税金の納付方法としては、納付書をもって金融機関や税務署の窓口で納付する方法のほか、インターネットバンキングやクレジットカードにより納付する方法もあります。

〈参考〉国税庁ホームページ「[手続名] 国税の納付手続（納期限・振替日・納付方法）」

2　予定納税、中間申告分

　確定申告においてある程度の税額があると、翌期に予定納税が課されます。これは確定申告分の税額を元に納付税額が決定され、税務署より納付書などが送られてきます。

■〈図表〉予定納税

税目	個人	法人
所得税	翌年7月31日、11月30日	
法人税		各事業年度終了の日から6カ月を経過した日から2カ月以内
住民税	予定納税なし	
事業税		

　なお、消費税の納期限については、以下の通りです。

■〈消費税について〉

直前の課税期間の確定消費税額 （国税分のみで判定）	個人、法人
48万円以下	原則申告不要 ただし任意の中間申告制度あり
48万円超から400万円以下	各中間申告の対象となる課税期間の末日の翌日から2月以内
400万円超	※金額が大きく、創業間もない事業者の場合は該当するケースが少ないと思いますので、割愛します。 詳しくは国税庁ホームページをご参照ください。

〈出典〉国税庁ホームページ「タックスアンサー 消費税 No.6609 中間申告の方法」

　顧問先へ説明する際は、「予定納税はあくまでも"今期確定申告分の前払い"で、確定申告後に残りの部分を納付していただきます。」とお伝えするとわかりやすいかと思われます。なお、前期に予想を超えて税額が多くなってしまった場合や、今期の業績が悪化して、予定納税の納付が困難になってしまった場合は、予定納税に代わり中間決算を組んで所得金額等を算定し、そちらを基に中間申告と納税を行うこともできます。

　ちなみに、中間申告を行うには、期限までに申告書を提出することが必要となります。期限を過ぎてしまうと強制的に予定納税となり、中間申告はできなくなりますので注意が必要です。

　また、中間申告で税金の還付を受けることはできません。消費税の還付を早く受けたいときは、中間申告でなく課税期間の短縮を選択し、消費税の確定申告を年数回行うようにしましょう。

3　源泉所得税、特別徴収の住民税

　源泉所得税、特別徴収の住民税は原則的に給与等から徴収した月の、翌月10日が納期限です。なお、特別徴収の住民税にも納期の特例があります。ただし、こちらは源泉所得税よりも納期限が1カ月前になります。

■〈図表〉源泉所得税、特別徴収の住民税

税目	原則	納期の特例
源泉所得税	給与・報酬を支払った月の翌月10日（毎月納付）	7月10日 1月20日 （年2回の納付）
特別徴収の住民税	住民税の月割額を徴収した月の翌月10日（毎月納付）	12月10日 6月10日 （年2回の納付）

　また、源泉所得税の納付書（正式名称は、「給与所得・退職所得等の所得税徴収高計算書」となります）は、税務署へ税額を報告する役割も兼ねてい

ます。よって、給与支払事務所の届出書を提出している場合は、納税額が０
円であっても納付書を提出するか、または e-Tax のシステムにより税額な
どのデータを送信する必要があります。

　なお、納期の特例の対象となる源泉所得税は、給与や税理士・弁護士への
報酬など、限られたものが対象となります。よって、それ以外の報酬（例え
ばフリーランスへの支払報酬の源泉所得税）などは、特例の対象とはなら
ず、毎月納付となります。

　また納付書も普段のものとは別のものになりますので、そのような支払い
のある顧問先の場合は、事前に税務署から納付書を取り寄せておくとよいで
しょう。

〈参考〉国税庁ホームページ「タックスアンサー　No.2505 源泉所得税及び復興特別所得税の納付
　　　　期限と納期の特例」

3 設立時の会計

Q1 お金の管理について注意点は？

お金の管理の注意点として、伝えておいたほうがよいことがあれば教えてください。

> **Point**
> ●役員への仮払金や貸付金などに注意しましょう。
> ●小口現金は管理が難しいので、カード決済などを活用しましょう。
> ●口座とカードは、事業用とプライベート用を分けていただきましょう。

A
解説

(1) 役員への仮払金や貸付金など

法人において、役員報酬や経費精算など以外の名目で預金を引き出し、それに対応する費用などがない場合、その金額は仮払金や役員貸付金などの勘定科目で仕訳を切ることになるかと思います。これらは金融機関から、

・事業資金を私的に流用しているのではないか？

・経理がずさんなのではないか？

などの疑念を抱かれかねません。

代表個人へお金を渡す際は、役員報酬として支給したり、経費の精算分として行うようにしたりすることが一般的でしょう。どうしても一時的に資金が必要となる場合は、せめて決算日までには同額を口座へ入金していただき、上記科目を０円にして決算を組めるようにしましょう。

なお、逆に会社側にとって役員からの借入がある場合は、対金融機関の観

点では、あまり問題になることはありません。

(2) 小口現金でなく、クレジットカードなどを利用する

小口現金を採用している場合、出納帳を作成したり、その出納帳の残高と実際の現金有高を確認したりするなど、事務作業が煩雑になります。

例えば、経費支払はなるべくカード決済にしていただくのはいかがでしょうか。こちらはカード会社が取引明細を作成してくれますし、支払いまでに日数が空くので、資金繰りに多少余裕ができます。また、わざわざ現金引き出しに行く手間も省けるでしょう。

とはいえ、すべてをカード決済とすることも難しいと思いますので、その際は領収書をためておいていただき、月末や給料の締め日に集計して精算表を作成し、その金額を預金から振込・引き出していただくようにするとよいでしょう。

(3) 口座やカードは、事業用とプライベート用とで分けていただく

特に個人事業で多く見受けられるのは、銀行口座の動きやクレジットカード決済明細の中に、プライベートな内容が含まれていることです。

こうなると会計帳簿の作成時に1つずつ内容を確認することになるなど、作業が非常に煩雑になります。また、金融機関からは事業資金と私的な資金との区別がついていないなど、悪い印象を与える可能性があります。

早い段階から事業用とプライベート用で口座・クレジットカードを分けていただくようにしましょう。

Q2 　決算月はいつに設定すればよいか？

法人を設立して事業を開始する方から、決算月は何月がよいか質問がありました。どのようにアドバイスすればよいでしょうか。

> **Point**
>
> ●繁忙期が決算月に重ならないようにしましょう。

A
解説

　　決算月をいつに設定するかは、特に決まりはありません。

　　ですが、いつに設定するかによって、税金や資金繰りの面など

　　で大きく違いが出てきます。

　いつに設定するのがよいかは、いろいろな事情がありますので一概にはいえませんが、例えば繁忙期が決算月に重ならないようにすることを検討してもよいでしょう。

　決算日前後には棚卸確認や決算事務などやるべき業務が多いので、繁忙期と重なってしまうと負担が多くなってしまいます。

　また、閑散期・繁忙期の、予想外な業績の増減も念頭に置く必要があります。業績が下回る場合にはある程度限度があるかと思いますが、業績の上振れは爆発的な受注などがある場合もあり、予想していたよりも年間の利益を大幅に押し上げ、納税額も増加する可能性があります。そういった観点からも、なるべく繁忙期が決算月に重ならないようにするのが無難でしょう。

Q3　経理簡素化に向けての提案方法は？

記帳代行をしようと思っていますが、分量が多く大変そうです。作業を簡素化するためには、顧問先へどのように提案すればよいのでしょうか。

> **Point**
>
> ●ネットバンキングやクレジットカードからＣＳＶファイルを抽出して会計ソフトへ取り込んだり、直接連動させたりして、自動仕訳にチャレンジしてみましょう。
>
> ●その他、出納帳や一覧表などは Excel で作成して頂き、ＣＳＶファイルへ変換して会計ソフトへ取り込みましょう。
>
> ●帳票類もデータでの保管をお願いし、クラウドサービス等で共有して頂きましょう。

A 解説　顧問先の記帳作業を代行する場合、通帳のコピーなど紙の書類を見ながら１つずつ手作業で会計ソフトへ入力していくのは骨が折れます。

そこで、自動記帳を取り入れてみてはいかがでしょうか。会計ソフトの中には、決められた形式のデータを取り込み、大量の仕訳を一気に記帳出来る機能が備わっているものもあります。

（1）ＣＳＶファイルを抽出し、加工して会計ソフトへ取り込む方法

会計ソフトへ仕訳を取り込むには、まず顧問先側に各取引をデータ形式で参照できるようにしていただく必要があります。

例えば、預金口座はネットバンキングへ切り替えていただき、経費の支払いはクレジットカードなどを利用していただきます。こうすることによって、口座の入出金の内容や、クレジットカードの各取引内容をＣＳＶファイ

ルで抽出することができるようになります。

　このＣＳＶファイルには、日付や金額、摘要内容などが記載されており、これらを各会計ソフトの指定するフォーマットへ加工していきます。

　方法としては、並び替えるか、関数やマクロなどを利用して行っていきます。

　もちろん、ネットバンキングやクレジットカードなどを利用することで、顧問先にとってメリットのあることが前提です。顧問先で手続きを行っていただきますので、顧問先側でもメリットがあるということをしっかり伝えるようにしましょう。

　その他の取引、例えば現金出納帳や売上集計表、給与台帳などは Excel 等で作成していただきます。こちらを同じように関数などを利用して取り込み用フォーマットへ加工し、会計ソフトへ取り込みましょう。

（2）各データを会計ソフトと直接連動する方法

　会計ソフトの中には、ネットバンキングやクレジットカードのデータを直接取り込み、仕訳を作成できるものもあります。

　導入に伴い、ＩＤやパスワードをお預かりするときは、これらの管理は厳重に行いましょう。

　なお、ネットバンキングについては、データを参照できる期間が前月分までなど、限定されている事が多いので、期間内にＣＳＶファイルを抽出しておく、会計ソフトへ連動させておくなどしましょう。

（3）その他の帳票類について

　上記以外のもの、例えば請求書などを提供してもらって取引内容の詳細を確認したい場合も、ＰＤＦなどのデータ形式でいただくようにできるとよいかと思います。

　顧問先でも、例えば取引先から請求書をいただくときもなるべくＰＤＦファイルでいただくことができれば、それをそのまま税理士事務所側とクラウドサービス等を通して共有できるようになります。紙で発行された請求書・領収書については、できるなら顧問先でスキャンをしていただき、必要

に応じて共有できるようにしましょう。

　そうすることによって、顧問先側でもペーパーレス化を図ることができるかと思います。

4 節税・税務会計と資金調達

Q1 赤字決算の場合は、対金融機関上どのような影響があるか？

今期の決算が赤字となりそうですが、資金調達への影響はありますか。

> **Point**
>
> ●二期連続の赤字や債務超過となることは避けましょう。
>
> ●どうしても赤字となる場合は、金融機関へ事情を説明できるようにしましょう。
>
> ●場合によっては、1つの期にまとめて損失を計上することも検討しましょう。

A 解説　融資を受けている、もしくは今後融資を受けようと思っている場合は、二期連続の赤字や、債務超過となる事は避けたほうがよいでしょう。このような決算となった場合は、金融機関からの評価は非常に悪くなる可能性があるためです。

どうしても赤字になりそうなときは、1つの期に可能な限り費用・損失を計上してしまい、その翌期は何とか黒字に持って行けるようにして、二期連続の赤字は避けるようにしましょう。

例えば、不良債権を見直し、可能ならば貸倒損失（売掛債権のうち一定期間取引等のないものなど）を計上することなどが考えられます。長期間金額に変動のない債権は、金融機関の方でも減額して評価している可能性があります。

〈参考〉法人税基本通達9－6－1～9－6－3

　また、本来の事業活動以外で発生した費用は営業外費用へ、臨時的で多額な費用は特別損失へ計上できるため、販売費および一般管理費でなく、これらへ計上できるか今一度確認し、営業利益や経常利益が減少することをなるべく避けるようにしましょう。

　例えば、訴訟関連費用や本店移転費用など、毎期発生するものでなくその期のみ臨時的に発生したもので、金額も大きいものであれば、特別損失として計上できる余地があるでしょう。

　そして、金融機関へは赤字となった事情や、今後の改善の見込みと対策をしっかり説明できるようにしましょう。

　なお、あまり大きな赤字を計上しすぎて、やはり債務超過になる事は避けたいところです。どうしても債務超過となる場合は、やはり今後の改善計画を示す必要があるでしょう。

Q2　資金調達への影響の少ない節税方法はあるか？

　今月末に申告書を提出した後、顧問先が金融機関へ融資を申し込まれるとのことです。今期は黒字決算となったのですが、なるべく利益は減らさないまま、税額のみを減らしたいと相談がありました。そんな方法はあるのでしょうか。

Point

●特別税額控除（法人税）、税額控除（所得税）を活用しましょう。

●各利益を減少させず、税額を直接減少させることができます。

A
解説　多くの事業者にとって、納税額はできれば減らしたいところです。とはいっても、法人税や所得税を削減するために利益を圧縮し過ぎては、やはり資金調達上不利となるでしょう。

　そこで検討すべきは、法人税・所得税の税額控除を活用することです。

　これらは要件を満たせば、追加の損金・必要経費の計上がなく税額を減らすことができるため、おすすめです。

　また、近年これらの優遇措置の適用が漏れており、後で発覚して顧問先と税理士との間でトラブルになるというケースが増えています。そういった意味でも、適用の可否はしっかりと確認しておく必要があるでしょう。

　代表的なものとしては、以下のものがあります。申告書を提出する前に、今一度、規定の適用の可否を確認しておきましょう。

(1) 中小企業投資促進税制

　本制度は、機械装置等の対象設備を取得や製作等をした場合に、取得価額の30％の特別償却または7％の税額控除（税額控除は、個人事業主、資本金3,000万円以下法人が対象）が選択適用できるものです。

〈参考〉中小企業庁ホームページ「中小企業投資促進税制」

(2) 賃上げ促進税制

　本制度は、青色申告書を提出している中小企業者等が、一定の要件を満たした上で、前年度より給与等の支給額を増加させた場合、その増加額の一部を法人税（個人事業主は所得税）から税額控除できる制度です。

〈参考〉中小企業庁ホームページ中小企業向け「賃上げ促進税制」※旧、中小企業向け「所得拡大促進税制」

Q3　資金調達上有利な決算書はどのようなものか？

金融機関から評価の高い決算書というのは、どういったものをいうのでしょうか。また、決算書の作成にあたり、何かできることはありますか。

Point

● 債務超過でなく、またその期の利益が十分に確保されている状態であることが重要です。

● そのために、純資産を増やす方法、利益を確保する方法を検討する必要があります。

● また、今後は決算書の他に事業の将来性なども重視されるため、そちらも金融機関へしっかりと伝えられるようにしましょう。

A
解説

金融機関が企業を評価するにあたり、決算書は重要な書類です。この場合はどういった点に注意すればよいのでしょうか。

まず大原則として、「債務超過でなく、またその期の利益が十分に確保されている事が重要」です。

そちらを念頭に、以下の部分について検討してみましょう。

(1)　役員からの借入金は、金融機関からの借入金と分けて表示する

こちらは申告書提出期限ギリギリであってもできる対策です。

決算書上、役員からの借入金を金融機関からの借入金と同じく長期借入金勘定で表示していませんでしょうか。

役員からの借入金は、金融機関の方で資本として扱ってくれる場合があります。その場合は、純資産の額が増加することになります。

もちろん必ずそのように評価してくれるとはいえませんが、できれば決算書上は他の借入金とは分けて表示しておきましょう。

（2）役員への貸付金や仮払金などがないようにする

本章－3－Q1（P196）でもお伝えしたとおり、これらが決算書に計上されている場合は、経理面などでマイナスな印象を与える可能性があります。

またその他、これらの勘定科目は、金融機関が決算書を評価する際に、0円とされることがあります。そうなると資産の額が減少しますので、当然純資産の額を減少させることになります。もし同一人物からの借入金など、その方に対する債務があるのであれば、相殺しておきましょう。

ですが、そういった債務がなかったり、金額が少なかったりする場合は、申告書提出期限ギリギリになって対策を取ることは難しくなります。

よって、まずこれらを計上しないようにすること、一時的に資金が必要になっても決算までに会社の口座へ返金していただくことなどを期中の早い段階でお伝えすることが必要となるかと思います。

（3）役員報酬を始めとした各費用を見直す

翌期以降の対策として、事業の今後の見通しなどをお聞きし、役員報酬の変更を始めとした、各費用の見直しを提案できるとよいでしょう。

その際、資金調達の必要のある会社の場合は、役員報酬の下げ過ぎに注意する必要があります。明らかに生活費が賄えないような金額になってしまい、個人の預貯金もあまりないような状態であれば、場合によっては金融機関から「生活が成り立っているのか？」「外部から個人的に資金を調達しているのか？」などの疑念を抱かれません。

また、個人の預貯金の残高が足りず、どうしても必要になったときに会社からお金を引き出してしまうと、その金額が役員貸付金などとなってしまい、（2）にて解説した通り金融機関からの評価も下がってしまう恐れがありますので、注意が必要でしょう。

以上、金融機関からの評価を高めるために必要な考え方、対策を提示しました。

　なお、現在金融機関は決算書上の数値のみならず、その企業の事業内容や将来性、技術力などを重視する傾向があります。こちらも金融機関の担当者へ積極的にアピールできるとよいでしょう。

　また、これは結果論になりますが、現預金が多くて、他の金融機関から借入もある状態であると、より評価が高くなります。

第 5 章

社会保険・労働保険、助成金について

1 経営者（税理士）が知っておくべき社会保険の基礎知識

Q1 加入するべき社会保険とは？

会社設立の際に、加入しないといけない社会保険にはどのような
ものがあるのでしょうか。

> **Point**
> ● 社会保険（広義）は、社会保険（狭義）と労働保険で構成されてい
>   ます。
> ● 狭義の社会保険には、①健康保険、②介護保険、③厚生年金保険の
>   3つがあります。
> ● 労働保険には、①労災保険と②雇用保険の2つがあります。

A 解説

　ケガや病気の治療に対する給付が行われる健康保険、本人に介
護が発生した時に給付が行われる介護保険、老後、障害、遺族年
金の給付が行われる厚生年金保険ですが、これら3つは、会社と
して加入が義務付けられている社会保険であり、新たに雇う従業員だけでな
く、雇用主である社長自身にも加入義務があります。

　労災保険は、仕事中にケガや病気になったり、障害者になったり、死亡し
た場合に適用される保険で、被保険者（従業員）の遺族への給付もありま
す。

　また、雇用保険は失業や職業訓練に対する給付が行われます。この2つ
は、その対象が従業員のみとなりますので、雇用主である社長は加入できま
せん（建設業の社長のように特別加入できる制度はあります）。

■ 〈図表〉社会保険の種類

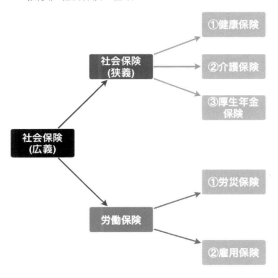

Q2　社会保険は入らなければならないのか？

　生命保険や損害保険にはすでに加入していますが、社会保険未加入の場合、何かデメリットがあるのでしょうか。

Point

●未加入の場合、法律違反となります。

●雇用保険に未加入の場合、ハローワークでの人材募集ができませんし、助成金制度の利用も基本的にはできません。

●健康保険や厚生年金に未加入の場合は従業員にとっての不利益が多くなりますので、優秀な人材を雇うことは不可能になります。

$\boxed{\begin{matrix} \mathbf{A} \\ \text{解説} \end{matrix}}$　　会社の形態が株式会社の場合、狭義の「社会保険」は、従業員の有無に関わらず加入義務が発生します（一部業種を除き個人事業主は5名以上で加入義務が発生します）。

　また、従業員を採用する場合は、労働保険も加入義務が生じます。これらの加入義務は法律で定められていますので、未加入のままでは法律違反となります。狭義の社会保険が未加入で年金事務所の調査などがあった場合、保険料を過去2年間に遡って追徴されることがあります。

　社会保険に未加入の場合、ケガや病気の場合の不都合だけでなく、将来の年金も未加入期間部分は当然に給付されなくなりますので、従業員にとって不利な状況になります。

　また、ハローワークでの求人ができないだけでなく、優秀な人材を雇うことは不可能になります。また、外国人の採用も難しくなります。

2 社会保険加入のルール

Q1 健康保険・厚生年金保険とは？

健康保険・厚生年金保険には、どのような人が加入するのでしょうか。また、強制適用事業所と任意適用事業所の定義はどのようになっているのでしょうか。パートも社会保険に加入させなければいけないのでしょうか。

> **Point**
> - 株式会社など法人の事業所は、すべて強制適用です。
> - 個人経営の場合は、常時使用する労働者数が5人未満の事業所は、全ての業種について任意適用事業所です。
> - 被保険者（健康保険や厚生年金保険の適用を受ける人）は年齢により変わります。

A 解説　健康保険と厚生年金保険は、事業所単位で加入することになっており、株式会社など法人の事業所の場合は、すべて強制適用です。一方、個人経営の場合は、常時使用する労働者数や事業の種類に応じて、強制適用になるか否かが決まってきます。常時5人未満の事業所については、すべての業種について任意適用事業所となります。なお、常時5人以上であっても、適用業種に該当しない個人経営の事務所は、任意適用事業所となります。

健康保険と厚生年金保険は原則セットで加入であり、片方のみの加入はできません。ただし、建設業、医療機関など「国民健康保険組合」に加入している事業所は、適用除外の承認手続きにより厚生年金保険のみに加入するこ

とができます。

　常時雇用している従業員が加入対象ですが、パートやアルバイトの場合は、一般社員の労働時間の4分の3以上、労働日数の4分の3以上が常時雇用の目安になります。

　なお、勤務時間、勤務日数が常時雇用者の4分の3未満であっても次の4つの要件を満たす場合は、被保険者数が常時100人超の会社は加入させなければいけません。なお、令和6年10月からは50人超に引き下げられます。常時100人以下の場合は、労使協定により短時間労働者として加入させることができます。

〈4つの要件〉

1．週の所定労働時間が20時間以上あること
2．雇用期間が1年以上見込まれること
3．賃金の月額が8.8万円以上であること
4．学生でないこと

また、以下の「臨時的に雇われる人」は加入させる必要はありません。

1．季節的業務に4カ月を超えない期間使用される予定の人
2．臨時的事業の事業所に6カ月を超えない期間使用される予定の人
3．臨時に2カ月以内の期間を定めて使用されその期間を超えない人
4．臨時に日々雇用される人で1カ月を超えない人

　以下に、「健康保険と厚生年金保険の被保険者」および「強制適用事業所と任意適用事業所の定義」について、図表にまとめておきました。

■〈図表〉健康保険と厚生年金保険の被保険者

	健康保険	厚生年金保険
70 歳まで	強制加入	強制加入
70 ～ 74 歳	（65 歳以上で後期高齢者医療制度の対象となる場合はなし）	なし
75 歳以上	なし（後期高齢者医療制度の対象）	

■〈図表〉強制適用事業所と任意適用事業所の定義

強制適用事業所	① 国、地方公共団体または法人の事業所すべて ② 常時 5 人以上の従業員を使用する適用事業を営む個人の事業所 ③ 製造・加工・選別・包装・修理・解体業、土木建設業、鉱業、電気ガス業、運送業、貨物積卸業、清掃業、物品販売業、金融保険業、保管賃貸業、媒介周旋業、集金案内広告業、教育研究調査業、医療保健事業、通信報道業、社会福祉事業
任意適用事業所	① 常時 5 人未満の従業員を使用する個人の事業所 ② 上記③の適用事業所以外の事業を営む個人の事業所

Q2　介護保険とは？

　　介護保険は、どのような人が加入するのでしょうか。介護保険制度の仕組みについても教えてください。

> **Point**
> ●日本国内に住んでいる 40 歳以上の人は全員加入です。
> ● 65 歳以上の人は「第 1 号被保険者」となり、40 歳以上 65 歳未満
> の医療保険加入者は「第 2 号被保険者」となります。
> ●第 2 号被保険者の保険金給付は特定疾病によるものに限られます。

A 解説　　健康保険・厚生年金保険の手続きをすれば介護保険も同時に行われます。40 歳未満で健康保険に加入の人は 40 歳になると同時に、40 歳以上の人は健康保険加入と同時に、介護保険にも加入することになります。

　介護保険の保険者は市区町村で、要介護認定を受けた被保険者は、さまざまなサービス事業者の介護サービス（図表参照）を利用する際に費用の 1 割を負担する仕組みになります。

■〈図表〉介護サービス

介護保険によるサービスは、第 1 号被保険者が要介護状態または要支援状態にある場合には保険給付を受けることができます。一方、第 2 号被保険者

は、要介護状態であっても、介護サービスを受けられるのは、その原因が初老期認知症など老化に起因する特定疾病の場合のみとなります（図表「第2号被保険者の「特定疾病」に該当するもの」を参照）。

■ 〈図表〉第2号被保険者の「特定疾病」に該当するもの

① がん末期（医師が一般に認められている医学的知見に基づき回復の見込みがない状態に至ったと判断したものに限る。）
② 筋萎縮性側索硬化症（ＡＬＳ）
③ 後縦靱帯骨化症
④ 骨折を伴う骨粗しょう症
⑤ 多系統萎縮症
⑥ 初老期における認知症（アルツハイマー病、脳血管性認知症等）
⑦ 脊髄小脳変性症
⑧ 脊柱管狭窄症
⑨ 早老症（ウェルナー症候群等）
⑩ 糖尿病性神経障害、糖尿病性腎症および糖尿病性網膜症
⑪ 脳血管疾患（脳出血、脳梗塞等）
⑫ 進行性核上性麻痺、大脳皮質基底核変性症およびパーキンソン病
⑬ 閉塞性動脈硬化症
⑭ 関節リウマチ
⑮ 慢性閉塞性肺疾患（肺気腫、慢性気管支炎等）
⑯ 両側の膝関節または股関節に著しい変形を伴う変形性関節症

Q3　労災保険とは？

労災保険と雇用保険の関係はどうなっているのでしょうか。労災保険の給付はどのようなものなのでしょうか。労災保険の加入者（被保険者）となる方はどういう人なのでしょうか。

> **Point**
> ●労災保険（労働者災害補償保険）と雇用保険を総称して「労働保険」
> 　といいます。
> ●労災保険は労働者全員が加入します。
> ●労災保険には原則事業主や役員は加入できません。

A 解説　　　労災保険と雇用保険を総称して「労働保険」といいます。労災保険と雇用保険はそれぞれの保険給付はそれぞれに行われますが、保険料については、労働保険料として一体的に手続きをして納付をします。

　労働者を1人でも雇用していれば、どのような業種であっても、また規模に関係なく、労働保険の適用事業所となります（農林水産業の一部の事業所は除きます）。なお、この適用は強制適用なので必ず加入手続きをとりましょう。また、加入は会社単位（複数の事業所がある場合は事業所単位）であり、労働者ごとではありません。

　労災保険は、業務中や通勤途中に、何らかの理由で負傷したり、障害が残ったり、死亡した場合、被災者やその遺族に対して給付を行う保険制度です。労災保険には、労働時間に関係なく、正社員であってもパートやアルバイトであっても、労働者全員が加入します。

　労働者のための保険ですから、労働者でない事業主や役員は原則加入できません。しかし、労災保険に任意加入できる「特別加入」制度があります。特別加入には、中小企業の役員等が加入する第1種特別加入、個人タクシーの運転手・大工などが加入する第2種特別加入、海外派遣労働者が加入する第3種特別加入の3種類があります。

■〈図表〉特別加入が可能となる中小企業の範囲

業種	範囲
金融業・保険業・不動産業・小売業	常時50人以下の労働者を使用する事業
卸売業・サービス業	常時100人以下の労働者を使用する事業
その他の事業	常時300人以下の労働者を使用する事業

Q4　雇用保険とは？

　雇用保険の給付はどのようなものがあるのでしょうか。また、雇用保険の加入は従業員すべてなのでしょうか。

> **Point**
> ●雇用保険は、労働者が失業した時のセーフティネットです。
> ●労働者を1人でも雇っていれば雇用保険の手続きが必要です。
> ●雇用される労働者には、一定基準に該当するパートタイマーも含まれます。

A　解説

1　雇用保険とは？

　雇用保険は、労働者が失業した場合などに必要な給付を行い、労働者の生活および雇用の安定を図るとともに再就職の援助を行うことなどを目的とした雇用に関する総合的な機能を持った制度です。被保険者は、失業給付にとどまらず、教育訓練給付や助成金などを受けることができます。

2　雇用すれば、すべて適用事業となる

　労働者を雇用する事業は、その業種、規模等を問わず、すべて適用事業で

あり、当然に雇用保険の適用を受け、また、適用事業に雇用される労働者は雇用保険の被保険者となります。

　会社（事業主）が被保険者資格の取得届や労働保険料の納付義務を負います。任意加入である「5人未満の、個人経営の農林水産業」の従業員が増加して強制適用事業所になったり、任意加入の事業所が従業員の2分の1以上が加入を希望し、2分の1以上が加入を同意した場合にも適用事業になります。

3　雇用される労働者とは？

　雇用保険が適用になる「雇用される労働者」とは、雇用関係（労働者が事業主の支配を受けて、その規律の下に労働を提供し、その提供した労働の対象として賃金、給料その他これらに準ずるものの支払いを受けている関係）によって得られる収入によって生活するものをいいます。

4　パートタイム労働者も雇用保険の被保険者になる

　1週間の所定労働時間が20時間以上であり、31日以上の雇用見込者は、パートタイム労働者も雇用保険の被保険者になります。年齢の上限が撤廃されて、65歳以上の労働者も「高年齢被保険者」として雇用保険の対象となります。高年齢被保険者の雇用保険料は令和2年3月まで事業主・労働者双方分が免除されていましたが、令和2年4月1日からは、他の雇用保険被保険者と同様に納付することとなっています。

3 社会保険加入の手続き

Q1 社会保険に加入するための手続きとは？

　会社（事業主）として最初に取り組むべき手続きについて教えてください。また、労災保険、社会保険、雇用保険それぞれについて教えてください。

> **Point**
> ● 「労災保険」については労働基準監督署、「社会保険」については年金事務所、「雇用保険」についてはハローワークにて手続きを進めます。
> ● 労働保険については保険関係成立届、社会保険については健康保険厚生年金保険新規適用届、雇用保険については雇用保険適用事業所設置届を、それぞれ提出します。

A 解説

1 保険の手続きの順番について

　保険の手続きについては、次の順番で進めることになります。

　「労災保険」については、労働保険の保険関係成立届を労働基準監督署に提出します。

　「社会保険」については、健康保険厚生年金保険新規適用届を管轄の年金事務所に提出します。

　「雇用保険」については、雇用保険適用事業所設置届を管轄のハローワークに提出します。

2　労働保険の保険関係成立届について

　労働保険の保険関係成立届は、労働者を雇い入れて事業がスタートしたことを労働基準監督署に知らせる届出書類です。提出期限は、保険関係が成立してから10日以内と定められています。

　さらに、保険関係が成立してから50日以内に「労働保険概算・増加概算・確定保険料・一般拠出金申告書（概算保険料申告書）」を労働基準監督署へ提出するとともに、銀行などの窓口で労働保険料を納付する必要があります。添付書類として会社の商業登記簿謄本（個人事業主は住民票）が必要です。

　現実的には新規法人の場合10日以内に商業登記簿謄本を取得するのは難しいと思われます。その場合は、謄本取得後速やかに手続きをとりましょう。

3　社会保険の健康保険厚生年金保険新規適用届について

　社会保険の健康保険厚生年金保険新規適用届は、強制適用事業所になってから5日以内に管轄の年金事務所に提出します。会社の場合は社長1人でも強制適用ですので、設立と同時に手続きが必要になります。

　添付書類として、被保険者資格取得届、被扶養者（異動）届、保険料口座振替納付申出書、加入予定者全員の年金手帳、年金証書（60歳以上で年金を受けているもの）法人登記簿謄本（個人事業主の場合は事業主の世帯全員の住民票の写し）、建物賃貸借契約書写し、その他出勤簿、労働者名簿、賃金台帳、就業規則、源泉所得税領収書（または開業等開始申告書）、決算書（個人は確定申告書）等が必要になります。

4　雇用保険の雇用保険適用事業所設置届

　雇用保険の雇用保険適用事業所設置届は、事業所を設置した日の翌日から起算して10日以内に管轄の公共職業安定所長（ハローワーク）に提出します。

　添付書類として、労働関係保険成立届の事業主控えのコピー、会社の登記簿謄本（個人事業の場合は住民票）、賃貸の場合は賃貸借契約書の写し等、雇用保険被保険者資格取得届（労働者より提出された雇用保険被保険者証を添付）、パートタイマーの場合、賃金台帳、出勤簿、雇用契約書の写し等が必要になります。

Q2 　狭義の社会保険（健康保険・介護保険・厚生年金保険）の加入手続きとは？

　健康保険・介護保険・厚生年金保険の加入手続きについて教えてください。また、雇用保険の加入手続きについて教えてください。従業員から取り寄せる必要書類については、どのようなものがあるのでしょうか。

Point

● 健康保険・厚生年金保険の加入手続きは、「健康保険・厚生年金保険被保険者資格取得届」を管轄の年金事務所に提出します。

● 雇用保険の手続きは、「雇用保険被保険者資格取得届」を管轄の公共職業安定所（ハローワーク）に提出します。

**A
解説**

1　健康保険・厚生年金保険の加入手続きについて

　健康保険・厚生年金については、正式名称「健康保険・厚生年金保険被保険者資格取得届（兼）厚生年金保険70歳以上被保険者該当届」を、資格取得後5日以内に、管轄の年金事務所に提出することにより加入手続きを行います。

　健康保険と厚生年金保険は、この届出1枚で両方の加入手続きができ、加入者が40歳以上65歳未満の場合には、自動的に介護保険の第2号被保険者になります。なお、健康保険は75歳未満、厚生年金保険は70歳未満ま

で加入することになります。

■〈図表〉健康保険と厚生年金保険の被保険者

	健康保険	厚生年金保険
70歳まで	強制加入	強制加入
70～74歳	（65歳以上で後期高齢者医療制度の対象となる場合はなし）	なし
75歳以上	なし （後期高齢者医療制度の対象）	

　加入する従業員等に扶養家族がいる場合には、健康保険被扶養者（異動）届（正式名称は「雇用保険被扶養者（異動）届（兼）国民年金第3号被保険者関係届」）を同時に提出します。なお、配偶者を扶養する場合は、国民年金第3号被保険者関係届も提出が必要になりますが、様式としては異動届と一体となっています。ただし、電子申請の場合は手続きが異なります。

2　雇用保険の手続き

　雇用保険については、雇用保険被保険者資格取得届出を、雇用した日の属する月の翌月10日までに、管轄のハローワークに提出することにより加入手続きを行います。

　雇用保険は、副業や兼業を行う人も複数の会社での加入はできず、収入の主たる会社で加入することになります。また、転職者については前の職場が資格喪失手続きをしていないと手続きが進められません。前職の資格喪失手続きを確認の上で進めるようにしてください。

　健康保険・厚生年金保険・雇用保険の加入手続きを進めるにあたり、従業員に準備してもらうものと書類を次にまとめましたので、参考にしてください。

■〈図表〉手続きの前に準備するもの

【必要な情報】	
従業員の個人情報が記載されたもの	○従業員の氏名（フリガナ）、住所、生年月日等 ○家族の氏名（フリガナ）、住所、生年月日、職業、年収等 （家族を扶養する場合）
マイナンバー通知書等	○従業員のマイナンバー ○被扶養者のマイナンバー
【必要なもの】	
年金手帳	20歳以上の場合（マイナンバーがあるときは不要）
年金手帳（配偶者分）	20歳以上の配偶者を扶養する場合（マイナンバーがあるときは不要）
雇用保険被保険者証	過去に雇用保険に加入していた場合

〈注意〉
・従業員および家族のフリガナは必ず従業員に記入してもらってください。フリガナ間違いにより医療機関で健康保険被保険者証が使えない場合があります。

Q3　労災保険の加入手続きとは？

　　従業員を採用した時に、労災保険の加入手続きはどのようにすればよいのでしょうか。

> **Point**
> ●事業所として労働保険の成立手続きを行っていれば、労働者1人ひとりの加入手続きは不要です。

A 解説　　本章－3－Q1（P221）にて説明したように、労働保険の保険関係成立届を労働基準監督署に提出してあれば、1人ひとりの加入手続きは不要です。なお、労災保険には、労働時間などに関

係なく、正社員であってもパートタイマー・アルバイトであっても、労働者全員が加入することになります。

4 社会保険の保険料について

Q1 保険料はどのように決まるのか？

　　保険料の基となる報酬とは何でしょうか。具体的な社会保険料の計算の仕方について教えてください。また、賞与支払時の社会保険料はどのように計算するのでしょうか。また、雇用保険料はどのように計算するのか教えてください。

> **Point**
> ● 健康保険と厚生年金保険の保険料は、報酬を基に算定されます。
> 　報酬を基本とする社会保険料は標準報酬月額×保険料で、賞与を基本とする社会保険料は標準賞与額×保険料率で算定されます。
> ● 雇用保険料は、毎月決定した給与の額に雇用保険料率を乗じて計算します。
> ● 労災保険料は、全額事業主負担で年1回の計算になります。

A 解説

1　健康保険料や厚生年金保険料の基になる報酬について

　　報酬とは、賃金、給与、俸給、手当、賞与その他いかなる名称であるかを問わず、労働者が労働の対償として受けるものをいい、臨時に支払われるものや3カ月を超える期間ごとに支払われるもの（賞与）を除いたものをいいます（賞与は別途保険料の対象となります）。

2　社会保険料の決め方

（1）報酬を基本とする保険料

　　報酬を基本とする社会保険料は「標準報酬月額×保険料」で計算されま

すが、「標準報酬月額は、まず「報酬月額」を算定し、それを「標準報酬月額等級表」にあてはめて決定します（〈図表〉令和3年3月分（4月納付分）からの健康保険・厚生年金保険の保険料額表（東京都）を参照）。

（2）賞与について

賞与の保険料額は、「標準報酬月額・保険料月額表」を使用するのではなく、標準賞与額に直接保険料率を掛けて計算します。標準賞与額とは、各被保険者の賞与額から1,000円未満の端数を切り捨てたものです。

（3）社会保険料の上限について

健康保険は年間（保険者単位で毎年4月1日から翌年3月31日までの累計額）573万円、厚生年金保険は1カ月あたり（同じ月に2回以上支給されたときは合算）150万円の上限が設定されています。

（4）保険料率

保険料率は、毎月の保険料の場合と同様、健康保険（協会けんぽ）が都道府県単位の保険料率（図表参照）、厚生年金保険が平成29年9月から1000分の183.00（18.3％）で事業主と被保険者が折半負担します（図表参照）。

（5）雇用保険料

雇用保険料は毎月決定した給与の額に雇用保険料率を乗じて計算しますが、雇用保険料率は事業の種類により3種類に分かれます（図表参照）。

（6）労災保険料

労災保険料は全額事業主負担ですが、本章−3−Q1〔A〕解説に記載の労働保険の保険関係成立届を出す時と、毎年1回、労働保険の年度更新手続にて計算および納付をします。

■ 〈図表〉社会保険料の全体像

保険料種類		保険料の計算方法	料率	納付方法
社会保険（狭義）	健康保険料	標準報酬月額	都道府県支部ごとに決定（協会けんぽ）	当月分を翌月末に納付
	介護保険料		全国一律（協会けんぽ）	
	厚生年金保険料		全国一律	
労働保険	労災保険料	給与額×料率	業種ごとに決定（54分類）	原則1年に1回（保険料額が一定額以上の場合は3分割が可能
	雇用保険料	給与額×料率	業種ごとに決定（3分類）	

　令和3年度の一般保険料率は下表のとおりです（平均保険料率は10％）。介護保険料率は40歳から64歳までの方（介護保険第2被保険者）で全国一律1.80％が加わります。

■ 〈図表〉令和3年度都道府県単位保険料率　　　　　　　　　　（単位　％）

北海道	10.45	滋賀県	9.78
青森県	9.96	京都府	10.06
岩手県	9.74	大阪府	10.29
宮城県	10.01	兵庫県	10.24
秋田県	10.16	奈良県	10.00
山形県	10.03	和歌山県	10.11
福島県	9.64	鳥取県	9.97
茨城県	9.74	島根県	10.03

栃木県	9.87	岡山県	10.18
群馬県	9.66	広島県	10.04
埼玉県	9.80	山口県	10.22
千葉県	9.79	徳島県	10.29
東京都	9.84	香川県	10.28
神奈川県	9.99	愛媛県	10.22
新潟県	9.50	高知県	10.17
富山県	9.59	福岡県	10.22
石川県	10.11	佐賀県	10.68
福井県	9.98	長崎県	10.26
山梨県	9.79	熊本県	10.29
長野県	9.71	大分県	10.30
岐阜県	9.83	宮崎県	9.83
静岡県	9.72	鹿児島県	10.36
愛知県	9.91	沖縄県	9.95
三重県	9.81		

■〈図表〉令和3年3月分（4月納付分）からの厚生年金保険料額表

標準報酬		報酬月額			一般　坑内員　船員 （厚生年金基金加入員を除く）	
					全　額 18.30%	折半額 9.15%
等級	月　　額	円以上		円未満		
1	88,000			93,000	16,104.00	8,052.00
2	98,000	93,000	～	98,000	17,934.00	8,967.00
3	104,000	101,000	～	107,000	19,032.00	9,516.00
4	110,000	107,000	～	114,000	20,130.00	10,065.00
5	118,000	114,000	～	122,000	21,594.00	10,797.00
6	126,000	122,000	～	130,000	23,058.00	11,529.00
7	134,000	130,000	～	138,000	24,522.00	12,261.00
8	142,000	138,000	～	146,000	25,986.00	12,993.00
9	150,000	146,000	～	155,000	27,450.00	13,725.00
10	160,000	155,000	～	165,000	29,280.00	14,640.00
11	170,000	165,000	～	175,000	31,110.00	15,555.00
12	180,000	175,000	～	185,000	32,940.00	16,470.00
13	190,000	185,000	～	195,000	34,770.00	17,385.00
14	200,000	195,000	～	210,000	36,600.00	18,300.00
15	220,000	210,000	～	230,000	40,260.00	20,130.00
16	240,000	230,000	～	250,000	43,920.00	21,960.00
17	260,000	250,000	～	270,000	47,580.00	23,790.00
18	280,000	270,000	～	290,000	51,240.00	25,620.00
19	300,000	290,000	～	310,000	54,900.00	27,450.00
20	320,000	310,000	～	330,000	58,560.00	29,280.00
21	340,000	330,000	～	350,000	62,220.00	31,110.00
22	360,000	350,000	～	370,000	65,880.00	32,940.00
23	380,000	370,000	～	395,000	69,540.00	34,770.00
24	410,000	395,000	～	425,000	75,030.00	37,515.00
25	440,000	425,000	～	455,000	80,520.00	40,260.00
26	470,000	455,000	～	485,000	86,010.00	43,005.00
27	500,000	485,000	～	515,000	91,500.00	45,750.00
28	530,000	515,000	～	545,000	96,990.00	48,495.00
29	560,000	545,000	～	575,000	102,480.00	51,240.00
30	590,000	575,000	～	605,000	107,970.00	53,985.00
31	620,000	605,000	～	635,000	113,460.00	56,730.00
32	650,000	635,000	～		118,950.00	59,475.00

■〈図表〉令和3年3月分（4月納付分）からの健康保険・厚生年金保険の保険料額表

（東京都）

令和3年3月分（4月納付分）からの健康保険・厚生年金保険の保険料額表

・健康保険料率：令和3年3月分～　適用　　・厚生年金保険料率：平成29年9月分～　適用
・介護保険料率：令和3年3月分～　適用　　・子ども・子育て拠出金率：令和2年4月分～　適用

（東京都）　　　　　　　　　　　　　　　　　　　　　　　　　　　　　　　　　　　　　　　（単位：円）

標準報酬 等級	標準報酬 月額	報酬月額（円以上～円未満）	全国健康保険協会管掌健康保険料				厚生年金保険料（厚生年金基金加入員を除く）	
			介護保険第2号被保険者に該当しない場合 9.84%		介護保険第2号被保険者に該当する場合 11.64%		一般、坑内員・船員 18.300%※	
			全額	折半額	全額	折半額	全額	折半額
1	58,000	～ 63,000	5,707.2	2,853.6	6,751.2	3,375.6		
2	68,000	63,000 ～ 73,000	6,691.2	3,345.6	7,915.2	3,957.6		
3	78,000	73,000 ～ 83,000	7,675.2	3,837.6	9,079.2	4,539.6		
4(1)	88,000	83,000 ～ 93,000	8,659.2	4,329.6	10,243.2	5,121.6	16,104.00	8,052.00
5(2)	98,000	93,000 ～ 101,000	9,643.2	4,821.6	11,407.2	5,703.6	17,934.00	8,967.00
6(3)	104,000	101,000 ～ 107,000	10,233.6	5,116.8	12,105.6	6,052.8	19,032.00	9,516.00
7(4)	110,000	107,000 ～ 114,000	10,824.0	5,412.0	12,804.0	6,402.0	20,130.00	10,065.00
8(5)	118,000	114,000 ～ 122,000	11,611.2	5,805.6	13,735.2	6,867.6	21,594.00	10,797.00
9(6)	126,000	122,000 ～ 130,000	12,398.4	6,199.2	14,666.4	7,333.2	23,058.00	11,529.00
10(7)	134,000	130,000 ～ 138,000	13,185.6	6,592.8	15,597.6	7,798.8	24,522.00	12,261.00
11(8)	142,000	138,000 ～ 146,000	13,972.8	6,986.4	16,528.8	8,264.4	25,986.00	12,993.00
12(9)	150,000	146,000 ～ 155,000	14,760.0	7,380.0	17,460.0	8,730.0	27,450.00	13,725.00
13(10)	160,000	155,000 ～ 165,000	15,744.0	7,872.0	18,624.0	9,312.0	29,280.00	14,640.00
14(11)	170,000	165,000 ～ 175,000	16,728.0	8,364.0	19,788.0	9,894.0	31,110.00	15,555.00
15(12)	180,000	175,000 ～ 185,000	17,712.0	8,856.0	20,952.0	10,476.0	32,940.00	16,470.00
16(13)	190,000	185,000 ～ 195,000	18,696.0	9,348.0	22,116.0	11,058.0	34,770.00	17,385.00
17(14)	200,000	195,000 ～ 210,000	19,680.0	9,840.0	23,280.0	11,640.0	36,600.00	18,300.00
18(15)	220,000	210,000 ～ 230,000	21,648.0	10,824.0	25,608.0	12,804.0	40,260.00	20,130.00
19(16)	240,000	230,000 ～ 250,000	23,616.0	11,808.0	27,936.0	13,968.0	43,920.00	21,960.00
20(17)	260,000	250,000 ～ 270,000	25,584.0	12,792.0	30,264.0	15,132.0	47,580.00	23,790.00
21(18)	280,000	270,000 ～ 290,000	27,552.0	13,776.0	32,592.0	16,296.0	51,240.00	25,620.00
22(19)	300,000	290,000 ～ 310,000	29,520.0	14,760.0	34,920.0	17,460.0	54,900.00	27,450.00
23(20)	320,000	310,000 ～ 330,000	31,488.0	15,744.0	37,248.0	18,624.0	58,560.00	29,280.00
24(21)	340,000	330,000 ～ 350,000	33,456.0	16,728.0	39,576.0	19,788.0	62,220.00	31,110.00
25(22)	360,000	350,000 ～ 370,000	35,424.0	17,712.0	41,904.0	20,952.0	65,880.00	32,940.00
26(23)	380,000	370,000 ～ 395,000	37,392.0	18,696.0	44,232.0	22,116.0	69,540.00	34,770.00
27(24)	410,000	395,000 ～ 425,000	40,344.0	20,172.0	47,724.0	23,862.0	75,030.00	37,515.00
28(25)	440,000	425,000 ～ 455,000	43,296.0	21,648.0	51,216.0	25,608.0	80,520.00	40,260.00
29(26)	470,000	455,000 ～ 485,000	46,248.0	23,124.0	54,708.0	27,354.0	86,010.00	43,005.00
30(27)	500,000	485,000 ～ 515,000	49,200.0	24,600.0	58,200.0	29,100.0	91,500.00	45,750.00
31(28)	530,000	515,000 ～ 545,000	52,152.0	26,076.0	61,692.0	30,846.0	96,990.00	48,495.00
32(29)	560,000	545,000 ～ 575,000	55,104.0	27,552.0	65,184.0	32,592.0	102,480.00	51,240.00
33(30)	590,000	575,000 ～ 605,000	58,056.0	29,028.0	68,676.0	34,338.0	107,970.00	53,985.00
34(31)	620,000	605,000 ～ 635,000	61,008.0	30,504.0	72,168.0	36,084.0	113,460.00	56,730.00
35(32)	650,000	635,000 ～ 665,000	63,960.0	31,980.0	75,660.0	37,830.0	118,950.00	59,475.00
36	680,000	665,000 ～ 695,000	66,912.0	33,456.0	79,152.0	39,576.0		
37	710,000	695,000 ～ 730,000	69,864.0	34,932.0	82,644.0	41,322.0		
38	750,000	730,000 ～ 770,000	73,800.0	36,900.0	87,300.0	43,650.0		
39	790,000	770,000 ～ 810,000	77,736.0	38,868.0	91,956.0	45,978.0		
40	830,000	810,000 ～ 855,000	81,672.0	40,836.0	96,612.0	48,306.0		
41	880,000	855,000 ～ 905,000	86,592.0	43,296.0	102,432.0	51,216.0		
42	930,000	905,000 ～ 955,000	91,512.0	45,756.0	108,252.0	54,126.0		
43	980,000	955,000 ～ 1,005,000	96,432.0	48,216.0	114,072.0	57,036.0		
44	1,030,000	1,005,000 ～ 1,055,000	101,352.0	50,676.0	119,892.0	59,946.0		
45	1,090,000	1,055,000 ～ 1,115,000	107,256.0	53,628.0	126,876.0	63,438.0		
46	1,150,000	1,115,000 ～ 1,175,000	113,160.0	56,580.0	133,860.0	66,930.0		
47	1,210,000	1,175,000 ～ 1,235,000	119,064.0	59,532.0	140,844.0	70,422.0		
48	1,270,000	1,235,000 ～ 1,295,000	124,968.0	62,484.0	147,828.0	73,914.0		
49	1,330,000	1,295,000 ～ 1,355,000	130,872.0	65,436.0	154,812.0	77,406.0		
50	1,390,000	1,355,000 ～	136,776.0	68,388.0	161,796.0	80,898.0		

※厚生年金基金に加入している方の厚生年金保険料率は、基金ごとに定められている免除保険料率（2.4%～5.0%）を控除した率となります。

加入する基金ごとに異なりますので、免除保険料率および厚生年金基金の掛金については、加入する厚生年金基金にお問い合わせください。

■〈図表〉雇用保険料率表（令和３年４月１日現在）

事業の種類	被保険者負担率	事業主負担率	合計保険率
一般の事業	3/1,000	6/1,000	9/1,000
農林水産* 清酒製造の事業	4/1,000	7/1,000	11/1,000
建設の事業	4/1,000	8/1,000	12/1,000

※園芸サービス、牛馬の育成、酪農、養鶏、養豚、内水面養殖の事業等は除かれ、一般の事業の率
　が適用されます。

Q2　保険料はいつから納付するのか？

　　社会保険料はいつから支払うのでしょうか。また、どこに支払う
のでしょうか。また、従業員の個人負担額はいつから徴収するので
しょうか。

> **Point**
> ●狭義の社会保険料（健康保険、介護保険、厚生年金保険）について
> 　は、制度に加入した月の翌月から保険料支払義務が発生します。管
> 　轄の年金事務所に納めます。
> ●原則、制度加入の翌月から給与天引きにて徴収します。
> ●雇用保険料につきましては毎月の給与支払時に天引きします。

A 解説

1　健康保険・厚生年金保険料

　　健康保険、厚生年金については、入社日が制度加入日になりま
す。よって、入社した日の属する月から保険料が発生しますが、
実際の年金事務所の徴収は入社日の翌月からとなります。

2 雇用保険料

雇用保険については、労働局への支払いは年1回ですが、毎月の給与額により金額が相違してきますので、従業員からは毎月の給与から天引きをしておきます。

3 労働保険料

労働保険につきましては、「労働保険概算・増加概算・確定保険料・一般拠出金申告書（概算保険料申告書）を労働基準監督に提出するとともに銀行などの窓口で保険料を納めます。なお、労災保険料は全額事業主負担になります。

Q3 社会保険料の決定・変更とは？

社会保険料の決定・変更について教えてください。定時決定とか随時改定はどういうものなのでしょうか。また、給与改定があった場合には、すぐに社会保険料も変わるのでしょうか。

> **Point**
>
> ● 社会保険料の算定基礎となる標準報酬月額を決定する仕組みは4つです。
>
> ● 定時決定は、毎年7月1日に、健康保険・厚生年金保険に加入している人を対象に保険料の再計算を行うものです。
>
> ● 随時改定は、昇給や降級により、基本給・手当などの固定的賃金に変動が3カ月連続あったときに保険料を変更するものです。
>
> ● 育児休業等終了時改定は、育児休業を終了した被保険者が、育児休業を終了した日において3歳未満の子を養育する場合で被保険者が申し出た場合標準報酬月額を変更するものです。

| A 解説 |

社会保険料の算定基礎となる標準報酬月額を決定する仕組み
は、資格取得時決定、定時決定、随時改定、育児休業等終了時改
定の4つです。

1　資格取得時決定について

本章−3−Q2（P223）にて説明しましたが、就職などにより、健康保
険・厚生年金保険に加入したときは、採用の際の雇用契約書や労働条件通知
書をもとに報酬月額を算定して、「健康保険・厚生年金保険被保険者資格取
得届」を提出し、標準報酬月額を決定します。

2　定時決定について

毎年7月1日に、健康保険・厚生年金保険に加入している人を対象に、保
険料の再計算を行います。具体的には、4月、5月、6月の3カ月間の報酬
を記載した「被保険者報酬月額算定基礎届」を提出し、標準報酬月額を決定
します。

支払基礎日数が17日未満の月は、報酬が通常の月とかけはなれる場合が
あることから、計算の対象から除きます。また、特定適用事業所等に勤務す
る短時間労働者は、支払基礎日数が11日未満の月は計算の対象から除外し
ます。

新しい標準報酬月額は基本的に、その年の9月から翌年の8月まで使用さ
れます。

3　随時改定について

昇給や降級により、基本給・手当などの固定的賃金に変動があり、報酬の
支払基礎となった日数が17日以上の月が3カ月連続あったときには保険料
を変更する必要があり、これを「随時改定」といいます。

固定的賃金が変動した月から3カ月間の報酬を平均した報酬月額をもとに
算定した標準報酬月額が2等級以上変動した場合に「月額変更届」を提出し

ます。保険料の変更は、変動のあった月から4カ月目以降です。

4　育児休業等終了時改定について

(1)　産前産後休業期間終了時報酬改定

　事業主からの申し出により産前産後休業期間中の保険料は、休業開始月から終了予定日の翌日の月の前月まで徴収されませんが、産前産後休業終了後に標準報酬額に変動があった被保険者は、随時改定（2等級差）に該当しなくとも、事業主を経由して「産前産後休業終了時報酬月額変更届」を提出することで標準報酬月額の改定が行われます。

　なお、この改定は休業終了日の翌日の月以降3カ月間に受けた報酬の平均額に基づき、その翌月からの新しい標準報酬月額が決められます。

(2)　育児休業等期間終了時報酬改定

　育児・介護休業法等による満3歳未満の子を養育するための育児休業期間についても、健康保険・厚生年金保険の保険料は、被保険者分・事業主分とも、事業主の申出により徴収されませんが、育児休業等終了日に3歳未満の子を養育している被保険者は、随時改定に該当しなくても、事業主を経由して「育児休業等終了時報酬月額変更届」を提出することで標準報酬月額の改定が行われます。改定時期は前述の産前産後休業終了時改定と同じです。

5 雇用保険制度から支払われる助成金

Q1 助成金と補助金の違いとは？

助成金と補助金の違いについて教えてください。また、募集期間について教えてください。

Point

● 助成金は厚生労働省や自治体、財団法人から支給、補助金は経済産業省や自治体、財団法人から支給されますが、支給の目的が異なります。

● 助成金は主に人材に関わることを目的に支給されます。補助金は、事業の育成・生産性向上や創業支援などを目的に支給されます。

A 解説

1 助成金について

助成金とは、高年齢者・障害者・母子家庭の母などの就職困難者を雇い入れるなどの「新規雇用の拡大」や、介護労働者のために介護福祉機器の導入を行うなど「労働者の雇用環境整備」など、雇用に関する取り組みを実施している法人や個人が受け取ることができる制度です。主な助成金として、雇用調整助成金、キャリアアップ助成金、両立支援等助成金等があります。

2 補助金について

補助金とは、国の政策目標に対して合致した事業をサポートすることを目的とした制度で、審査に通過した法人や個人が受け取ることができます。主な補助金として、「IT導入補助金」や「小規模事業者持続化補助金」、「もの

づくり補助金」などがあります。

　詳細については、第2章－5「補助金・助成金」を参考にしてください。

3　助成金と補助金の要件、審査基準の違いについて

　助成金は資格要件を満たしていれば受給できるケースがほとんどですが、日々の労務管理がずさんな場合、資格要件を満たしていないと判断されます。労務管理の実態と就業規則との整合性なども問われます。

　一方、補助金は政府や自治体の政策目標を達成するために支給されることがほとんどであり、該当する補助金の目的を理解し、その補助金を使ってどれだけ社会貢献できるかが審査のポイントになります。

　経済産業省の補助金に関する詳細については、第2章－5「補助金・助成金」を参考にしてください。

4　募集、公募期間について

　募集期間については、助成金は基本的に随時募集ですが、補助金は年数回の公募でタイミングが限定されます。なお、どちらも実際の支給は後払いとなります。

5　毎年の見直し

　助成金については、予算の関係で毎年見直しがあります。予算オーバーもあれば、全く利用されてなくなる助成金もあります。助成金を提案する場合は、必ず最新の厚生労働省ホームページを確認の上、提案してください。

Q2 キャリアアップ助成金とは？

キャリアアップ助成金とはどういう制度なのでしょうか。また、対象となる事業主の要件などについて教えてください。

> **Point**
> ● 「キャリアアップ助成金」は、企業内でのキャリアアップを促進するため、正社員化、処遇改善の取組を実施した事業主に対して助成する制度です。
> ● キャリアアップ助成金には、さまざまなコースがあります。

A 解説

1 キャリアアップ助成金とは？

キャリアアップ助成金とは、有期契約労働者、短時間労働者、派遣労働者といった、いわゆる非正規雇用労働者の企業内でのキャリアアップを促進するため、正社員化、処遇改善の取組を実施した事業主に対して助成する制度です。

本助成金では事前に「キャリアアップ計画」等を作成し、都道府県労働局・ハローワークに提出することが必要です。以下は本助成金の支給対象事業主の条件です。

〈支給対象事業主の条件〉

> ①　雇用保険適用事業所の事業主であること
>
> ②　雇用保険適用事業所ごとに、キャリアアップ管理者を置いている事業主であること
>
> ③　雇用保険適用事業所ごとに、対象労働者に対し、キャリアアップ計画を作成し、管轄労働局長の受給資格の認定を受けた事業主であること
>
> ④　対象労働者に対する賃金の支払い状況等を明らかにする書類を整備している事業主であること
>
> ⑤　キャリアアップ計画期間内にキャリアアップに取り組んだ事業主であること

2　主なキャリアアップ助成金コースについて

　キャリアアップ助成金には、正社員化コース、障害者正社員化コース、賃金規定等改定コース、賃金規定等共通化コース、賞与・退職金制度導入コース、選択的適用拡大導入時処遇コース、短時間労働者労働時間延長コースがあります。

（1）正社員化コース

　有期契約労働者等を正規雇用労働者等に転換または直接雇用した場合に助成するものです。

> ①　有期→正規：1人当たり57万円（生産性要件を満たしている場合72万円）
> ②　無期→正規：1人当たり28万5,000円（同上36万円）

　①〜②を合わせて、1年度1事業所当たりの支給申請上限人数は20人までです。また、「生産性要件」とは、助成金の支給申請を行う直近の会計年度における「生産性」が、その3年前に比べて6％以上伸びているか、金融機関から一定の事業性評価を得れば1％以上（6％未満）伸びていることです。

　なお、「生産性」は、次の計算式により計算します。

生産性＝付加価値／雇用保険被保険者数（日雇労働被保険者や短期雇用特例
　　　　被保険者を除く）

（2）障害者正社員化コース

　障害者の雇用促進と職場定着を図るために、①有期雇用労働者を正規雇用
労働者または無期雇用労働者に転換する、②無期雇用労働者を正規雇用労働
者に転換する措置を講じた場合、60万円から120万円（大企業の場合は
45万円から90万円）が助成されます。

（3）賃金規定等共通化コース

　有期契約労働者等と正規雇用労働者との共通の賃金規定等を新たに定め適
用した場合、1事業所当たり57万円（生産性要件を満たした場合は72万
円）助成されます。

Q3　両立支援等助成金とは？

　　　　両立支援等助成金とはどういう制度なのでしょうか。また、対象
となる事業主の要件などについて教えてください。

> **Point**
> ●両立支援等助成金とは、職場生活と家庭生活の両立支援や女性の活
> 躍推進に取り組む事業主を支援する制度です。
> ●また、さまざまな支援コースが用意されています。

A
解説

1　両立支援等助成金について

　両立支援等助成金とは、職場生活と家庭生活の両立支援や女性
の活躍推進に取り組む事業主を支援する制度です。令和4年度
は、男性の育児休業取得を促進する出生時両立支援コース、仕事と介護の両

立を支援する介護離職防止支援コース、仕事と育児の両立を支援する育児休業等支援コースや不妊治療両立支援コース、新型コロナウイルス感染症に関する母性健康管理措置による休暇取得支援コース等があります。

2　主な出生時両立支援コースについて

(1)　出生時両立支援コース（子育てパパ支援助成金）

【第1種】

　男性労働者が育児休業を取得しやすい雇用環境の整備措置を複数実施するとともに、労使で合意された代替する労働者の残業抑制のための業務見直しなどが含まれた規定に基づく業務体制整備を行い、産後8週間以内に開始する連続5日以上の育児休業を取得させた中小企業主に支給する。

【第2種】

　第1種助成金を受給した事業主が男性労働者の育児休業取得率を3年以内に30％以上上昇させた場合に支給する。

支給額は次のとおりです。

【第1種】

　育児休業取得　　20万円

　代替要員加算　　20万円（3人以上45万円）

【第2種】

　育児休業取得率の30％以上上昇

　　1年以内達成　　60万円（75万円）

　　2年以内達成　　40万円（65万円）

　　3年以内達成　　20万円（35万円）

　　　※（　）は生産性要件を満たした場合

（2）育児休業等支援コース

育児休業の円滑な取得・職場復帰のため次の取組を行った事業主（①～④は中小事業主）に支給する。

①育児取得時　②職場復帰時：「職場復帰支援プラン」を策定および導入し、プランに沿って対象労働者の円滑な育児休業（3か月以上）の取得・復帰に取り組んだ場合

③業務代替支援：3か月以上の育児休業終了後、育児休業取得者が現職等に復帰する旨の取扱いを就業規則等に規定し、休業取得者の代替要員の新規雇用（派遣を含む）または代替する労働者への手当支給等を行い、かつ、休業取得者を現職等に復帰させた場合

④職場復帰後支援：法を上回る子の看護休暇制度（A）や保育サービス費用補助制度（B）を導入し、労働者が職場復帰後、6か月以内に一定以上利用させた場合

⑤新型コロナウィルス感染症対応特例：小学校等の臨時休業等により子供の世話をする労働者のために特別休暇制度および両立支援制度を導入し、特別休暇の利用者が出た場合

支給額は次のとおりです。

※（　）内は生産性要件を満たした場合

①育児取得時　　　28.5万円（36万円）

②職場復帰時　　　28.5万円（36万円）

　※①②各2回まで（無期雇用者・有期雇用者　各1回）

③業務代替支援（1人当たり）＊10人まで

　ア　新規雇用（派遣を含む）　※47.5万円（60万円）

　イ　手当支給等　※10万円（12万円）

　　※有期雇用労働者加算　9.5万円（12万円）

④職場復帰後支援　28.5万円（36万円）

⑤新型コロナウィルス感染症対応特例　1人当たり5万円

　＊10人まで（上限50万円）

Q4　助成金を申請する際の注意事項

　助成金を申請するにあたっての必要な書類や注意事項について教えてください。

Point

●助成金の内容は、同じ名称であっても毎年変更されています。申請時には、必ず厚生労働省のホームページ等で最新の情報を確認ください。

●不正受給は犯罪です。なお、助成金取扱いは社会保険労務士の専権事項です。

A 解説

1　必要書類

　助成金申請に必要な書類は、助成金により異なりますが、共通で必要な帳簿類は以下のものがあります。

---

① 　労働条件通知書（雇用契約書）

② 　出勤簿（タイムカード）

③ 　賃金台帳

④ 　就業規則（賃金規定・育児休業規定）

⑤ 　３６協定（時間外・休日労働に関する協定届）

⑥ 　支給要件確認申立書

　上記帳簿類については、労働法に違反していないように整備することが必要です。助成金申請にあたっては就業規則の変更が必要になることがありますが、変更のタイミングが助成金によって異なります。事前計画認可前に変更が必要なものや認可後に必要なものなど、必ず申請前にご確認ください。

2　不正受給について

　「不正受給は犯罪です。偽りその他不正行為により本来受けることのできない助成金の支給を受け、または受けようとした場合、助成金は不支給、または支給を取り消します。この場合、すでに支給した助成金の全部または一部の返還が必要です。また、不正受給を行った事業主名等は原則公表されます。」　これは、厚生労働省の助成金受給に関する注意事項の一部抜粋です。なお、助成金の申請は社会保険労務士の専権事項です。

Q5 助成金に関するQ＆A

　　助成金申請に取り組む事業主から照会される内容で税理士が知っておきたい基礎的な内容を、キャリアアップ助成金を中心に教えてください。

> **Point**
> ● 10人未満の企業でも就業規則は作成しましょう。
> ● 労働条件通知書に会社の印鑑を押印しましょう。
> ● 正社員にのみ賞与支給は問題ないか？
> ● 生産性要件の3年前の雇用保険被保険者数は正確に把握しましょう。
> ● キャリアアップ助成金は1年以内には受給できません。

A 解説

（1）10人未満の会社ですが就業規則は必要ですか？

　　労働基準法上10人未満の事業主には就業規則の作成・届出義務はありません。キャリアアップ助成金支給申請書チェックリストには次のように書かれています。

　「転換制度または直接雇用制度が規定されている労働協約または就業規則その他これに準じるもの。」「常時10人未満の事業所は労働基準監督署への届け出の代わりに事業主と労働組合等の労働者代表者の署名及び押印による申立書を添付」

　　就業規則に代わり労働者代表と労働協約を締結し、かつ申請にあたっては労働者代表との連名で申請を行うというものです。

　　大企業や中堅企業でしたら労働協約の締結は特に問題はないと思いますが従業員10人未満の会社ではどうでしょうか。会社を設立し従業員を1人でも雇う場合は就業規則を作成することをおすすめします。就業規則は会社の

取り決めです。ぜひ、会社の実情にあった就業規則を社会保険労務士と相談
の上、作成してください。

(2) 労働条件通知書は絶対必要書類ですか？　雇用契約書と労働条件通知書は両方必要ですか？

　雇用契約書を提出くださいというと、何十年も働いていても当初からの口約束だけで何ら問題が発生していないので、雇用契約を締結していないという事業主がいらっしゃいます。雇用契約書を締結していない場合は、労働条件通知書を作成し従業員にお渡しください。労働条件通知書には労働時間、賃金、勤務場所、退職金の有無、賞与の有無などを掲載し事業主の印鑑を押印して従業員にお渡しください。事業主の印鑑はなくても構いませんが押印のうえお渡しすることをお勧めします。なお、雇用契約書には事業主と従業員両者の調印が必要です。

　雇用契約書と労働条件通知書は両方作成する必要はありませんが、雇用契約書を基本的なものとし、詳細を労働条件通知書に記載する方法も可です。

(3) 当社は正社員にのみ賞与支給とし、契約社員には支給していませんが問題ありませんか？

　就業規則に正社員のみ賞与支給すると記載があれば特に問題はありません。ただし、同一労働同一賃金に絡んで、最高裁も微妙な判決を出していますので、今後は正社員、契約社員ともに給付について取り決めた方が無難です。

　なお、就業規則に、「在籍者に賞与を支給する」と記載して、正社員に支給、契約社員に不支給というのはやめてください。この場合、助成金が不支給になる可能性が高いです。

(4) 生産性要件の3年前の雇用保険被保険者数が把握できていません。どのように確認したらよろしいですか？

　数人の規模で従業員の出入りが少なければ、雇用保険被保険者の把握は難しくないと思います。10数人の規模でも出入りの激しい事業所は数の把握が難しいかもしれません。そういった場合は管轄のハローワークに「雇用関

係助成金支給要件照会申請書兼回答書」を提出すれば人数の確認ができます。

　契約社員やパートタイマーなどの場合、ハローワークに登録していない（雇用保険に加入していない）ことも考えられますので、必ず上記の照会をするようにしてください。

（5）キャリアアップ助成金は契約社員を採用してから 1 年以内に受給できますか？　大まかな流れを教えてください。

　1 年以内の支給は絶対にありません。したがって、1 年前後の資金繰りには利用できません。

　大まかな流れは次の通りです。

①　契約社員として採用から最低 6 カ月間の勤務

②　正社員に転換後 6 カ月間勤務

③　正社員に転換後の 6 カ月分の賃金支払後 2 カ月以内に支給申請

　　残業代を月遅れで支給する場合、その支払いが終わってから 2 カ月以内となりますので注意が必要です。

④　管轄の労働局にて申請受理後特に不備がなければ 4 〜 10 カ月後に支給

　　不備のある場合都道府県の労働局によって差異はありますが、おおむね 6 カ月後位に書類についての照会が入ります。

　したがって、受給開始までにかかる期間は、契約社員を採用してから、最短で 1 年 8 カ月、最長で 2 年とみておいた方がいいでしょう。

実践事例編

資金調達事例

事例 1

フランチャイズチェーン（ＦＣ）本部からの緊急の相談。日本政策金融公庫から断られたＦＣ加盟店候補者が、信用金庫から600万円の創業融資支援に成功した事例

相談者概要および相談内容

［相談者概要］
- ●業種：学習塾
- ●事業内容：小学生、中学生向けの学習塾の経営
- ●自己資金：300万円
- ●希望資金調達額：700万円

［相談内容］
- ●日本政策金融公庫に創業融資を申し込んだが謝絶されてしまった。理由としては自己資金の少なさが指摘されたとのこと。
- ●しかしながら、それが本当の理由なのかよくわからない。同じような自己資金額でも創業融資を調達できた他の加盟店はいる。
- ●店舗なども仮押さえしているため、早急に創業融資を受けたい。

本事例のポイント

1．ＦＣ加盟だからといって、ＦＣ本部のモデル収支などをそのまま利用しないようにしてください。

2．ＦＣ加盟者（予定者）の中には、少なからず他力本願な方がいます。その点を十分に考慮しながら支援をするようにしましょう。

3．一般的に、中小ＦＣ本部には創業融資の経験豊富なスタッフがいないので、提携すると顧問先増加に繋がります。

解説、相談の経緯・問題点

　当初、ある学習塾フランチャイズチェーン（ＦＣ）本部の社長から「創業融資を受けることができなくなった加盟候補者が困っているので相談に乗ってほしい」とのことでした。しかしながら、実際に困っていたのは加盟候補者側というより"ＦＣ本部"のようでした。加盟候補者に対して「創業融資は簡単ですからお任せください」といって、早々に加盟金 300 万円を請求してすでに受領していたようです。加盟金の請求時期については、それぞれのＦＣ本部によって異なります。よって、このＦＣ本部が悪質だということではないと思われます。

　まずは、なぜ日本政策金融公庫から融資が断られたのかについて検討いたしました。加盟希望者（相談者）に詳細にヒアリングをしたところ、以下のような問題点が浮き彫りになってきました。

■問題点

1．用意した自己資金 300 万円は純粋な自己資金額ではなかった。

2．しかも、その自己資金はすでにＦＣ本部に支払ってしまっている。

3．事業計画書は、ＦＣ本部が作成したものをそのまま使っている。しかも、その内容は日本政策金融公庫が公表している記入例と似ている。

4．損益計画書は本部が公表しているモデル損益予測をそのまま転記しているだけであった。

5．相談者の日本政策金融公庫（金融機関）に対する姿勢や考え方にやや難があった。

6．ＦＣ本部には、創業融資について経験豊富なスタッフがいなかった。

　1．についてですが、相談者の預貯金からの純粋な自己資金は 200 万円であって、100 万円は友人からの借り入れによるものでした。これが決してすべての原因ではありませんが、謝絶の理由の 1 つなのかもしれません。

　次に２．についてですが、その自己資金はすでにＦＣ本部に支払ってしまっていることについて、本部の対応、そして支払ってしまう申請者に対して、ややマイナスイメージを抱いたかもしれません。これについては何とも言えませんが、その可能性はゼロではありません。「もし、創業融資の調達ができなかった場合は、どうするのか？」「そういうことも考慮して創業を考えているのか？」「また加盟する本部についても、そういうことに対してどう考えているのか？」などについて、疑問を持たれたかもしれません。

　３．についてですが、創業計画書を見せてもらったところ、内容がほぼ日本政策金融公庫の記入例と酷似していたのです。相談者に聞いたところ、本部から提案されたひな形をそのまま転記しただけだとのことでした。このＦＣ本部は加盟候補者に対して、日本政策金融公庫の記入例を基に雛形を作成して、「これ通り書けばよい」と指導をしたようです。

　４．についてですが、ＦＣ本部が説明会などで配布する「モデル収支」を、ほぼ同じような数字で損益計画を作成していました。モデル収支は、あくまでもサンプル、モデルであって、実際の開業する際には、立地や店舗規模などによって、その予測は異なります。日本政策金融公庫の担当者がそれに気がつかないわけがありません。

　５．についてですが、これは、ヒアリングをしていて感じたことです。相談者が日本政策金融公庫とＦＣ本部に対して文句のようなことを頻繁に言っていました。日本政策金融公庫の面談の様子なども詳細にヒアリングしたところ、いろいろと注文を付けたようです。「国の金融機関なのだから、国民に資金を貸すのは当たり前だ」というような考え方でした。さらに「ＦＣ本部はけしからん。融資は問題ないと言いながら、この状況だ。いったい何を考えているのだ！」と怒り心頭でした。

　相談者の気持ちは察しますが、さすがにこのような姿勢ですと、相手には見透かされてしまう可能性はあると思われます。ＦＣ本部に加盟して創業される方の中には、少数ながら“他力本願”な創業者がいます。すべてのＦＣ加盟者がそういうマインドではありませんが、少数ながらいることは事実で

す。

　最後に６．についてですが、ＦＣ本部の担当者曰く、「他の加盟店はこの資料で融資を受けることができている。なぜ、今回だけ駄目なのかよくわからない」とのことでした。しかしながら、これまでの実績を聞くと、３人ほどの支援しかしておりませんでした。スタートアップしたばかりのＦＣ本部だったのです。直営店舗が地元に５教室ほどあって、その成功モデルを元にフランチャイズ展開を開始したばかりでした。

　３名の候補者が融資を受けることができたと考えられる理由としては、その学習塾本部自身が日本政策金融公庫から融資を受けており、支店・担当者とも懇意にしていたようです。これまでの加盟候補者は同じ地元に近い立地にて開業したので、ＦＣ本部から懇意にしている日本政策金融公庫を紹介したようです。

　しかしながら、今回の相談者は遠く離れた都道府県での開業だったのです。そのＦＣ本部にとっては、はじめての県外の加盟者だったのです。よって、ＦＣ本部の紹介などではなく、相談者が直接、日本政策金融公庫に申し込みをしたのが、今回のケースでした。

　以上の理由によって、日本政策金融公庫に融資を断られたのではないか、と推論いたしましたが、実際のところはあくまで推測であって断定することはできません。

アドバイス内容、解決策

　このケースの場合、改めて日本政策金融公庫に申請をするのか、それとも地元自治体の創業融資制度を利用するのかのどちらかです。このケースでは後者をおすすめしました。その理由としては、ヒアリング等を通して感じたことですが、恐らく、相談者に対する日本政策金融公庫の印象はあまりよくないのではないか、と推測したからです。よって、地元自治体の創業融資をおすすめしました。

　しかしながら、「金融機関は資金を貸すのは当たり前だ」というような考

え方や姿勢については、改めるように提案しました。この相談者は、話をしているとどうも上から目線になる傾向が強かったので、それに関しても執拗に忠告しました。

　次に、自己資金については、もう少し準備するようにアドバイスをしましたが、純粋に用意できる資金は50万円ほどで、あとは親族から50万円を借りて何とか100万円を用意することができました。

　さらに、創業計画書や損益計画書は、本部資料をそのまま転記するのではなく、ＦＣ本部の担当者にも協力をお願いして、実際に押さえている店舗をベースに改めて作成し直してもらいました。

結果

　結果としては、地元自治体の創業融資に申請をして600万円の融資を受けることができました。なお、このケースに関しては、ＦＣ本部の社長から「加盟金をいったん返金する」との申し入れがありました。また「連帯保証人になってもよい」「資金を貸してもよい」という申し出もありましたが、筆者としては、「そこまでしなくてもよいのではないか」とご提案しました。もちろん、加盟候補者へのさまざまな支援については、ＦＣ本部の経営者が最終的には決定することですので、これ以上、筆者からは何も言いませんでした。

　たとえ加盟金をいったん返金したとしても、その通帳の流れを見て、金融機関や信用保証協会が不審に感じるかもしれません。「なぜ、返金されたのか？」と質問されたら、日本政策金融公庫の件について説明しなくてなりません。日本政策金融公庫から融資を断られたという事実はできれば知られたくありません。金融機関に対して、嘘をついてはいけませんが、あえて自ら余計な情報提供をする必要もありません。

　結局は、万が一、自治体の創業融資を受けることができなかった場合は、ＦＣ本部の社長が個人的に融資をすると決めていたようです。県外での初めても加盟者だったので、是が非でも加盟してもらって開業して欲しかったよ

うです。

　また、スタートアップしたばかりのＦＣ本部や中小ＦＣ本部などには、創業融資支援に十分な経験のあるスタッフがいないことが多いです。よって、ＦＣ本部と提携することにより創業融資支援の案件紹介を受けることができます。その後は顧問契約を結ぶことも可能です。顧問先を増やすための方策の１つとして、ＦＣ本部を提携することをおすすめいたします。

主な提出書類

● 日本政策金融公庫指定の創業計画書
● 日本政策金融公庫指定の借入申込書
● FC 本部の加盟店向け配布資料
● 事業計画書（生徒募集に関する計画など）
● 損益計画書（年度別、月別 3 カ年）
など

参照 Q&A

・第 2 章 - 1 - Q 1　　どのような融資ルートがあるのか？　P32
・第 2 章 - 1 - Q 2　　自己資金はどれくらい必要なのか？　P35
・第 2 章 - 2 - Q 7　　創業計画書作成のポイントとは？　P55
・第 2 章 - 4　　自治体の創業融資制度　P72 〜

事例 2

一度、日本政策金融公庫からの創業融資を断られてしまったが、税理士の積極的な関与によって 1,000 万円の調達に成功した事例

相談者概要および相談内容

［相談者概要］
- ●業種：娯楽、サービス業
- ●事業内容：俳優業、劇団の運営など
- ●自己資金：100 万円
- ●希望資金調達額：1,000 万円

［相談内容］
- ●日本政策金融公庫に融資を申し込んだが断られてしまった。
- ●現在、自己資金としては 100 万円しか用意することができないが、他からの出資を受けることができる。
- ●自身の活動費および新事務所を設立するのに、早急に 1,000 万円の融資がどうしても必要となる。

本事例のポイント

1．一般社会からの理解度が低い業界の方を支援する場合は、より丁寧な支援体制が必要になります。

2．同時に、金融機関に対しても丁寧な説明や資料作りなどが必要になるケースもあります。

3．こういうケースにおいて日本政策金融公庫に申請する場合は、認定支援機関が密接に支援することが可能な中小企業経営力強化資金を利用するのも一案です。

解説、相談の経緯・問題点

　この相談者は俳優業をしており、この度、仲間と一緒に新事務所を設立して自らが代表者となるため、日本政策金融公庫に 1,000 万円の創業融資を申請したところ断られてしまったそうです。紹介を受けて筆者のところに相談にきた事例です。

　これまでは芸能事務所に所属していましたが、独立することになり、すでに仕事なども決まっているようでした。敏腕マネージャーとの独立になり、仕事の獲得も順調のようでした。このような芸能関係者が日本政策金融公庫から融資を受けることは可能ですが、例えば " 飲食店 " の創業などと比較すると、圧倒的に少ないと思われます。

　この相談者のケースにおいては、なぜ断られてしまったのかというと、恐らく、以下の原因・理由だと思われます。

■主な原因・理由

1．日本政策金融公庫に提出した資料作成が非常に雑であった。

2．損益計画の根拠についても曖昧であった。

3．自己資金が少なかった。

4．貸し手側からすると、芸能関係ということで、「経営面」から総合的な判断をするのが困難であったのかもしれない。

5．相談者本人の「経営者」意識が薄い。

　1．については、事業計画書などを作成するような分野とは縁遠いため、日本政策金融公庫の記入例などを参考にして、見様見真似で作成したものの、空欄箇所も多く、手書きの乱筆乱文でした。筆者が見たイメージとしても、「これでは融資は難しいだろう」と思わざるを得ませんでした。

　2．についても同様です。相談者は、" 損益計画 " などとは縁遠い世界にいた方でしたので、筆者が数字の根拠などを聞いても、全く妥当な回答を何 1 つ得ることができませんでした。

3．についてですが、このような状況で、自己資金が100万円で1,000万円の申請となると、やはり融資を受けることは困難であると感じざるを得ませんでした。

4．についてですが、日本政策金融公庫としては、上記の件も含めて、この相談者は「経営」という視点が弱いと判断したのかもしれません。これについては俳優業という芸術の分野で生きてきた方ですから、致し方ないことかもしれませんが、それでもやはり芸能事務所の"代表者"となって活動するわけですから、事務所経営について強い意識を持っていないと、金融機関としては、「融資をする」という判断をするのはとても困難だといえるでしょう。

5．について、これは4．とも連動していますが、芸能事務所の代表者となって「経営者」という立場に立つわけですから、その点の自覚を持たなければ金融機関を説得することなどできません。

芸能関係者だからといって、日本政策金融公庫から融資を受けることはできない、ということではありません。説明した通り、俳優業などの方は、「経営」などとは縁遠い世界に生きてきた芸術家気質が強いのかもしれませんので、その点を考慮して申請手続きの支援をする必要があります。

アドバイス内容、解決策

この相談者に「経営とは何か？」について論したとしても、理解するのはなかなか難しいと思われます。また、創業融資を支援する側としても、そこまで踏み込んで「経営」について語るべき立場なのかどうかという点については、やや疑問を感じます。

本事例においては、後ろから支えてくれる専門家またはパートナーなどをつけることが最善策だと思われます。よって、「芸能関係の顧問先を持っている認定支援機関に登録している税理士」と顧問契約を結んでいただくことを提案しました。芸能関連に詳しく、支援実績のある税理士からの指導を受

けながら事務所運営をする、という形式をアピールすることにしました。

　次に、申請先についてですが、この相談者はすでに日本政策金融公庫から創業融資を断られています。しかしながら、専門の顧問税理士をつけて、事業計画書も改めて策定して申請することは可能であると判断して、改めて日本政策金融公庫に再挑戦することにしました。

　融資制度としては、Q＆A編第2章でも解説している中小企業経営力強化資金にて申請することにしました。

■〈図表〉中小企業経営力強化資金

貸付窓口	日本政策金融公庫・国民生活事業
対象者	次の1または2に該当する方 1．次のすべてに該当する方 ⑴　経営革新または異分野の中小企業と連携した新事業分野の開拓等により市場の創出・開拓（新規開業を行う場合を含む）を行おうとする方 ⑵　自ら事業計画の策定を行い、中小企業等経営強化法に定める認定経営革新等支援機関による指導および助言を受けている方 2．次のすべてに該当する方 ⑴　「中小企業の会計に関する基本要領」または「中小企業の会計に関する指針」を適用している方または適用する予定である方 ⑵　事業計画書を策定する方
資金使途	「ご利用いただける方」に該当する方が、事業計画の実施のために必要とする設備資金および運転資金
融資限度額	7,200万円（うち運転資金4,800万円）
返済期間	設備資金：20年以内〈うち据置期間2年以内〉 運転資金：7年以内〈うち据置期間2年以内〉

利率	基準利率 ただし、「ご利用いただける方」の1に該当する方であって、次のすべてに当てはまる方は［特別利率A］ ⑴ 「中小企業の会計に関する基本要領」または「中小企業の会計に関する指針」を適用している方または適用する予定である方 ⑵ 「当面6ヵ月程度の資金繰り予定表」および「部門別収支状況表」を含んだ事業計画書を策定している方 〈詳細〉https://www.jfc.go.jp/n/rate/index.html
担保・保証人	申請者の希望により応相談

〈出典〉日本政策金融公庫ホームページ「中小企業経営力強化資金」

　なお、中小企業経営力強化資金では、創業計画書ではなく、指定の事業計画書の提出が必要となります。

■〈図表〉中小企業経営力強化資金／事業計画書

出典：日本政策金融公庫ホームページ「各種書式ダウンロード」

　本制度は、「中小企業等経営強化法に定める認定経営革新等支援機関による指導および助言を受けている方」を対象としています。よって、認定支援機関に登録されている税理士に顧問に就任してもらったわけです。

　まずは、顧問税理士から事前に日本政策金融公庫に連絡を入れてもらって、事情説明をして改めて申請をする旨を伝えていただきました。資料作成については、筆者も全面的にアドバイスをしましたが、主に顧問税理士の意見を取り入れて、各種提出資料を作成しました。また、芸能事務所の代表者としての事務所運営方針や今後のビジネス展開などについても、別途資料としてまとめました。

　面談については、顧問税理士の同席の許可を得ましたので、必要に応じて、担当者からの質問に対して顧問税理士からも回答していただくなど、大きな問題もなく無事に終えることができました。

　なお、外部から実際に資金を入れてくれる方がいるようでしたので、早急にお願いをしていただきました。その旨についても日本政策金融公庫に伝えていただきました。

結果

　結果としては、日本政策金融公庫から、中小企業経営力強化資金にて1,000万円の融資を受けることができました。

　この事例のように顧問税理士の尽力により、改めて申請をして融資を受けることができたケースもあります。特にこの事例で活用した中小企業経営力強化資金は、「認定経営革新等支援機関による指導および助言を受けている方」を対象としていますので、認定支援機関に登録されている税理士にとっては利用しやすい制度であるのかもしれません。

> **主な提出書類**
>
> ●日本政策金融公庫指定の事業計画書
> ●日本政策金融公庫指定の借入申込書
> ●事務所案内
> ●事業計画書（今後の展開についてなど）
> ●損益計画書（年度別、月別 3 カ年）
> ●資金繰り計画表（12 カ月分）
> など

参照 Q&A

・第 2 章－ 1 － Q 2　自己資金はどれくらい必要なのか？　P35
・第 2 章－ 2 － Q 3　中小企業経営力強化資金とは？　P46
・第 2 章－ 2 － Q 6　どういう提出書類が必要なのか？　P53
・第 2 章－ 2 － Q 7　創業計画書作成のポイントとは？　P55

事例 **3**

過少な自己資金（100万円）、かつ、わかりにくい事業内容であるにも関わらず、1,200万円の創業融資支援に成功した事例

相談者概要および相談内容

［相談者概要］
- ●業種：飲食業
- ●事業内容：スペイン料理店
- ●自己資金：100万円
- ●希望資金調達額：1,200万円

［相談内容］
- ●創業融資の書籍で勉強したところ、自己資金が少ないので、創業融資の調達ができるかどうか不安になってしまった。
- ●自己資金が少ないが、何とか創業融資を調達してスペイン料理店（バル）を開業したい。
- ●日本政策金融公庫に創業融資を申請する際に注意する点などについて教えてほしい。

本事例のポイント

1．創業資金の総額を抑えるためには「居抜き店舗」などを利用するとコストを抑えることができます。
2．事業計画作成にわかりにくい業界用語など多用する場合は、「用語集」などを作成するようにしてください。
3．すべての金融機関の担当者があらゆる業界に精通しているわけではありませんので、丁寧な資料作り、説明を意識するようにしてください。

解説、相談の経緯・問題点

　この相談者の最大の問題は自己資金の少なさです。もう少し自己資金が用意できれば自力でも何とかなったと思われますが、やはり不安を感じているようです。その他、相談者にヒアリングをしていくと、いくつかの問題点が明らかになりました。

■問題点
1．自己資金が少ない。
2．店舗イメージを聞くと、恐らく 1,200 万円の調達では少ないのではないかと思われる。
3．自作の事業計画書を見たところ、何しろ料理やワインなどの専門用語が多くてわかりにくい。

　1．についてですが、本書でも何度か繰り返している通り、自己資金は最低でも創業資金総額の 10 分の 1、できれば 3 分の 1、さらに 2 分の 1 用意できれば理想です。一般的には、3 分の 1（約 3 割）は自己資金として資金を用意できればよいと思われます。この相談者の場合は、希望額が 1,200 万円で自己資金が 100 万円でした。さらに、この 100 万円も "かき集めて 100 万円" というイメージで、日本政策金融公庫からどう判断されるのかは微妙だと言わざるを得ません。

　2．についてですが、店舗イメージや図面などを見せてもらうと、1,200 万円の調達では足りないということが判明いたしました。要は運転資金の見積もりが考慮されていませんでした。当然のことですが、たとえ現金商売の飲食業であっても、創業当初は 3 カ月ほどの運転資金は用意しておきたいものです。

　3．についてですが、事業計画書に出てくる専門用語が難しすぎました。相談者はソムリエの資格を有しており、開業スタッフの料理人もスペイン料理店に長く務められていました。2 人で事業計画を作成されたようですが、

専門用語だらけで、金融機関には伝わらないかもしれません。

　創業者の方は、「金融機関の担当者はあらゆる業種に精通しているのだろう」という思い込みを抱いている方も少なくありません。実際のところ、金融機関の担当者全員があらゆる業種に精通しているわけではありません。担当者がたまたま飲食業に詳しく、洋酒やワインなどが趣味だとしたら、こういう専門用語についても理解してくれるのかもしれませんが、極端なことをいうと、洋食嫌いでお酒を飲まないような担当者だったらどうでしょうか。

　たとえ、どのようなタイプの担当者であっても、事業内容を分かりやすく伝えられなければ、融資を受けることが困難になってしまう可能性はあります。飲食店などの場合は、創業融資では多い分野なので、金融機関の担当者もある程度の知識や経験を重ねていると思われますが、ニッチ分野における専門領域などの創業の場合などは、恐らく理解するのが難しいという担当者が大半だと思われます。誰にでもわかりやすく理解できるような説明の仕方を準備する必要があります。

アドバイス内容、解決策

　自己資金については、少しでも多く用意できないかどうか提案いたしました。しかしながら、諸事情により創業せざるを得ない状況になり、創業に至ったので、自己資金の準備ができないとのことでした。それでも、開業スタッフの料理人の方が50万円を提供してくれました。

　このように自己資金を集めても意味がない、という見方もありますが、創業するのに創業者が必死になって支援を取り付けた資金に関しては、全く意味がないとは言い切れません。しっかりとその経緯についても金融機関に伝えるべきです。

　次に、1,200万円で足りるのかという点についてですが、居抜き店舗を探すことをおすすめしました。出店希望場所が都心部であり、やはりそれなりの店舗でゼロから開業しようとしたら、相当の資金が必要となります。相談者もこれには同意してくださって、早速、居抜き店舗を探すところから始め

てもらいました。数日後に、たまたま相談した不動産会社から居抜き店舗を紹介されて、実際に現地に足を運んで店舗を見たところ気に入ったようです。店舗面積は縮小となりましたが、スタートアップとしては最適な店舗だと判断したようです。また、前オーナーがワインバルを運営していたこともあり、まさにそのまま利用できる点にメリットを感じたようです。その居抜き店舗ですと、内外装費用を抑えることができ、1,200 万円の創業融資の調達で運転資金も十分に賄えるという見積りになりました。

　次に、事業計画書の専門用語についてですが、店舗コンセプトや考え方を伝えるのには、日本語に置き換えて表現するのは難しいとのことでしたので、別途、用語集を作成してもらいました。なお、文字だけによる説明ではなく、画像などを利用して誰が読んでもわかるように作成していただきました。

結果

　結果としては、日本政策金融公庫から、新創業融資制度にて 1,200 万円の融資を受けることができました。繰り返しになりますが、たとえ飲食業だとしても、一般的にわかりにくい専門用語などを使って事業計画を作成すると、その思いが伝わらないかもしれません。その点については十分に考慮して事業計画を作成するようにしてください。

　どうしても難しい用語を使わないと説明できない業種の場合などは、別途、用語集などを作成して金融機関に提出するようにしましょう。口頭で説明したとしても、担当者はその場では理解できるかもしれません。しかしながら、その後、稟議書などの資料の作成の際には苦労されることでしょう。よって、かみ砕いた説明書・用語集などは、金融機関の担当者にとってもありがたいものです。

主な提出書類

- ●日本政策金融公庫指定の創業計画書
- ●日本政策金融公庫指定の借入申込書
- ●用語集
- ●メニュー（案）
- ●損益計画書（年度別、月別 3 カ年）

など

参照 Q&A

- ・第 2 章－ 1 － Q 2　自己資金はどれくらい必要なのか？　P35
- ・第 2 章－ 2 － Q 2　新創業融資制度とは？　P44
- ・第 2 章― 2 － Q 6　どういう提出書類が必要なのか？　P53
- ・第 2 章－ 2 － Q 7　創業計画書作成のポイントとは？　P55

事例 **4**

日本政策金融公庫に創業融資を断られたが、再度チャレンジして 600 万円の創業融資支援に成功した事例

相談者概要および相談内容

［相談者概要］
●業種：飲食業
●事業内容：焼き鳥店
●自己資金：200 万円
●希望資金調達額：600 万円

［相談内容］
●焼き鳥店を開業するために日本政策金融公庫の創業融資を申し込んだが、断られてしまった。
●すでに店舗も仮押さえをしており、仕入れ先も決まっている。
●改めて日本政策金融公庫に申請することは可能なのか？ また、他の方法はあるのか？

本事例のポイント

1．口下手な創業者も少なくありません。そういう方の場合は、より丁寧な資料作りの支援が必要になります。
2．面談の時に何を聞かれても提出した資料にすべて書かれているというレベルにまで資料を作り上げれば、申請者も自信をもって面談に挑むことができます。
3．すでに創業融資が断られている場合でも、挽回可能だと判断できれば同じ窓口に再申請することも可能です。

解説、相談の経緯・問題点

　一度、申請をして断られてしまった場合は、何しろ詳細なヒアリングをして、その原因・理由を明確にすることが大切です。また、断られた金融機関に理由を聞くことも一案ですが、本当に正確な理由について教えてくれるかどうかは、何とも言い難いです。

　この相談者の場合は、飲食経験もあり、すでにアルバイトスタッフも決まっており、さらに、仕入れ先については、親戚が営んでいる精肉店からだということでした。このように準備は整っているように思えるのですが、いったいどういう理由で断られたのでしょうか。

　相談者に詳細なヒアリングをしたところ、以下のような問題点が明確になりました。

■問題点

1．仕入れ先の親戚の精肉店は、地鶏を専門にした有名店であり、通常では取引することは難しいということを説明していなかった。
2．さらに、親戚なので非常に安く仕入れることができるということを面談の時にアピールしていなかった。
3．創業計画書が空欄だらけで、これでは熱意が伝わらない。
4．損益計画も考えられないくらい高い売上・利益額であって、これでは説得力に欠けてしまう。席数と売上高の整合性が取れていない。
5．相談者が言葉足らずであり、強みについてしっかりとアピールできていない。

　1．についてですが、親戚の精肉店は地鶏などを専門に取り扱っており、地元では有名な精肉店だったようですが、その点について、さほどアピールしていなかったようです。単に親戚の精肉店から仕入れるということを伝えただけであったとのことです。

　次に2．についてですが、これについては、筆者がヒアリングして本人も

気がついたようでした。親戚からは特別な価格で納入するから、と言われていたそうですが、その点については、日本政策金融公庫には全く伝えていないようでした。

これらのようなことは、「面談時にアピールするのは当たり前だ」と思われるかもしれませんが、創業者にもさまざまな方がいて、料理人としては一流だったとして、その他のすべてのことに関して長けているわけではありません。よって、ヒアリングする際は、何度も「なぜ？」を繰り返して深く聞き入るようにして下さい。本人も気がついていなかったこと、また忘れていたことなどについて発見することができる場合が多々あります。

この相談者の場合は、仕入れコストが低く押さえられるとしたら、売上高総利益が相対的に高くなるのかもしれません。具体的にどれくらい安く仕入れることができるのかを確認する必要があります。

3．についてですが、創業計画書の内容がひどい状況でした。半分くらいが空欄で、字もまるで"殴り書き"です。相談者曰く、"わかる範囲でいい"と書いてあったからだ」と言います。確かに、創業計画書には「お手数ですが、可能な範囲でご記入いただき、借入申込書に添えてご提出ください」と記載されていますが、やはりしっかりと書いてアピールしなくてはいけません。

4．についてですが、損益計画の売上高を見て驚きました。店舗の席数が売上高と整合しません。つまり、カウンターだけの焼き鳥店で、この売上高を上げるのはあり得ないという数字だったのです。オープンして閉店まで常に満員状態で1日何回転もしなくてはいけない売上規模でした。しかも、それを相談者本人とアルバイト2人で回せるわけがありません。日本政策金融公庫の担当者も、店舗レイアウト図と損益計画を見れば、一目瞭然だったでしょう。

最後に5．についてですが、筆者が面談をしているときも、とても物静かで、はっきり言って"口下手、言葉足らず"だと感じました。店頭では問題ないようですが、店舗以外の人前では緊張してしまう傾向があるようです。

これではせっかくアピールできる点があっても金融機関には伝わりません。とてももったいないと感じました。

アドバイス内容、解決策

まずは、創業融資の申請先をどこにするかについてですが、日本政策金融公庫に再挑戦するか、自治体の創業融資制度に申請するかの2つしかありません。

本事例に関しては、日本政策金融公庫に改めて申請することをおすすめしました。理由としては、謝絶された理由が明確であって、事業計画などプランを見直すことによって挽回できる内容であると考えたからです。例えば、自己資金0円で1,000万円の融資が断られてしまったという場合は、自己資金を増やさない限り、いくら事業計画を見直しても同じ結果になると思われます。よって、このケースにおいては、日本政策金融公庫に改めて申請することをおすすめしました。

なお、この相談者は、すぐに緊張してしまって説明するのがとても苦手なようでしたので、必要以上にしっかりと資料を作成しました。金融機関からどのような質問をされてもすべて資料に書かれている、という状態にすれば本人も安心して面談に挑めます。話すことが苦手だからといって、そういう人が創業融資が受けにくくなるわけではありません。対応策としては資料をしっかりと作成して準備をすることが大切です。

損益計画についても、店舗の席数と回転率を考慮して、現実的な売上計画を立てました。さらに、親戚から具体的な仕入れ代金の見積りを出してもらって、一般的な仕入れ代金と比較して、それを売上原価率に反映させました。このように現実的な数値で損益計画を作成すると、標準に近いビジネスプランを作成することができます。それでも仕入れの競争力が高いので、同じような規模の焼き鳥店と比較すると自ずと粗利率が高くなります。さらに、親戚の地鶏専門の精肉店は品質に関しても絶対的な自信がありますので、同時にアピールすることができます。

結果

　結果としては、日本政策金融公庫から 600 万円の融資を受けることができました。この事例のように、断られてもその理由が明らかであって、さらにそれが挽回できる内容であれば、同じ金融機関窓口に申請しても対応してくれるケースはあります。

　よく「公的融資制度は、一度断れると 6 カ月間は申請できなくなる」と言われますが、確かにあながち間違いではありません。しかしながら、説得できると判断できた場合は、同じ窓口に申請してもよいケースもあります。しかしながら、これについてはあくまでも総合的に判断をして、決定するようにしてください。

> **主な提出書類**
>
> ●日本政策金融公庫指定の創業計画書
> ●日本政策金融公庫指定の借入申込書
> ●親戚の精肉店の案内資料
> ●損益計画書（年度別、月別 3 カ年）
> など

参照 Q&A

・第 2 章 - 1 - Q 1　どのような融資ルートがあるのか？　P32
・第 2 章 - 2 - Q 7　創業計画書作成のポイントとは？　P55

事例
5

信用金庫から融資を断られたが、改めて事業計画を練り直して協調融資で 1,200 万円の創業融資支援に成功した事例

相談者概要および相談内容

[相談者概要]

●業種：障害福祉事業

●事業内容：「障害者グループホーム」（共同生活援助）の運営

●自己資金：300 万円

●希望資金調達額：600 万円

[相談内容]

●地元の信用金庫に融資相談をしたところ、時期尚早との理由で断られてしまった。

●準備している自己資金は 300 万であり、600 万円の創業融資の調達を希望している。

●改めて事業計画を見直して、再度、創業融資の申請をしたいので、アドバイスをしてほしいとの相談。

本事例のポイント

1．すでに断られていて、その理由が明確でない場合は、徹底したヒアリングによって原因・理由を探る必要があります。

2．単なる融資支援だけではなく、事業内容の修正まで踏み込んでアドバイスをしなければならないケースもあります。

3．状況に応じて、日本政策金融公庫と民間金融機関の協調融資を利用することも検討してください。本事例は協調融資を利用することによって、希望の資金額を調達することができました。

解説、相談の経緯・問題点

　相談者にじっくりと時間をかけて詳細なヒアリングをしてみたところ、そもそもビジネスモデルが曖昧であり、これでは金融機関を説得することができないと容易に察することができました。さらに、相談者の福祉関連事業の経験が浅いため、これでは金融機関としては融資をするのは困難であると判断されたのではないか、と想像いたしました。

　さらに相談者にヒアリングしたところ、以下のような問題点が明らかになりました。

■主な問題点
1．ビジネスモデルが曖昧な部分が多かった。
2．相談者の福祉関連事業の経験が浅かった。
3．そもそも 600 万円の資金調達額では足りなかった。

　1．についてですが、何しろ「福祉に貢献したい」「福祉事業をやりたい」という熱い気持ちが前面に出ており、具体的なことは、「障害者グループホーム」（共同生活援助）で起業したい」ということばかりが前面に出ており、詳細については曖昧でした。また、入居者を獲得するための販売促進策についても具体性がありませんでした。

　2．についてですが、福祉事業の経験はゼロではありませんでしたが、数年ほどの短い経験しかなく、正直言いましてこれでは金融機関から「経験不足ではないか…」と思われてしまったものと思われます。

　3．についてですが、改めて必要資金を精査したところ、600 万円では全く足りず、およそ 1,200 万円の融資を受ける必要があるということが判明しました。

アドバイス内容、解決策

ビジネスモデルについては、障害者グループホーム（共同生活援助）事業の経験者からの話を聞くなど、現実を理解してもらうところからアドバイスをしました。そして、俯瞰図などを作成して、自身が行いたいビジネスモデル、事業内容などを金融機関にもわかりやすく説明できるように準備をしました。創業希望者の中には、起業すること自体が目的となってしまっている方も少なくありません。よって、この点については、ビジネスモデルを具現化する支援も必要になります。

次に、「経験」については、こればかりはどうしようもないので、福祉関連事業に経験豊富なスタッフを登用することで補うことにしました。実際に、10年以上の豊富な経験を持つ方をオープニングスタッフとして雇用することができました。創業融資の審査においては、「経験」が非常に重視されます。しかしながら、経験不足で起業される場合は、経験豊富なパートナーや支援者をつけることによって補うなどの対応策を講じるしかありません。

次に、販促策などについては、「障害者グループホーム」（共同生活援助）の専門家の協力を得ることにしました。そうすることによって、具体的な販促方法などについて知ることができ、事業計画に反映させることできました。

創業希望者の中には、「どうやってお客様を獲得するか？」という意識がやや弱い方もいます。やはり当然のことなのですが、自分自身が考えている販売促進方法について、しっかりとまとめておく必要があります。

次に、資金調達希望額については、専門家を交えて事業計画を精査したところ、物件取得費や建築基準法および消防法により工事費が当初予測より必要になることが判明しました。その結果、改めて見積額を算定したところ、およそ1,500万円（自己資金300万円、創業融資1,200万円）の創業資金が必要となることが判明しました。

創業融資希望額1,200万円に対して自己資金300万円はやや少ないと思

われます。自己資金はできれば 3 分の 1 は用意したいです。それでも日本政策金融公庫の新創業融資制度の 10 分の 1 基準はクリアしていますが、自己資金が 3 分の 1 を下回るような場合は、できる限り詳細な事業プランを策定して、金融機関を説得しなければなりません。

また、1,200 万円という創業融資希望額は、日本政策金融公庫や民間金融機関 1 行だけでも対応できない額ではありませんが、日本政策金融公庫に相談したところ、諸事情により時間がかかるとのことでした。「それでは、協調融資で対応していただくことはできませんか？」と相談したところ、その方向性で対応してくれることになりました。

そして、いくつかの金融機関に相談したところ、当初、積極的な姿勢で対応してくれるところがなかなか見つかりませんでしたが、ようやくある信用金庫から「前向きに検討する」という返事をもらうことができました。

そして、日本政策金融公庫に「○○信用金庫が積極的に対応してくれる」という内容を伝えたところ、日本政策金融公庫の担当者から信用金庫の担当者に連絡をしていただき、その後は、スムーズに協調融資スキームが進捗しました。このケースでは、すでに日本政策金融公庫に提出した書類（創業計画書等）と同じものを信用金庫にも提出して同じ書類で審査をしていただきました。

結果

結果としては、日本政策金融公庫から融資を受けることができ、その後、信用金庫からも融資を受けることができました。日本政策金融公庫と信用金庫それぞれから 600 万円ずつ、合計 1,200 万円の創業融資を受けることに成功し、無事、開業することができました。

この事例においては、協調融資という手法を活用して資金調達をしましたが、1 行では希望額に対応できない場合やその他諸事情によって 1 行での支援が困難である場合は、協調融資という方法も一案です。

創業時の協調融資については、日本政策金融公庫と民間金融機関（銀行、

信用金庫、信用組合など）の２行によって実施されます。日本政策金融公庫
から相談をして、民間金融機関などを紹介してもらうケースやまたその逆の
パターンもあります。また、創業者が事前準備として日本政策金融公庫と民
間金融機関の両行に相談をして進捗させるパターンもあります。本事例は、
相談者から両行に協調融資の提案をして、日本政策金融公庫から信用金庫に
連絡を取ってもらい、協調融資を実現させることができたケースになりま
す。

> ### 主な提出書類
>
> ●日本政策金融公庫指定の創業計画書
> ●日本政策金融公庫指定の借入申込書
> ●俯瞰図（ビジネスモデル図）
> ●販売促進計画書
> ●損益計画書（年度別、月別３カ年）
> ●資金繰り計画書（12カ月分）
> ●パートナーの職務履歴書
> など

参照 Q&A

・第２章－１－Ｑ２　自己資金はどれくらい必要なのか？　P35
・第２章－２－Ｑ８　日本政策金融公庫と民間金融機関の協調融資は創業の
　　　　　　　　　時に使えるのか？　P59

事例 6 ビジネスモデルを大きく変更し、地元の自治体、信用組合などからの支援を取り付けて創業融資支援に成功した事例

相談者概要および相談内容

［相談者概要］

- ●業種：飲食業
- ●事業内容：創作料理店の運営およびリラクゼーションスペースの提供
- ●自己資金：500万円
- ●希望資金調達額：7,000万円

［相談内容］

- ●ある地方の山村に創作料理中心のペンション経営にて開業する予定。日本政策金融公庫、および地元信用金庫に相談をしたものの、あまり反応がよくない。
- ●時間だけが経過してしまっているので、専門家に相談をしたが、希望額7,000万円は難しいと言われてしまうだけで進捗がない。
- ●このままでは埒が明かないので、何かしら打開策はないだろうか？ 何か方法があれば教えてほしい。

本事例のポイント

1. 日本政策金融公庫の新規開業資金の融資限度額は「7,200万円」となっていますが、実際にはそこまでの高額融資を受けることは非常に困難です。
2. 居住地から遠方の地で創業される場合は、開業地の地元金融機関などから支援を受けることも検討しましょう。

3．ケースによっては、ビジネスモデル転換の提案などをしなくてはいけない場合もあります。

解説、相談の経緯・問題点

　この相談者は、ご夫婦で相談にいらっしゃいました。ご夫婦での飲食店に関するキャリアは十分でしたが、開業希望業種は、いわゆるペンション経営でした。未経験である分野であるということと、莫大な資金が必要であるという点が大きなネックとなって、金融機関との話が思うように進捗しないようでした。

　この相談者の大きな問題の1つは、その融資希望額でした。7,000万円は創業資金としては高額です。相談者は、日本政策金融公庫の新規開業資金を利用するつもりだったようです。

■〈図表〉新規開業資金

貸付窓口	日本政策金融公庫・国民生活事業
対象者	「雇用の創出を伴う事業を始める方」、「現在お勤めの企業と同じ業種の事業を始める方」、「産業競争力強化法に定める認定特定創業支援等事業を受けて事業を始める方」または「民間金融機関と公庫による協調融資を受けて事業を始める方」等の一定の要件に該当する方（注2）。 　なお、本資金の貸付金残高が1,000万円以内（今回のご融資分も含みます。）の方については、本要件を満たすものとします。
資金使途	新たに事業を始めるため、または事業開始後に必要とする設備資金および運転資金
融資限度額	7,200万円（うち運転資金4,800万円）
返済期間	設備資金：20年以内〈うち据置期間2年以内〉 運転資金：7年以内〈うち据置期間2年以内〉
利率	基準利率 　ただし、以下の要件に該当する方が必要とする資金は特別利率。融資後に利益率や雇用に関する一定の目標を達成した場合に利率を0.2％引下げる「創業後目標達成型金利」もある。

| 担保・保証人 | 申請者の希望により応相談 |

〈出典〉日本政策金融公庫ホームページ「国民生活事業　新規開業資金」

　確かに 7,200 万円が融資限度額となっていますが、現実的には、7,200 万円を創業融資で調達するのは困難です。日本政策金融公庫の平均残高は 700 万円前後となっています。

　さらに、相談者に詳細なヒアリングをすると、以下のようないくつかの問題・課題が明らかになりました。

■問題点

1．500 万円という自己資金額は決して少なくはないが、希望調達額からするとやはり少額であるといわざるを得ない。
2．飲食業のキャリアは十分であっても宿泊施設の経験がない。
3．開業場所は現在の居住地の近隣などではなく、飛行機でしか行けないような遠く離れた他県の山村エリアである。
4．よって、現在居住している地元の金融機関に相談をしてもなかなか動いてくれない。
5．金融機関に対して、「なぜ、飲食業ではなく、ペンション（宿泊施設）なのか？」についての明確な説明がされていなかった。

　1．についてですが、自己資金は、理想としては創業資金総額の 2 分の 1 は用意したいものです。できれば 3 分の 1、最低でも 10 分の 1 です。500 万円という自己資金額は決して少なくありません。しかしながら、7,000 万円の調達を希望するには、少ないと言わざるを得ないでしょう。

　2．についてですが、これまでに夫婦揃って飲食店のキャリアは十分でした。ご主人に関しては、相当の創作料理の修行をされているようで、腕には自信があるようです。しかしながら、宿泊施設の経験は、2 人とも、ほぼ皆無でした。当然、このペンションの特徴はご主人の創作料理ということです

が、それでも宿泊業の経験がないというのは、やはりデメリットだと思われます。

　３．および４．についてですが、開業場所を聞いたら驚きました。飛行機でしか行けないような遠方の、しかも山村エリアです。さらに、そのエリアにはペンションなどはほとんどありません。そのようなエリアで7,000万円の資金調達をしてペンション経営をしようとしているのですから、金融機関としても足踏み状態となるのは致し方のないことなのかもしれません。

　最後に５．についてですが、「なぜ、飲食業ではなく、ペンション（宿泊施設）なのか？」という点について、しっかりと金融機関への説明ができていないようでした。というより、そこまでの話にならなかったのかもしれません。貸し手側としても、普通に地元で飲食店を出店するということでしたら、問題なく融資できた案件だと思われます。これまで経験のない分野に踏み込もうとしているのですから、貸し手側としては慎重にならざるを得ません。

アドバイス内容、解決策

　結果から申し上げますと、この相談者には、飲食店で開業することをおすすめしました。500万円の自己資金、さらに未経験の分野での開業、そして希望調達額が7,000万円となると、現実問題としてやはり困難であるとしか、言いようがありません。しかしながら、このご夫婦の真剣さや飲食業のキャリアなどを考えれば、何とか支援をして差し上げたいと思いました。

　なぜペンションなのかという点については、実は、相談者は開業しようとしている山村にはよく旅行に行くそうです。とても空気がきれいで、景色も絶景であり、知る人ぞ知る、観光スポットだそうです。また、そのエリアには、少なからず飲食店はあり、常に満席状態だそうです。しかしながら、宿泊施設がほとんどなく、旅行者も山村から降りて街に戻っていくそうです。そこで、この相談者は「美味しいお料理を召し上がっていただきながら、ゆっくりと宿泊をしてもらいたい」という思いからペンション経営をしよう

と決心したとのことです。

　この"思い"については、文章にすると簡潔になってしまいますが、ヒアリングをしていて、筆者が「難しいけど、何とか支援してあげたい」と思ってしまうほど伝わってきました。しかしながら、専門家としては現実的なアドバイスをする必要もあります。要は、この相談者のコンセプトは、「ゆっくり食事をしていただきながら、きれいな景色を見ながら、きれいな空気を吸って、日頃のストレスを忘れて、十分にリラックスをしてほしい」という環境を提供することだと感じました。そこで、そういうコンセプトの飲食店を実現することはできないのかという提案をいたしました。

　その結果、右往左往ありましたが、最終的にはビジネスモデルを変えることを決心されました。しかしながら、宿泊施設もやりたいという思いも強かったために、飲食店スペースの横に、いずれ宿泊施設に変更できるようなリラクゼーション施設を併設することにいたしました。開業時はまずは飲食店としてスタートして、いずれ宿泊施設も運営するというビジネスモデルです。

　次に金融機関についてですが、その前に事業計画を持って地元自治体に相談することをおすすめしました。地元の食材を豊富に使った創作料理店＋リラクゼーション施設の運営という事業内容で地元自治体に相談をしたところ、とても喜んでくれて「自治体としても全力で支援をする」と言ってくれたそうです。その流れで自治体が地元の信用金庫にすぐに繋いでくれて、話がトントン拍子に進捗しました。

結果

　その後、自治体から物件の案内などの提案や、地元工事業者などの紹介もあったので、必要資金は1500万円＋自己資金500万円の2,000万円という創業資金総額に落ち着きました。なお、この資金調達に関しては、地元の信用組合が融資をしてくれました。いずれ宿泊施設を併設する、というビジ

ネスモデルは、自治体や信用組合からも高評価を得ることができたようです。

　この事例のように、ビジネスモデルの変更などの提案をすることもありますが、専門家としてできる限り相談者の想いや希望に沿っていけるような提案をしなければなりません。単に「ペンションはやめて飲食店にしてはどうか？」というような提案は専門家でなくてもできます。とても悩ましい提案ではありますが、相談者と一緒に悩み、今後の展開を一緒になって考えていくことがとても大切だと思われます。

主な提出書類

●金融機関指定の各種書類

●事業計画書

　（※創業案件ですが、相当詳細な事業計画書を作成しました。）

●損益計画書（年度別５年、月別３年）

●資金繰り計画書（12 カ月分）

など

参照 Q&A

・第２章－１－Q１　どのような融資ルートがあるのか？　P32

・第２章－１－Q２　自己資金はどれくらい必要なのか？　P35

事例 7

創業融資を受けてから間もなく、さらに追加融資を申請したが断られてしまった。しかしながら、補助金・助成金に採択されたことにより、"つなぎ融資"獲得に成功した事例

相談者概要および相談内容

［相談者概要］
●業種：健康関連事業
●事業内容：健康経営支援事業（従業員の健康改善指導）

［相談内容］
●すでに創業融資を受けているが、さらに事業を拡大するために追加融資 300 万円を検討している。
●創業したばかりで事業年数が短いため、申請できる補助金があれば教えてほしい。
●さらに追加融資を申請するための事業計画作成等のアドバイスをしてほしい。

本事例のポイント

・創業融資を受けてからあまり期間が経過していない追加融資は、非常にハードルが高くなります。
・自治体が実施している創業系の助成金が呼び水となって、金融機関からつなぎ融資を受けることができました。
・創業時に利用できる補助金・助成金は少ないのですが、自治体などが実施している創業系の補助・助成制度について調べてみてください。

解説、課題・問題点

　相談者は、長年、病院の事務局長という業務に携わっていました。健康管

理に関する事業を行う法人を設立して、すでに信用金庫から創業融資を受けていました。今後、事務所の移転や人員を増員して、さらなる事業の拡大を図るために追加融資を受けたいということでしたが、信用金庫へ相談したところ、「創業融資を実行したばかりなので、現時点では難しい」と言われてしまったようです。

　ヒアリングをしてみると、「創業融資を受けてからまだ1年弱である」ということ、「第1期の決算が売上計上となってから間もない」ということから、追加融資は難しいという判断をされたのではないかと考えられました。確かに、創業融資の返済がまだ開始されていない据置期間の時点での追加融資は厳しいと考えざるを得ません。

　しかしながら、さらにヒアリングを続けますと、すでに何件もの顧問契約の申込があり、それを受注するためにも人員増加が必要となり、そのためにも現在より広い事務所へ移る必要があるということが判明しました。

アドバイス内容、解決策

　相談者に対して、創業融資を受けて1年弱とまだ据置期間も経過していないことから、原則として、追加融資は相当ハードルが高いと説明しました。相談者は、東京都中央区の中小企業制度融資における創業者を対象とした東京信用保証協会の保証付き制度融資（創業融資）を利用していました。

　また、相談者は東京都中央区の創業支援事業計画における特定創業支援事業である「起業家塾」を受講していましたので、東京都の「創業助成事業」を活用してはどうかと提案しました。東京都の創業助成金は、"助成金"ですので、返済不要の資金です。事務所の家賃や人件費も助成経費対象となり、創業時に活用できたらとてもありがたい制度ではありますが、その申請要件はかなり厳しいといえるでしょう。

　さらに、助成金に採択されれば、つなぎ資金として追加融資を申し込み、資金調達できる可能性は全くないわけではない、という提案をいたしました。助成金も受給することができ、さらに"つなぎ"として追加融資を受け

ることができれば一石二鳥です。

■〈図表〉東京都創業助成事業の申請要件

	内容
申請要件 1	下記いずれかに当てはまる方 ○都内で創業予定の個人の方 ○都内で事業を行う、事業を始めてから 5 年未満の個人事業主の方・法人代表者の方
申請要件 2	指定された 18 の創業支援事業のいずれかを利用し、所定の要件を満たしている方（※〈図表〉創業支援事業の早見一覧表を参照のこと）
申請要件 3	申請を行う事業等が下記を満たしている方 ○所定の年数以上事業活動を実施できること。 ○助成対象期間内に事業を実施できること。 など
申請要件 4	下記を満たしている方 ○納税地が都内であること。 ○所定の要件に該当する助成金・補助金の重複助成・補助を受けないこと。 など

■〈図表〉創業支援事業の早見一覧表

	申請要件	実施・運営機関
①	事業計画書策定支援を終了した方 （過去 3 カ年の期間内）	○東京都中小企業振興公社（以下、公社）創業支援課 （TOKYO 創業ステーション）
②	「多摩ものづくり創業プログラム」を受講後の事業計画書策定支援を終了した方（過去 3 カ年の期間内）	○公社多摩支社
③	事業可能性評価事業で「事業の可能性あり」と評価され、継続的支援を受けている方（当年度または前年度以前の過去 3 カ年度）	○公社経営戦略課

④		商店街開業プログラム（商店街起業促進サポート）の受講を修了した方 （当年度または前年度以前の過去3カ年度）	○公社経営戦略課
⑤	都内創業支援施設に入居	・入居している方 ・入居していた方	○東京都 ○公社
⑥		・認定後6カ月以上継続して入居し、インキュベーションマネージャーからの個別具体的な支援を受けている方 ・以前、認定後6カ月以上継続して入居し、インキュベーションマネージャーからの個別具体的な支援を受けていた方	○東京都インキュベーション施設運営計画認定事業において認定を受けた施設
⑦		・1年以上の賃貸借契約を結び、入居している方 ・過去3カ年の期間内に、1年以上の賃貸借契約を結び、入居していた方	○中小企業基盤整備機構 ○都内区市町村 ○地方銀行、信用金庫、信用組合 ○国公立大学、私立大学
⑧		アクセラレーションプログラム ・受講している方 ・受講していた方	○青山スタートアップアクセラレーションセンター
⑨		創薬・医療系ベンチャー育成支援プログラムの選抜プログラムを受講修了した方（過去3カ年度）	○東京都
⑩		TOKYO STARTUP GATEWAY のセミファイナリストまで進んだ方（前年度以前の過去3カ年度）	○東京都
⑪		東京都女性ベンチャー成長促進事業（APT Women）の国内プログラム ・受講している方 ・受講していた方	○東京都
⑫		東京都が実施する「女性・若者・シニア創業サポート事業」の融資を利用し、証明を受けた方	○取扱金融機関 （信用金庫・信用組合）

⑬	信用保証協会の保証を受けた中小企業制度融資	東京都中小企業制度融資（創業）を利用した方	○取扱金融機関
⑭		都内区市町村が実施する中小企業制度融資（創業者を対象としたもの）を利用した方	○取扱金融機関
⑮	東京都出資のベンチャー企業向けファンドから出資を受けた方		○東京都
⑯	資本性劣後ローン（創業）を利用した方		○政策金融機関
⑰	認定特定創業支援等事業による支援を利用した方（過去3カ年の期間内）		○都内区市町村
⑱	認定特定創業支援等事業に準ずる支援を利用した方（過去3カ年の期間内）		○東京商工会議所 ○東京信用保証協会 ○東京都商工会連合会 ○中小企業大学校 BusiNest

〈出典〉令和2年度（2020年度）第2回創業助成事業「募集要項」

　相談者は、起業塾に参加された経験もあることから、自社の強みなどについて、ある程度把握されていました。しかしながら、補助金・助成金は融資とは異なり、事業の実現性のみでは採択されません。

　東京都の創業助成事業では「東京都における創業のモデルケースの発掘や事例の発信等により、創業に挑戦する機運を醸成していくこと」を目的としていますので、「創業のモデルケースになり得ること」、そして「地域経済への波及や課題解決・社会貢献等を示す」等の必要があります。

　そこで、まずは、俯瞰図などを作成してビジネスモデルを明確にし、自社事業がどのような課題解決・社会貢献ができるのかをわかりやすく説明することに注力しました。

　また、本助成制度は申請者の面接がありますので、面接審査員に対して申請事業内容について、わかりやすく丁寧に、かつ短時間で説明できるような申請書類の作成支援を心掛けました。

結果

　結果として、東京都創業助成事業に採択されました。助成額は満額の300万円です。しかしながら、一般的に、補助金・助成金は、採択後すぐに支給されるわけではなく、その事業が完了し、実績報告をした後に、支給の申請をして指定口座に入金されます。そこで、信用金庫に対して"つなぎ融資"の相談をしました。信用金庫に、「採択通知書」と「交付決定通知書」を提出し、創業助成事業の内容と必要資金について創業助成金申請書にて説明し、「つなぎ融資」として申し込みたい旨を伝え、審査してもらうこととなりました。その後、信用金庫からは「つなぎ融資として融資します」との連絡があり、無事融資を受けることができました。

　本事例は、創業融資を受けてから期間を置かずに資金調達が必要になってしまったケースですが、売上高は創業融資申請の際に策定した事業計画通りでした。しかしながら、人員計画や必要経費の見積り等については甘かったといえます。よって、さらなる資金調達が必要になってしまった典型的な事例だといえるでしょう。

> ### 主な提出書類
>
> ●東京都創業助成事業の申請書類
> ●信用金庫指定の申請書類
> ●俯瞰図
> ●損益計画書（年度別、月別３カ年）
> ●資金繰り計画書（12カ月分）
> など

参照Q&A

・第２章－５　補助金・助成金　P92〜

事例
8

新型コロナウイルス感染症拡大の中、創業融資獲得に成功した飲食業の事例

相談者概要および相談内容

［相談者概要］
- ●業種：飲食店
- ●事業内容：洋食店の経営およびテイクアウト、デリバリーサービス
- ●自己資金：200万円
- ●希望資金調達額：600万円

［相談内容］
- ● 2019年12月に勤めていた洋食店を退職して、2020年春頃に洋食店で開業する予定だったが、新型コロナウイルス感染症の拡大で開業するべきかどうか悩んでいる。
- ●このような時期に飲食店開業をして、融資を受けることができるのかどうか不安である。
- ●創業融資を申請する際に留意するべきことがあれば教えてほしい。

本事例のポイント

1．原則として、国・政府は、どのような経済・景気状況であろうと、創業支援には力を入れています。
2．新型コロナウイルス感染症拡大の影響などによる経済、景気が不安定な時期での創業融資申請については、いくつか複数の事業プランを策定する必要があります。
3．原則として、"タンス預金"は自己資金として認められません。よってタンス預金がある場合には、融資申請する相当前の時期から銀行口座な

どでの管理をすることが重要になります。

解説、相談の経緯・問題点

　第1章でも説明しているように、国・政府は創業支援に力を入れています。繰り返しになりますが、融資においては、日本政策金融公庫によりますと、国民生活事業の2018（平成30）年度の創業融資実績（創業前および創業後1年以内）は27,979先（前年度比99.5％）、1,857億円（同97.1％）となりました。

　また、リーマンショック（2008年9月〜）後の2009（平成21）年度においては前年の20,141企業からやや減少したものの18,478企業でした。また、2011（平成23）年3月の東日本大震災後の2012（平成24）年度においては19,469企業でしたので、融資実績は大きく増加しています。

　このように国・政府は、どのような状況においても創業支援に力をいれていますが、2020年の冒頭から急速に拡大した新型コロナウイルス感染症においては、既存事業者への支援に注力するために、2020年の春夏くらいまでは創業支援に手が回っていない実感がありました。

　しかしながら、日本政策金融公庫が創業融資支援を全くしていなかったのかといいますと、決してそんなことはありません。確かに、日本政策金融公庫は多くの人員を新型コロナウィルス感染症特別融資の対応に充てていたものの、創業融資も実行しています。

　新型コロナウイルス感染症に限らず、今後、このような不測の事態が発生した際において、創業融資を申請する際には、留意するべき点があります。本件の相談者に対して、「本当にこの時期に創業するのか？」ということについて何度も聞き直しました。新型コロナウイルス感染症拡大の状況（以下「コロナ禍」という。）における創業は、相当の覚悟が必要だと思えたからです。それは貸し手側である日本政策金融公庫なども同じ思いでしょう。相談者としては、「2020年春に開業する予定で2021年12月末に退職しまし

た。自分の中では今がタイミングです。コロナ禍のため、改めて飲食店に就職することなどできません。よって事業を始めないと生活することすらできなくなります。覚悟をもって開業します」とのことでした。

しかしながら、相談者から詳細なヒアリングをしますと、以下のようないくつかの問題を抱えていました。

■主な問題点

1．準備している自己資金200万円については、純粋な自己資金ではなかった。
2．希望している店舗が広いので、相当の資金調達額が必要となる。
3．コロナ禍が続いた場合はどうするのかという事業プランについては全く考えていない。

　1．についてですが、100万円は親族からの借入でした。残りの100万円については、いわゆる「タンス預金」とのことです。相談者に「本当にこれはタンス預金ですか？　見せ金ではありませんか？　誰から一瞬だけ借りてきたのでは？」と繰り返し聞きましたが、どうやら本当にタンス預金のようでした。金融機関のタンス預金の見方については、一般的には、とても厳しいです。何とでも主張できるからです。

　もし、本当にタンス預金である場合は、せめて創業融資を申請する6カ月くらい前には預金口座に振り込んでおくべきでしょう。原則として、タンス預金がある場合は、創業融資を申請する相当前の時期から銀行口座などで管理することが最善の策です。しかし、それでも"見せ金"と疑われてしまうかもしれません。どのように説明しても、疑われる時は疑われてしまいます。

　2．についてですが、ヒアリングをしていると、希望している店舗が広いような気がしました。新型コロナウイルス感染症によって、多くの飲食店が

大きな影響を受けています。このような状況下では、もう少しコンパクトに経営できる広さからスタートアップした方がコスト的には押さえられるのではないかと提案しました。相談者も実はその点について悩んでいたようです。さらに、自己資金200万円、借入金600万円で開業できるかどうか、あらためて正確な見積りが必要だと感じました。

　3．についてですが、やはりコロナ禍における創業ですから、今後も新型コロナウイルス感染症が終息せずに、長期にわたるコロナ禍が続くとしたら、その対策はどうするのかという点についても、貸し手なら気になるところですが、相談者の考えはまとまっていませんでした。

アドバイス内容、解決策

　自己資金については、親族からの借入金は事実のようです。ひとまず、借用書を結んでおくように提案をしました。問題は100万円のタンス預金です。これが本当にタンス預金であるということを証明しなければなりません。今回の事例では、「家計収支表」という資料を作成いたしました。つまり、毎月の家計の収支表を作成して、「毎月、手元に残る現金額をタンス預金すれば100万円にはなる」ということを収支表にて証明するのです。それでも疑う担当者は疑うでしょう。しかしながら、やってみないとわかりません。この家計収支表をもって、面談の際に担当者に丁寧に説明をして、第三者から見せ金として一瞬だけ借りた資金ではなく、間違いなく「タンス預金」であることを強く訴えました。

　「家計収支表」は、よくファイナンシャルプランナーが作成支援されている資料の1つです。税理士の中にはファイナンシャルプランナーの有資格者もいるでしょうから、そういう方からすれば問題なく作成支援することはできると思われます。家計の「資金繰り表」のようなものです。

　次に店舗についてですが、開業に必要な資金が800万円で足りるのかどうかについて検討しました。結果としては、相当、無理のある見積りでした。これを機に、改めて店舗を探したところ、カウンター中心の手頃なレイ

アウトで、さらに居抜き店舗が見つかり、出店場所を変更することにしました。新たな候補の店舗面積であれば、スタート時点では1人でも対応できるとのことでした。

そして、コロナ禍への対応ですが、開業時からテイクアウトとデリバリーを同時に開始することにしました。テイクアウトとデリバリーの売上高だけで固定費が回収できるような損益計画を何度もシミュレーションしました。

この事例では、損益計画は3パターン作成いたしました。「ワクチンなどの開発により、新型コロナウイルス感染症が早期に収束して、通常通りの営業ができた場合」、「コロナ禍が収束せずに現状のような経済状況が継続した場合」、「新型コロナウイルス感染症がさらに拡大した場合」の3つです。

この時点において、今後、新型コロナウイルス感染症がどうなるのかについては誰もわかりません。よって、あくまでも想像して数値を積み上げました。計画の信頼性は決して高くないかもしれませんが、それでも創業するためにさまざまなリスクを想定して損益を検討したという姿勢を見せるためです。創業者（経営者）としての姿勢を日本政策金融公庫に示すためにも、3パターンを作成しました。

結果

結果としては、申し込みから90日くらいで融資が実行されました。日本政策金融公庫も、コロナ禍においてそれなりに迅速に対応してくれたと感じました。この事例に限らず、2020年の春夏頃の創業融資の申請は相当後回しにされた感がありますが、これは仕方がないことだと思われます。エリアにもよりますが、この時期の創業融資については、「いつ融資の実行ができるかわからない」といわれた創業予定者も多いようです。この事例は、首都圏ではなかったこともあり、90日ほどで実行されましたが、今後も同様な不測の事態においては、通常のペースで融資が実行されるのは難しいケースもあることでしょう。

今後、新型コロナウイルス感染症のようなパンデミックが発生する可能性

はゼロではありません。このようなときの創業融資支援については、リスクを考慮して、いくつかの事業プランを作成する必要があると思われます。よって、通常時期の創業融資支援より、税理士などの支援者側の負担は大きいので、その点を十分に考慮してください。

主な提出書類

●日本政策金融公庫指定の創業計画書

●日本政策金融公庫指定の借入申込書

●事業計画書　※3パターン

●損益計画書（年度別、月別3カ年）　※3パターン

●資金繰り計画書（12カ月分）

など

参照Q&A

・第1章－1－Q3　なぜ「創業支援」は市場や経済に影響を受けない超優良マーケットといえるのか？　P20

・第2章－1－Q2　自己資金はどれくらい必要なのか？　P35

・第2章－7－Q5　"コロナ禍"における創業融資支援の注意点とは？　P118

事例9

開業準備中に新型コロナウイルス感染症が発生して、販売方法など事業計画を見直した上で創業融資を申し込み、通常より期間を要したが創業融資の獲得に成功した通販会社の事例

相談者概要および相談内容

［相談者概要］
●業種：化粧品販売業
●事業内容：オーガニック化粧品製造販売

［相談内容］
●海外でのオーガニック化粧品認証を得ての販売計画の為、実質動いていない初年度があることについての不安。
●準備中に新型コロナウイルス感染症が発生してしまった。
●コロナ禍の中、融資申請をするのは不安なので、専門家からのアドバイスがほしい。

本事例のポイント

・当初の予定とターゲットや販売方法を変える必要があることから、どのように売っていくのかという基本的な点について検討し直す必要があります。

・海外での製品認証の為に、まずは法人設立をしたことにより売上高が発生せず、ほぼ事業が稼働していない決算となったことについての説明が必要となります。

・新型コロナウイルス感染症が発生したことにより、今後の状況が見え難くなり、また金融機関側も混乱しているので、できる限り早急に創業融資を申請する必要があります。

解説、相談の経緯・問題点

　相談者は、長年、看護師をしており、その経験からできるだけケミカルなものではなく、ナチュラルなものが大切であると感じており、「オーガニック化粧品」を販売する事業の準備をしていました。そして、自社ブランドの製品を製造するために、創業融資を受けたいと考えていましたが、融資を受けるのは初めてだったこともあり、相談にいらっしゃいました。

　状況としては、海外での製品認証準備のため、取り急ぎ法人を設立する必要がありました。よって、実際の販売開始までに1年近くかかったこともあり、売上がない状態での決算を迎えてしまいました。

　最初の相談が2020年1月で、開業の準備を進めている最中に、新型コロナウイルス感染症が発生しました。そして、その影響により、販売方法も変更せざるを得ない状況になり、事業計画そのものの見直しが必要となりました。

アドバイス内容、解決策

　製造するオーガニック化粧品については、海外のオーガニック認証団体への認証申請に法人格が必要であったことから、早急に法人を設立しました。しかしながら、認証までの期間と準備期間等に相当の時間を要してしまい、その結果、売上高のない状態で初年度の決算を迎えてしまいました。相談者は、この状況が創業融資にどう影響するかについて、とても心配していました。

　そこで、海外の認証団体の詳細な説明や申請スケジュールなどをわかりやすく資料としてまとめました。そして、初年度に売上高が発生しなかった理由をしっかりと説明するような資料を作成しました。

　そして、上記のように粛々と準備を行っている最中に、新型コロナウイルス感染症が発生してしまい、海外での販売が難しい状況になってしまいました。輸出が難しい状況になってしまったため、当初の予定であった海外サイ

トでの販売を一旦保留とし、国内販売に切り替えることにしました。また、急遽、国内販売の為の店舗を探すことになり、販売計画そのものも見直すことにしました。

　また、当初予定していた産院等への営業に関しても、新型コロナウイルス感染症の影響で困難になってしまったこともあり、また、外出にも制限がかかるようになってきたこともあって、国内サイトでの販売を並行して行うように切り替えていきました。このため、製品自体については変わりませんが、販売ターゲットや販売方法については変更せざるを得なくなり、その結果、事業計画は改めて作成し直す必要がありました。

　そして、多くの販売方法を並行して実施することになったため、視覚的に把握できるように俯瞰図等を作成しました。また、損益計画については、相談者が金融機関にしっかりと説明できるようにより詳細に作成しました。

　さらに、新型コロナウイルス感染症の影響で、当初、申請する予定であった日本政策金融公庫の窓口が異常な混雑状態になってしまいましたので、その他諸事情もあり、急遽、申請する支店窓口を変更することにしました。

結果

　日本政策金融公庫から面談に関する連絡等があるまで、通常ですとおよそ1週間程度だと思われますが、新型コロナウイルス感染症の影響で、約1カ月かかってしまいました。

　日本政策金融公庫の面談担当者には、売上高が発生していない1期目の決算について理解していただくことができました。相談者自身としても、数字をしっかりと理解して、面談時には自身の言葉で説明できたようです。その結果、半月ほど経って連絡があり、「満額で融資します」との回答がありました。その後、実際に入金になるまでにさらに1カ月近くかかってしまい、最終的には申し込みをしてから着金までに2カ月以上かかることとなりました。

　本事例においては、新型コロナウイルス感染症の影響という、今までにな

い状況が発生し、計画そのものを見直す必要に迫られるという状況になりました。平時とは全く異なる状況での融資申請の申込みだったため、融資申込をするタイミングの判断が非常に難しかった事例です。

　本事例以降の時期における創業融資申込の事例では３カ月以上かかるケースもあったようですので、ギリギリのタイミングだったと思われます。"コロナ禍"というようなこれまでにない不測の状況が発生したときは、できる限り早い段階で行動をする、ということがとても重要になります。

主な提出書類

●日本公庫指定の創業計画書
●日本政策金融公庫指定の借入申込書
●俯瞰図
●損益計画書（年度別、月別３カ年）
●資金繰り計画書（12 カ月分）
など

参照 Q&A

・第２章－７－Ｑ５　"コロナ禍"における創業融資支援の注意点とは？
　P118

事例 10 創業時に個人投資家から「投資」を受けることに成功したＩＴベンチャー起業家の事例

［相談者概要］
- 業種：情報サービス業
- 事業内容：インターネット関連技術の開発など
- 自己資金：1,000万円
- 希望資金調達額：3,000万円

［相談内容］
- 創業者2人で、インターネット関連技術の開発のベンチャー企業を立ち上げる際に、投資家から出資を受けたい。
- 金融機関からの融資も同時に検討しているが、投資家からの出資を第一に考えて、いずれベンチャーキャピタル（ＶＣ）からも出資を受けたい。
- 具体的にどうやって個人投資家と会うことができるのか、教えてほしい。また、事業計画の中身を精査してほしい。

本事例のポイント

1．創業時に個人投資家やベンチャーキャピタルから投資を受けるのは非常に困難であるといえます。よって、やはり「融資」による資金調達についても検討するべきです。

2．それでも投資家や「出資」を受けたいという場合は、出資支援などの専門家やマッチング支援団体などに相談することをお勧めします。また創業者の"行動力"もとても大切になります。

3．出資を受けることによって、それが呼び水となり、結果として金融機関からの融資がスムーズに進捗する場合もあります。

解説、相談の経緯・問題点

　相談者は2人で、高度でニッチなノウハウを有している技術者でした。ITやバイオテクノロジーなどの専門的な分野になると、特にバイオテクノロジーなどは元大学の教授や研究者であったり、大手製薬会社などの研究者出身である方なども少なくありませんので、相談を受ける側としても、技術内容などが難しすぎて理解するのに苦労することがあります。しかしながら、これは融資申請などのときの金融機関の担当者も同じです。

　よって、本事例のように理解するのが困難な業種や特殊技術などについては、「誰が聞いてもわかるようにかみ砕いて説明してください。銀行員や投資家は、その分野の専門家ではありません。よって、私が理解できない内容は彼らも理解できないと思ってください。例えば、学生が聞いてもわかるように説明してください。」と言って説明をしてもらうようにします。

　実際に、すべての金融機関の担当者や投資家があらゆる分野に精通しているわけなく、しかも、ITやバイオテクノロジーの中でも特殊な技術やノウハウとなると、さらにわからないというのが一般的でしょう。

　さて、この相談者の場合も難解すぎて、やはり理解するのが非常に困難な技術・事業内容でした。こういう場合は、「この技術ができたら世の中のどういう分野に貢献できて、どのように人の生活を豊かにすることができるのか？」というような視点でヒアリングをしていきます。このようにして事業計画の中身を精査していきますが、これには相当な時間を要します。このような相談案件の場合、筆者のような専門家の立場としては、金融機関などに提出する前に、誰が読んでもわかりやすい事業計画にブラッシュアップする支援がとても重要になります。

　次に、資金調達に関しては、自己資金を2人で1,000万円を用意してお

り、準備には相当苦労されたようでした。投資家から 3,000 万円〜 5,000 万円の出資を受けて、金融機関からは 1,000 万円ほどの創業融資を受けたいとのことでした。

　しかしながら、創業時の投資家やベンチャーキャピタル（ＶＣ）からの出資はとてもハードルが高いといえます。ＶＣに関してはインターネット検索をすればアクセスできますが、投資家とはそうそう"会う機会"がありません。多くの場合は、個人的なコネや紹介、専門家の仲介、アドバイスを受けて投資家にプレゼンテーションをして、出資を取り付けることになります。

　また、国の機関である独立行政法人　中小企業基盤整備機構などにおいては、起業支援ファンドなどによる「ファンド出資事業」を展開しています。また、起業家と個人投資家をマッチングさせる民間企業などもいくつか存在します。それだけ、起業家がＶＣやファンド、個人投資家などから出資を受けるのは非常に困難である、といえるでしょう。

アドバイス内容、解決策

　この相談者の場合は、特に個人投資家とのつてなどもなく、どのように行動すればよいのか、悩んでいました。そこで、出資支援などをしている専門家を紹介するのと同時に、本人たちに「出資を受けたいと思う経営者などに直談判してみてはどうか？」と提案しました。実際に、叩き上げの資産家である経営者の中は、出資事業などを行っている方もいます。

　早速、この相談者は、数人の経営者に絞って直談判をしましたが、全く相手にされず、それでも会社の玄関などで経営者を待ち伏せして、話を聞いてもらえるようお願いなどを繰り返しましたが、そう簡単には進捗するものではありません。しかしながら、その後も粘り強く行動をした結果、話を聞いてくださったある経営者が個人投資家を紹介してくれました。そこから急速に話が進捗するようになりました。

　さらに、融資に関しては、金融機関や日本政策金融公庫にも相談をしましたが、その難解な事業内容について、なかなか伝わらない状況が続いていま

した。それでも粘り強く事業計画をブラッシュアップし丁寧に説明を繰り返し、同時に出資についても個人投資家などに相談をしていることも伝えました。

結果

　結果としては、相当の時間がかかりましたが、ある投資家から3,000万円の出資を受けることができました。しかしながら、実は、この相談者の専門分野とは多少異なる事業領域に対しての出資でした。この投資家はあるニッチな特定分野に興味があり、投資先を探していたようです。相談者が有している技術が転用可能であり、「この分野の開発をして事業化を目指すのなら、3,000万円を出資してもよい」という提案だったのです。相談者としては、多少異なる事業領域でしたが、全く別次元の領域ではないということと、さらに自分達の技術なら実現可能だという判断から出資を受けることにしました。また、成果によってはさらに追加出資も検討してくれるという提案もいただきました。

　その出資の決定を金融機関に説明したところ、日本政策金融公庫から1,000万円の融資を受けることができました。このように投資が決まったら融資が急展開して実行されるケースは珍しくありません。しかしながら、「"誰"から出資を受けるのか?」がとても重要になります。もし、誰もが知っているような有名な投資家や大手企業などからの出資などが決まれば、金融機関としてもそれは融資審査の判断材料の1つとなる場合もあるのです。

　一般論として、創業時に個人投資家やVCなどから出資を受けるのはとても困難です。同時に金融機関からの融資申請も並行しながら、投資家などへのアプローチを検討するようにしてください。

主な提出書類

●日本政策金融公庫指定の創業計画書

●日本政策金融公庫指定の借入申込書

●事業計画書（投資家向け）

●損益計画書（年度別 10 カ年、月別 3 カ年）

●資金繰り計画書（12 カ月分）

など

参照 Q&A

・第 2 章 - 6 - Q 2　　出資を受ける方法とは？　P105

法人設立＋資金調達支援事例

事例 **11** 一般社団法人として創業したばかりに、創業融資を受けることができなくなってしまった事例

相談者概要および相談内容

［相談者概要］

● 業種：ソーシャルビジネス支援

● 事業内容：福祉関連の人材紹介、コンサルティング支援事業

● 自己資金：500万円

● 希望資金調達額：1,000万円

［相談内容］

● スタートアップ時に専門家に相談したところ、「ソーシャルビジネスなので一般社団法人を設立した方がよいのでは？」とのアドバイスを受けて、法人設立と創業融資の依頼をしたが、日本政策金融公庫から断られてしまった。

● さらに地元の信用金庫に相談したところ、ほぼ門前払いされてしまって途方に暮れている。

● あらためて再度、創業融資の申請のチャレンジをしたいのでアドバイスをしてほしい。

本事例のポイント

1．融資に関していえば、「ソーシャルビジネスだから株式会社より一般社団が有利である」ということはありません。

2．再度申請するにせよ、日本政策金融公庫、信用金庫から謝絶された理由

を明確にする必要があります。

3．すでに別の専門家に相談している場合は、その専門家からどういう指導を受けてどういう対応をしたのかについて詳細に確認する必要があります。

解説、課題・問題点

　相談者から詳細なヒアリングを実施したところ、数多くの問題点が明らかになりました。まず根本的な問題として、なぜ一般社団法人で創業することになったのかという点です。最初に相談をした専門家が社会保険労務士・行政書士の資格を持った専門家であり、一般社団法人の設立をすすめられたとのこと。さらに、その専門家が同時に資金調達の専門家であるということで、安心して任せてしまったようです。

■主な問題点

1．相談した専門家から「ソーシャルビジネスには一般社団やＮＰＯの方が印象がよい」とすすめられ、その提案を鵜呑みにして一般社団法人を設立してしまった。

2．一般社団法人を立ち上げるメンバーが３名（社）いて、その１人（１社）はすでに日本政策金融公庫から融資を借りていた。

3．さらに、もう１人（１社）は、金融機関にリスケジュールをしている状況だった。

4．日本政策金融公庫および信用金庫から融資を断られてしまっている。特に信用金庫からは、ほぼ門前払い状態だった。

5．最大の課題は、相談した専門家が実は「資金調達」の専門家ではなかった。

　1．についてですが、この提案については、あながち間違いではないと思われます。当初、専門家からはＮＰＯ設立をすすめられたようですが、相当

ハードルが高いので、一般社団法人にしたとのことです。しかしながら、この判断は、"公的融資"のことを考慮しますと、決して適切でない場合もあります。

　日本政策金融公庫においては、高齢者や障がい者の介護・福祉、子育て支援、地域活性化、環境保護など、地域や社会が抱える課題の解決に取り組むソーシャルビジネス事業者への支援を積極的に実施しています。

　■〈図表〉ソーシャルビジネス関連の融資実績

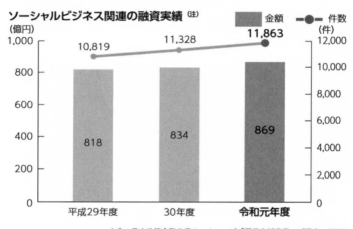

出典：日本政策金融公庫ホームページ「国民生活事業のご案内　2020」

　日本政策金融公庫の令和元年度のソーシャルビジネス関連の融資実績は、11,863件、869億円でした。そのうちNPO法人への融資実績は、1,155件、71億円でした。つまり、NPO法人等だから融資が有利である、ということはありません。ソーシャルビジネスを行う株式会社などにも多くの融資実績があるということがわかります。なお、日本政策金融公庫では、ソーシャルビジネスをしている一般社団法人への融資実績については、特に公表していませんが、株式会社などでも大きな問題はないと思われます。また、この相談者は「いずれ出資などを受けたいと考えている」と言っていたので、一般社団法人は不適切だと判断せざるを得ません。

　２．についてですが、すでに別法人の代表者であって、日本政策金融公庫からも融資を受けていました。

　さらに３．の「もう１人（１社）は、リスケジュールをしている状況だった」についてですが、すでに別法人の代表者であって、さらに日本政策金融公庫にリスケジュールをしている状況でした。これについては、ヒアリングで知った際には、さすがに驚きました。

　この状態で、当初相談した専門家が融資を受けられる可能性があると判断した理由は、「今回は別法人であるから影響はない」「さらに事業内容が異なるので問題ない」というアドバイスをされたようです。しかしながら、この２つの理由については、一般的には「審査に影響する」と考えるのが常識です。

　４．についてですが、繰り返しになりますが、１人はすでに融資を受けており、もう１人はリスケジュールをしている状況です。このような状況で日本政策金融公庫から融資を受けるのは相当ハードルが高いと言わざるを得ません。

　さらに、地元の信用金庫からは、ほぼ門前払い状態だったというのには、理由があります。例外もありますが、原則として、一般社団法人は信用保証協会の保証対象にはなっていません（各信用保証協会によって判断が異なる）。もちろん、プロパー融資については可能だと思われますが、本事例においては、とてもハードルが高いと言わざるを得ません。信用保証協会の利用ができないとなると、信用金庫から融資を受けるのはやはり困難です。

　なお、ＮＰＯ法人は信用保証法が改正されたことにより、現在は信用保証の対象となっていますが、日本政策金融公庫のような十分な支援実績がありませんので、比較すると審査ノウハウなどが乏しいのかもしれません。よって、ＮＰＯで起業した際には、日本政策金融公庫および信用保証協会の対象になりますが、信用保証協会から保証を受けるにはややハードルが高いと思われます。もちろん、今後、長い目で判断すればそのような差はなくなるかもしれません。

　この相談者の大きな問題・課題は、最初に相談した専門家が資金調達の専門家ではなかった、ということでしょう。後にわかったことですが、この専門家は、ホームページなどで「資金調達に強い事務所」というキャッチコピーで集客をしているにもかかわらず、実際のところ実務経験が非常に浅かったことが判明しました。このように、中途半端な知識で融資支援をしてしまうと、依頼者や相談者に多大な損害を与えてしまうことがありますので、注意が必要です。

アドバイス内容、解決策

　この事例については、実際のところ、アドバイスのしようがありません。すでに融資を断られており、その理由も納得できるものだからです。

　しかしながら、もう1人の立ち上げメンバーについては、法人の代表者となっていましたが、金融機関に借り入れがありませんでした。

　さらにその法人の事業内容は福祉関連でしたので、その法人で融資を申請することにしました。しかしながら、その法人で融資を受けて一般社団法人に貸し付けると迂回融資となってしまい、それでは融資を受けることは困難です。また、その法人は事業が動いておりませんでしたので、顧問税理士がいませんでした。よって、税理士と顧問契約をしてもらいました。

　そして、一般社団法人と連携して福祉支援業務を行う、というビジネスモデルを構築して、日本政策金融公庫を説得するようアドバイスをしました。さらに、顧問税理士には、資金が不当に一般社団法人に流れないようにしっかりと資金管理指導をするという前提で日本政策金融公庫を説得していただきました。なお、その税理士には、一般社団法人の顧問税理士にも就任していただきました。

　一度融資を謝絶されていると、再度の挑戦はハードルが高くなります。よって、再度チャレンジする際には、顧問税理士などの全面的なバックアップが必要になります。

結果

　結果としては、日本政策金融公庫から 500 万円の融資を受けることができました。そもそも、この相談者 3 人の状況で別法人を設立して開業するという判断にも疑問が残ります。法人設立前に、このような相談を受けた場合には、「法人設立をして開業しても創業融資を受けることのできる可能性は低いので改めて考え直しては？」というアドバイスも必要かもしれません。専門家としては、十分にリスクなどを説明しなければなりません。

　なお、この相談者は、当初その専門家に対して訴訟を起こすと憤慨していましたが、筆者は「時間の無駄だからやめた方がよい」と提案しました。そもそも、事業者側にも責任があります。相談者側にも、この開業に関して、もう少し慎重に検討するべきだったのではと感じられた事例です。

主な提出書類

● 日本公庫指定の創業計画書
● 日本政策金融公庫指定の借入申込書
● 詳細な事業計画書
● ビジネスモデル図（一般社団法人との関係や取引概要）
● 損益計画書（年度別、月別 3 カ年）
など

| 事例 12 | 本店所在地が理由で法人口座も作れない!? さらに創業融資も断られる! そういう状況下で300万円の創業融資支援に成功した事例 |

相談者概要および相談内容

［相談者概要］

●業種：コンサルティング業
●事業内容：中小企業の経営コンサルティング、個人向けの資産運用アドバイスなど
●自己資金：100万円
●希望資金調達額：300万円

［相談内容］

●一人起業であり、コスト削減のためにバーチャルオフィスを借りて開業をした。実際の仕事場は自宅の一室を事務所としている。
●法人設立後に法人口座を開設しようとしたが、ネット系の金融機関から断られてしまった。しかも、地元の金融機関に融資の相談をしたところ、謝絶されてしまった。
●融資どころか、法人口座も開設できずに途方に暮れている。どうすればよいのか相談に乗ってほしい。

本事例のポイント

1．スモールビジネスの場合、創業時はバーチャル・レンタルオフィスに本店登記をして、実際の仕事は自宅などで行うというケースはあります。

2．こういうスタイルの創業を否定はしませんが、デメリットもあることを認識するべきです。

3．本事例のようにバーチャル・レンタルオフィスに本店登記をすると、法

　　人口座の開設や創業融資などが難しくなる可能性があります。

解説、相談の経緯・問題点

　　この相談者の最大の問題点は、バーチャルオフィスに本店登記をして起業をしたということです。しかしながら、これは決して悪いことではありません。2016（平成 28）年 9 月に発足した「働き方改革実現会議」において、9 つの検討項目の中に「兼業・副業などの柔軟な働き方」という項目があり、また、中小企業庁では柔軟な働き方を実現していくために「兼業・副業を通じた創業・新事業創出に関する研究会」を立ち上げて議論をしてきました。また、経済産業省においては、「兼業・副業を通じた創業・新事業創出事例集」が取りまとめられ、2017（平成 29）年に公表されています。

　　このような兼業・副業などの起業スタイルの場合は、バーチャルオフィスやレンタルオフィスなどを利用するケースもあるのではないでしょうか。また、兼業・副業の場合、日本政策金融公庫などは創業融資による支援をしないのでしょうか？　決してそんなことはありません。実際に、日本政策金融公庫は兼業・副業による融資を行っています。

　　つまり、国の起業支援の政策面からみても、バーチャル・レンタルオフィスは絶対的にだめである、ということではないと思われます。ただ、金融機関などのバーチャル・レンタルオフィスに対する見方はまだまだ厳しいといえるのかもしれません。バーチャル・レンタルオフィスを利用しての創業はデメリットやリスクが高いのかもしれません。

　　しかしながら、これには理由があります。マネーロンダリング防止などを目的とした犯罪収益移転防止法が 2007（平成 19）年に施行されて以降、法人口座の開設などが困難になり、特に、金融機関におけるバーチャル・レンタルオフィスへの見方が厳しくなったという経緯があります。

　　しかしながら、本店登記をバーチャル・レンタルオフィスにしても、法人口座を開設して創業融資を受けることができている創業者もいます。よって、このような相談があった場合は、その都度、相談者に応じて、どのよう

に対処するのか検討する必要があります。

今回の相談者の場合は、ネットバンクに法人口座を作ろうとしたところ、2社から断られてしまったとのことでした。知人の経営者に相談したところ、都市銀行や地方銀行などではコネや紹介などがないと創業者が法人口座を作るのは相当難しいとアドバイスされたそうで、とても困っておりました。また、信用金庫に融資相談をしたところ、消極的な対応をされていて途方に暮れているという状況でした。

アドバイス内容、解決策

まずは、法人口座を作ることを最優先事項にして、「事業計画書」、「ビジネスモデル図」、「取引先一覧」、「バーチャルオフィスにした理由と今後の展開について」という説明文書などを作成しました。

「今後の展開」については、「開業当初はコストを抑えるためにバーチャルオフィスを利用して登記をしたが、20○○年までには売上高○○○○万円を目指し、それを機に事務所を借りる」という主旨の内容にしました。

また、法人化する前にすでに事業は動いていたので（受注を受けていたので）、その受注実績などについて一覧にまとめました。また、ホームページも開設していましたが、「お知らせ欄」などは全く更新されていなかったので、資料作成している期間は、何かしら毎日、多い時には1日に数回、更新してもらいました。金融機関に「ホームページも更新しているので、事業実態を見てほしい」とアピールするためです。つまり、「バーチャルオフィスでも間違いなく事業が動いている」ということを証明するための対応策です。

それをもって、まずは、相談者が個人口座を持っている金融機関に相談をしてみました。しかしながら、窓口担当者の表情は厳しく、それでも「個人では長くこの支店の口座を利用させていただいております。何卒、門前払いせずに、事業実態を見ていただいてから判断していただけませんか？」と何

度もお願いをしてもらいました。金融機関からは「開設できるかどうかわかりませんが、ひとまずは手続きだけはさせていただきます。」ということで申請受理だけはしていただけました。

　また、できればこの金融機関で創業融資の申請もしたかったのですが、法人口座と創業融資のダブルの依頼をすることは避けて、まずは日本政策金融公庫に創業融資の申請をすることにしました。申請資料に関しては、日本政策金融公庫指定の資料だけではなく、法人口座開設手続きの際に使用した資料などもすべて提出して、「すでに事業が動いていて（仕事を受注できていて）、バーチャルオフィスに本店登記しているが、実態のある事業体である」ということをアピールいたしました。

　さらに、顧問税理士と契約をしていなかったので、税理士と顧問契約をしてもらい、法人口座開設を依頼した金融機関および日本政策金融公庫に「顧問税理士から指導を受けながら実直に業務を遂行していく」という姿勢をアピールしました。

結果

　法人口座については、手続きから数日後に連絡をいただき、改めて窓口にて追加の手続きをして、無事に法人口座を開設することができました。いずれ、通帳上のキャッシュの流れなどで事業実態を把握できるようになれば、この金融機関を窓口にして、信用保証付き融資などの申請をすることができるようになると思われます。

　日本政策金融公庫からは 300 万円の融資を受けることに成功しました。日本政策金融公庫は口座がないために、融資金に関しては、創業者の指定口座に送金されます。万が一、法人口座が開設できない場合は、日本政策金融公庫が融資を実行する際に送金する法人口座がないということになります。

　このようなケースの場合は、民間金融機関に「日本政策金融公庫からの融資が決まっている」ということを強くアピールをしてみるのも一案です。日本政策金融公庫の融資審査に通過しているという事実が後押しして、その結

果、スピーディーに開設してくれることもあります。

主な提出書類

●日本公庫指定の創業計画書

●日本政策金融公庫指定の借入申込書

●会社案内

●ホームページ案内チラシ

●事業計画書

●ビジネスモデル図（一般社団との関係や取引概要）

●取引先一覧

●バーチャルオフィス利用の理由と今後の展開について

●損益計画書（年度別、月別３カ年）

など

参照 Q&A

・第３章−２−Ｑ１　「本店」の注意点とは？　P139
・第３章−３　法人口座の作り方　P149〜

事例 **13** 本店を引っ越したばかりに公的融資制度を受けることができなくなってしまった事例

相談者概要および相談内容

［相談者概要］
●業種：ネット広告代理業
●事業内容：インターネット広告の代理店、インターネットマーケティング関連のコンサルティング業
●希望資金調達額：1,000万円

［相談内容］
●創業して1年半ほどして、早々引っ越しをすることになった。理由としては売上高が計画比200％以上で推移しており、スタッフも増えて、事務所が手狭になってしまったからである。そこで、創業融資を受けた金融機関に自治体制度融資を申請したところ、信用保証協会から断られてしまった。
●直近の資金繰りは何とかなるが、今後、スタッフなどを増やさないといけないため、早々に増加運転資金を1,000万円確保しておきたい。

本事例のポイント

1．業績が向上しているのにも関わらず、信用保証協会から保証承諾されなかった理由を明確にする必要があります。
2．本事例は、必ずしも同様のケースが発生するとは限りませんが、このようなリスクがあることを事前に把握しておきたいところです。
3．「どこで創業するのか？」「本店はどこにするのか？」などについても

"創業前"に慎重に検討することが重要です。

解説、相談の経緯・問題点

　本事例の注目する点は、業績がよいのにも関わらず、制度融資の申請をしたところ謝絶されてしまったケースです。この相談者は、創業前に自治体の創業融資を受けています。その後、業績が順調だったため、事務所を引越ししたこともあり、自治体制度融資を申請しました。

　本事例では、引っ越し先が隣接している都道府県でした。創業時の都道府県の隣の都道府県に本店移転をしたことになります。その引っ越し先の都道府県の制度融資（創業保証）に申請してみたところ、謝絶されてしまったという経緯だったようです。

　創業融資は、創業"前"に限ったことではなく、創業"後"でも申請することはできます。一例ですが、東京都の創業融資制度の対象者は以下の通りです。

■〈図表〉東京都中小企業制度融資／創業融資（創業）の対象者

対象者	〈融資対象1〉　創業前 事業を営んでいない個人であって、1カ月以内に新たに個人で又は2カ月以内に新たに法人を設立して東京都内で事業を開始しようとする具体的な計画を有し、「ご利用いただける方」の2〜4の条件を満たす方 〈融資対象2〉　創業後 「ご利用いただける方」の条件を満たし、創業した日から5年未満である中小企業者または組合（個人で創業し、同一事業を法人化した者で、個人で創業した日から5年未満の者を含む。） 〈融資対象3〉　分社化 「ご利用いただける方」の条件を満たし、東京都内で分社化しようとする具体的な計画がある会社または分社化により設立された日から5年未満の会社

　上記図表の「〈融資対象2〉　創業後」では、5年未満であれば対象になります。このように、各自治体の創業融資制度においては、創業後3年や5年

など、創業"後"も創業融資の対象になります。

　創業"後"融資の申請で謝絶されてしまうよくあるケースは、創業前に創業融資を利用せずに自己資金のみで開業してみたものの、やはりすぐに資金繰りが悪化して金融機関に駆け込むというパターンです。いざ開業したものの、計画通りに売上・利益が確保することができていないのですから、その状況の創業事業者に対して金融機関が融資をするのは非常に困難だといえます。

　しかしながら、本事例においては、計画比 200% という驚異的な業績を上げており、それでも謝絶されてしまったというケースです。

　金融機関／信用保証協会が謝絶した理由としては、以下の通りです。

1．移転してきたばかりで当該都道府県での実績がないために、次の決算まで様子を見たい。
2．どうしても現時点で資金が必要な場合は、移転前に保証を受けている信用保証協会に相談するようにとの指示を受けた。

　また、あまりにも売上高が急激にアップしていることもあり、それはそれで貸し手側としては不安要素を感じているのではないかと想像することもできます。

　なお、相談者は、創業時に利用した信用保証協会にも相談をしてみたところ、「すでに本店移転しているので、移転先の都道府県の信用保証協会に相談してほしい」と言われてしまって、途方に暮れていました。

　実際にこのような事例は少なからずあります。例えば、千葉県と東京都は隣接しています。東京都と比較すると、千葉県の方が事務所家賃などが低いです。創業時のコストを抑えるために、家賃の低いエリアで創業するのは決して間違いではありません。しかしながら、仕事のやりやすさなどを検討した結果、短期間内に東京都に事務所を移転するような事業者もいます。そう

すると、信用保証協会の管轄は、原則として。千葉県から東京都に変わってしまいます。その際、信用保証協会はどういう対応をするのかという点については、考慮する必要があります。

アドバイス内容、解決策

まずは、金融機関を通して、移転した先の信用保証協会に創業融資（保証）ではなく、一般事業者向けの制度融資、例えば「小口零細企業保証制度」などの利用はできないのか打診をしてもらいました。すでに他の信用保証協会から創業保証を受けているので、創業でない保証なら対象になるのではないか、という想定で打診してみました。

■〈図表〉小口零細企業保証制度の概要

	内容
対象者	以下の中小企業信用保険法第2条第3項に定める小規模企業者 (1) 常時使用する従業員の数が20人（商業・サービス業は5人）以下で、中小企業信用保険法施行令第1条第1項に定める業種に属する事業（以下「特定事業」という。）を行う事業者（下記(2)に掲げる事業者を除く。） (2) 常時使用する従業員の数が業種ごとに中小企業信用保険法施行令第1条の2に定める数（宿泊業、娯楽業について20人）以下で、特定事業を行う事業者 (3) 事業協同小組合で、特定事業を行う事業者またはその組合員の3分の2以上が特定事業を行う事業者 (4) 特定事業を行う企業組合で、その事業に従事する従業員の数が20人以下の事業者 (5) 特定事業を行う協業組合で、常時使用する従業員の数が20人以下の事業者 (6) 医業を主たる事業とする法人で、常時使用する従業員の数が20人以下の事業者（上記(1)から(5)に掲げる事業者を除く。）

保証限度額	2,000 万円（既存の信用保証協会保証付融資残高と合計して 2,000 万円以内）
保証期間	各信用保証協会が定める保証期間
信用保証料率	各信用保証協会が定める信用保証料率
保証人・担保	保証人：原則として法人代表者以外の保証人は不要 担保：原則として不要

〈出典〉全国信用保証協会ホームページ「さまざまな保証制度　小口零細企業保証制度」

　ちなみに、「小口零細企業保証制度」は責任共有制度の対象外であり、100％保証になりますので、金融機関としてはありがたい制度になります。また、小規模・中小事業者にとっても使い勝手のよいありがたい制度ですので、ぜひ知っておいてください。

　また、同時に日本政策金融公庫からの借入はないということでしたので、同公庫にも融資申請をしました。

　なお、今回の申請に関しては、改めて事業プランを策定してもらいました。金融機関は、急激な売上高の上昇に関しても疑心暗鬼を抱く場合があります。特に、この相談者の場合はまだ 20 代であり、創業してからさほど年数も経過していません。貸し手側の立場に立てば、不安要素を感じてしまうのも理解できないわけでもありません。

　事業計画の内容に関しては、急激な売上アップの理由を明確にした上で、今後、その上昇が続くのかどうか、また、落ち着いた場合の損益と資金繰りはどうなるのかなど、いくつかのパターンの損益計画も策定しました。

結果

　結果としては、信用保証協会からは謝絶されました。理由としては本店移転してから決算を終えていないからという説明でした。確かに信用保証協会には、原則として「県内で、同一事業を原則として 1 年以上営んでいる中小企業者」というような対象規定があります。しかしながら、これに関しては

本当に真の理由なのかどうはわかりません。実務上、信用保証協会によっては、同様のケースでも問題なく、信用保証をしてくれている場合もあります。

　一方で、日本政策金融公庫からは、1,000万円の融資を受けることができましたので、当面の増加運転資金に関しては何とか調達できました。

　後日談ですが、決算を終えて、改めて金融機関を通して小口融資を申請したところ、融資を受けることができました。

　本事例のように「次の決算まで様子を見させてほしい」と言われてしまうケースもあれば、全く問題のないケースもあります。本店を移動することにより、こういうリスクが起こり得る可能性があるということをぜひ知っておいてください。創業時に「本店をどこにするのか？」については、さまざまな事情や今後の展開などを考慮して、総合的な視点で決定するように提案してください。

主な提出書類

●日本政策金融公庫指定の創業計画書
●日本政策金融公庫指定の借入申込書
●事業計画書
●損益計画書（年度別、月別5カ年）
●資金繰り計画表（12カ月分）
など

参照 Q&A

・第3章－2－Q1　「本店」の注意点とは？　P139

事例 **14** 経営者である父親の影響で創業融資を受けることができなくなってしまった事例

［相談者概要］
- ●業種：製造、卸売業
- ●事業内容：クッション、枕の製造・卸売り・販売業
- ●希望資金調達額：1,000万円

［相談内容］
- ●日本政策金融公庫に創業融資を申し込んだが、謝絶されてしまった。
- ●その原因は父親の債務のようで、何とか日本政策金融公庫を説得することはできないのか？　また他に資金調達する方法はないのか？
- ●受注も受けているので、何とか資金調達をしたい。

本事例のポイント

1．父親が経営している会社の債務状況や財務状況が、子供の創業融資の審査に影響を与える場合があります。
2．父親が経営している企業がリスケジュール等をしている場合、子供がその金融機関に融資を申し込んだとしたら、融資を受けることができないかもしれません。
3．相談を受ける際には、上記のような点についてもしっかりとヒアリングする必要があります。

解説、相談の経緯・問題点

　日本政策金融公庫から創業融資を断られた理由としては、父親が経営する

会社が日本政策金融公庫に債務があり、金融事故の扱いになっているとのことでした。本来、父親と子供は関係ありませんが、このように家族や親族などの債務状況が審査に影響する事例はあります。

　例えば、父親が日本政策金融公庫にリスケジュール（返済条件の変更）などをしている状況で、その子供などが創業した際に、親子関係が判明すると、「父親の会社に資金を迂回するのではないか？」という疑いを持たれてしまうケースもあります。

　なお、この相談者と同じような状況でも全く影響しない場合もあります。このケーススタディは、10年以上前の実例ですので、現時点（2021年3月）においては、その状況は変わりつつあると感じています。しかしながら、このような影響が想定される場合は、最悪を想定してリスク回避することが必要です。

　この相談者の場合は、かつて父親が会社を倒産させていました。法的整理をしていて、債権債務の関係は法的には消滅している状況だと思われます。法的整理をしている場合は、影響しないという見方もありますが、これに関しては何とも断言することはできません。このケースでは金融機関に父親の会社のデータが残っており、融資審査に影響してしまったようです。なお、日本政策金融公庫に謝絶された理由が本当に父親の件だけなのかについては不明です。

　ちなみに、この相談者は両親と同居していました。また、同居している自宅を「本店」として登記していました。日本政策金融公庫の借入申込書には、自宅住所と家族欄を記入するところがあります。

■〈図表〉借入申込書

借入申込書

（一般貸付・特別貸付／生活衛生貸付用）
株式会社日本政策金融公庫
（国民生活事業）

受付月日
受付番号

借入申込書は、裏面の「公庫におけるお客さまの情報の取扱に関する同意事項」にご同意のうえ、ご記入ください。

お申込人名	フリガナ 法人名・商号（屋号）（ゴム印でもかまいません。）	
	フリガナ 個人事業主の方・法人代表者の方のお名前 （自署でお願いします（ゴム印は使用しないでください。）。）	
	個人事業主の方・法人代表者の方の 性別 男・女 生年月日 大・昭・平・令 年 月 日	
お申込金額	万円	
お借入希望日	月 日	
ご希望の返済期間（元金据置期間を含みます。）	年	元金据置 1 希望なし 2 令和 年 月まで希望
毎月のご返済希望日	ご希望の返済日に○を付けてください。	5日・10日・15日・20日・25日・末日（金融機関によっては、ご利用いただけない日があります。）
ご返済金のお支払方法	口座振替（ 銀行・信用金庫 信用組合・労働金庫）	
資金のお使いみち（注）	運転資金 万円	設備資金 万円
	（該当する項目に○を付けてください。） (1) 商品、材料仕入 (2) 買掛、手形決済 (3) 諸経費支払 (4) その他	(1) 店舗・工場 (2) 土地 (3) 機械設備 (4) 車両 (5) その他
当公庫とのお取引	有・無（どこで当公庫をお知りになったかA群、B群から1つずつ該当するものに○を付けてください。）	

A群（団体）：1 公庫 2 商工会議所・商工会 3 生衛組合・指導センター 4 金融機関 5 税理士 6 取引先、同業者、(元)勤務先 7 中小企業支援センター 8 地方公共団体 9 その他
B群（媒体）：1 口コミ 2 ホームページ 3 相談会 4 セミナー、イベント 5 会報誌、広報誌、メールマガジン 6 新聞、雑誌等のメディア

〒□□□-□□□□ ☎（ ）-（ ）-（ ） フリガナ		主なご連絡先
本店所在地 ビル・マンション名（ 号室）	本店所在地の不動産 所有・借用	□
〒□□□-□□□□ ☎（ ）-（ ）-（ ） フリガナ		
営業所所在地 ビル・マンション名（ 号室）	営業所所在地の不動産 所有・借用	□
〒□□□-□□□□ ☎（ ）-（ ）-（ ） フリガナ		
お申込人または法人代表者の方のご住所 ビル・マンション名（ 号室）	ご住所の不動産 所有・借用	□

携帯電話	お申込人・代表者	（ ）-（ ）-（ ）
	上記以外の方［ ］	（ ）-（ ）-（ ）
メールアドレス	@	

□ 上記メールアドレスに「事業者サポートマガジン」のメール配信を希望します。

「事業者サポートマガジン」の登録上の注意事項（https://www.jfc.go.jp/n/service/pdf/mail_magazine_notice.pdf を参照）に同意したうえで、□に✓印をお付けください。

借入申込・調査には手数料・調査料等は一切不要です。

創業年月	明・大・昭・平・令 年 月 創業・創業予定（個人で創業された後、法人を設立された方は、個人で創業された年月）	
業種		従業員数（家族従業員を含みます。） 人

お申込人または法人代表者の方のご家族

続柄	お名前	年齢	ご職業・学年
	フリガナ		
	フリガナ		
	フリガナ		
	フリガナ		
	フリガナ		

（注）原則として、他の金融機関の借入金のお借替えにはご利用いただけません。

担保・保証の条件をご選択ください。

A・B・C いずれかのチェック欄□に✓印をお付けください。
また、法人のお客さまで法人代表者の方が連帯保証を希望されない場合は D のチェック欄□に✓印をお付けください。
（選択された内容により、適用される利率が異なります。）
他にも無担保・無保証人の制度はございますので、くわしくは、公庫の窓口までお問い合わせください。

A 新型コロナウイルス感染症特別貸付（注1）（注2）
〈法人：無担保・代表者保証（原則）／個人：無担保・無保証人（原則）〉 チェック欄□

新型コロナウイルス感染症特別貸付以外

B 担保の提供を希望しない。
- 新たに事業を始める方 税務申告を2期終えていない方 新創業融資制度（注2） ＜無担保・無保証人（原則）＞ チェック欄□
- 税務申告を2期以上行っている方 担保を不要とする融資（注3） 〈法人：無担保・代表者保証（原則）／個人：無担保・無保証人（原則）〉 チェック欄□

C 不動産等の担保の提供などを希望する。
・（根）抵当権の設定等の手続きが必要です。 チェック欄□

D 法人代表者の方の連帯保証を不要とする制度（「経営者保証免除特例制度」等）を希望する。（注4） チェック欄□

（注1）生活衛生新型コロナウイルス感染症特別貸付も同様の取扱いです。
（注2）ご利用には一定の要件に該当することが必要です。くわしくは、支店の窓口までお問い合わせください。
（注3）これまでの事業実績や事業内容を確認するほか、所得税等を原則として完納していることを確認させていただきます。
（注4）原則として、法人・個人の一体性の解消が図られていること、財務状況における一定の要件を満たすことなどの要件がございます。また、当該制度を適用する場合は、一定の利率が上乗せされますが、新型コロナウイルス感染症特別貸付等の一部の制度は上乗せはありません。

法人代表者の方で法人代表者の方の連帯保証を不要とする制度を希望されない場合は裏面の「連帯保証に関するご案内」を必ずお読みください。

（国民生活事業取扱）100－1102（03.01）TO 500 オビ

出典　日本政策金融公庫ホームページ「各種書式ダウンロード」

　父親と子供の自宅が同じなら、データを照合すればすぐに親子関係は判明します。これは他の金融機関でも諸条件から判明する場合もあります。よって、そういう金融機関は避ける必要があるかもしれません。しかしながら、日本政策金融公庫は1つだけです。また、信用保証協会も都道府県が同じであれば判明する確率は高いといえるでしょう。別の都道府県の信用保証協会だったら問題ないのか、といいますと、必ずしも断言できません。

アドバイス内容、解決策

　日本政策金融公庫から謝絶された理由がある程度見極めることができていますので、この場合、弁護士を立てて交渉するなどの方策も検討しましたが、余計な費用と時間をかけたくないために、自治体の創業融資を検討することにしました。

　まずは、父親の会社が倒産した時に金融機関と残高をすべて一覧にしていただきました。それによって、父親が金融事故を起こしている金融機関を窓口にしても、同じように謝絶されてしまう可能性があります。よって、異なる金融機関を窓口に創業融資の申し込みをしました。

　もし、日本政策金融公庫と同じような理由で進捗しない場合の対応策として、まだ顧問税理士が決まっていなかったので、事情を理解してくださる税理士と顧問契約をしてもらいました。顧問税理士から金融機関に、「融資金が何かしら父親に流れないように指導チェックをする」ということを伝えてもらうことを了承してもらいました。

結果

　その後、金融機関では特に問題なく進捗しましたが、後日、やはり信用保証協会から父親の件についてヒアリングをされることになりました。顧問税理士に信用保証協会に同行してもらいました。

　信用保証協会からは、事実関係の確認がありました。そして、予定通り控

えていた顧問税理士に「しっかりと資金の流れのチェックや経理指導をしていく」と伝えていただきました。

　結果としては、信用保証協会は信用保証の了承をしてくれて、創業融資1,000万円を受けることに成功しました。また、この時点で複数の大手小売業者への納入の契約も進捗しており、商品力の高さを積極的にアピールしたことも功を奏したかもしれません。

　本来は、父親や家族の債務などが審査に影響することなどあってはならないことだと思われますが、貸し手側の立場に立てば慎重にならざるを得ない場合もあります。独立開業される方は実家が自営業であったり、父親が経営者であったりすることが珍しくありません。よって、創業融資の支援をする際には、ご家族や親族企業などについての債務や業績などについても、ヒアリングをしておきたいものです。

主な提出書類

●制度融資指定の創業計画書
●信用保証委託申込書など、信用保証協会への提出資料
●事業計画書、取引の進捗状況の報告書など
●損益計画書（年度別、月別3カ年）
●資金繰り計画表（12カ月分）
など

参照 Q&A

・第3章－2－Q1　「本店」の注意点とは？　P139

事例15 事業内容が理由で融資を断られてしまったが、顧問税理士の積極的な関与によって 500 万円の創業融資に成功した事例

[相談者概要]
- 業種：ファイナンシャルプランナー業
- 事業内容：個人向けの金融資産設計および不動産投資支援など
- 自己資金：1,000 万円
- 希望資金調達額：1,000 万円

[相談内容]
- 自治体の創業融資制度に申し込みをしたが断られてしまった。自治体の面談時においては、何も問題なく進捗したが、信用保証協会から対象外業種だということで断られてしまった。
- 当面は自己資金だけでも何とかなるが、断られた理由がどうしても納得できない。運転資金 1,000 万円を調達したい。
- 日本政策金融公庫にも申し込みをしたいが、同じ理由で断られてしまうのではないかと心配している。

本事例のポイント

1. 本事例は、自治体経由で融資相談をして申し込みをしたのにも関わらず、信用保証協会から指定外業種ということで断られてしまったケースですが、自治体窓口の相談員が資金調達の専門家とは限りません。

2. 法人設立をする際に「目的」に「対象外業種」を記載してしまうと、金融機関から門前払いされてしまう可能性があります。

3. 法人設立する際には、十分に留意して「目的」を決める必要がありま

す。

解説、相談の経緯・問題点

　この相談者の事業内容は、個人向けの資産設計・運用などをアドバイスする専門家でした。この種の事業内容で最も注意しなくてはいけないのは「金融業」に該当するかどうかです。日本政策金融公庫の一般貸付においては、以下のような説明がされています。

■日本政策金融公庫　一般貸付

> 　ほとんどの業種の中小企業の方にご利用いただけます（金融業、投機的事業、一部の遊興娯楽業等の業種の方はご利用になれません）。

　また、信用保証協会においては、以下のような説明がされています（東京信用保証協会を参考）。

■東京信用保証協会

> 　商工業のほとんどの業種でご利用になれます。
> 　ただし、農林・漁業、風営法第2条第5項に規定する性風俗関連特殊営業、金融業、宗教法人、非営利団体（NPOを除く）、LLP（有限責任事業組合）等、その他当協会が支援するのは難しいと判断した場合は利用できません。

　このように公的制度においては、「金融業」は対象外となっているのが一般的な認識です。また、東京信用保証協会の「信用保証対象外業種」として、金融業について、以下のような説明がされています。

■〈信用保証対象外業種〉金融業、保険業

> 保険媒介代理業及び保険サービス業を除く。

　つまり、「保険媒介代理業及び保険サービス業」は金融業ですが、例外として対象とするということです。これは、現状においては日本政策金融公庫も原則として同様の認識のようです。

　それでは、この相談者は「金融業」に該当するのでしょうか？　本人としては、金融業という認識は全くありません。「あくまでも個人資産のアドバイザーでありコンサルティングなので、お金を貸したりするような金融業ではない」と主張していました。

　当初、自治体におけるあっせん書を発行してもらうための中小企業診断士の面接においても、この件については全く触れられずに、特に問題ないと言われたそうです。

　筆者が登記簿謄本を見せてもらったところ、対象外と言われて謝絶されてしまった理由が明確になりました。「目的」に"金融業"に該当すると思われる事業内容が掲載されていたのです。信用保証協会としては、信用保証対象外業種として認識したのはごく当然の対応なのかもしれません。

　相談者としては、自治体で中小企業診断士の面談や事業計画作成の指導まで受けたのに、いざ申請したら対象外だと言われても納得いかないと立腹していました。しかしながら、市区町村などの斡旋窓口の相談員をしている中小企業診断士などがすべて資金調達に精通しているとは限りません。その点を十分に理解しておきましょう。

　また、「目的」に書かれている金融業に該当すると思われる事業は、特に実施する予定はなく、主な業務はあくまでも個人資産のアドバイスであるということを何度も主張していました。

アドバイス内容、解決策

　本人としては窓口となった自治体の対応に納得がいかないとのことで、まずは、自治体の相談員（中小企業診断士）と職員から詳細な経緯説明などを受けることをおすすめしました。

　自治体としては、「金融業が対象外となる認識が甘くて気がつかなかった」と説明していたそうです。自治体から信用保証協会に口添えをしてもらったものの、「対象外である事業を実施する可能性があるので、やはり困難である」という回答でそれ以上の進展はありませんでした。

　これ以上、この件に固執しても前進がないと判断したので、「日本政策金融公庫に申請してみてはどうか？」と提案をしましたが、日本政策金融公庫からも同様の理由で謝絶されてしまう可能性はあります。

　まずは、事前に日本政策金融公庫の相談窓口に、一般論として、本ケースについて相談をしてみたところ、やはり「金融業に該当すると思われます。そういう事業者に対して原則として融資することはできません」との回答でした。

　そこで、本事例においては、日本政策金融公庫に申請することにはしましたが、金融業として認識されて門前払いされる可能性が高かったので、その時は顧問税理士に動いてもらうよう依頼をしました。

　案の定、日本政策金融公庫から「金融業に該当する」との連絡があったので、すぐに相談者と顧問税理士に日本政策金融公庫に行ってもらい、事前に作成しておいた理由書のようなものを提出してそれに基づいて「決して金融業を実施するわけではなく、安易に法人登記する際に目的に金融業を入れてしまった。認識が甘かった」という主旨の説明をしてもらいました。さらに、顧問税理士から「資金を金融業に回さないように毎月チェックをする」という提案をしてもらいました。また、相談者である代表者には日本政策金融公庫に「金融業に資金を流用しない」との覚書を書いて提出することをおすすめしました。

<u>**結果**</u>

　その結果、相当渋られましたが、後日、日本政策金融公庫から 500 万円の融資が実行されることになりました。希望額の 1,000 万円には及びませんでしたが、まずは実績作りが大切です。

　実際のところ、筆者の元には、このような相談事例が一定数あります。対象外業種を商業登記簿謄本に記載してしまうと、融資を受けることができなくなるケースがあるということです。そうはいうものの、同様のケースでも融資を問題なく受けることができている法人もいます。シンプルに貸し手側の金融機関などが「気がつく」か「気がつかない」だけのことかもしれませんが、何とも言い難い現象です。

　しかしながら、このような事例が実際に発生する可能性がありますので、法人の登記をする際には十分に留意して「目的」を決める必要があります。原則として、「実施する予定のない指定外業種を目的には入れない」という認識を持つことをおすすめします。指定外業種を実施するのなら、別法人にするなどの対応が必要になるかもしれませんが、その都度、判断するしかありません。

　この相談者も、法人設立前に融資や資金調達に強い税理士や専門家などに相談していれば、このような目には合わなかったでしょう。なお、本事例においては、顧問税理士に対応してもらうことによって、日本政策金融公庫から融資を受けることができましたが、あらゆるケースにおいて同様の対応をすれば問題ないということではありません。ケースバイケースで考えられる対応策を"ひねり出す"ことが重要です。

主な提出書類

●日本政策金融公庫指定の創業計画書
●日本政策金融公庫指定の借入申込書
●事業計画書
●損益計画書（年度別、月別３カ年）
●理由書
●覚書
など

参照 Q&A

・第２章－１－Q１　どのような融資ルートがあるのか？　P32
・第２章－４　自治体の創業融資制度　P72〜
・第３章－２－Q２　「目的」の注意点とは？　P141

事例
16 法人設立時の資本金額の設定に問題があり、創業融資を受けることができなかった事例

［相談者概要］

●業種：インターネット関連サービス業

●事業内容：ネット通販、インターネットコンサルティングなど

●自己資金：500万円

●希望資金調達額：500万円

［相談内容］

●自己資金500万円のみで開業したものの、第一期の決算にて大赤字を出してしまった。

●手元の自己資金も使い果たしてしまって、日本政策金融公庫と自治体の創業融資に申請したところ、謝絶されてしまった。

●このままでは事業を継続することができないので、何とか500万円の運転資金を調達したい。

本事例のポイント

1．創業「前」融資ではなく、創業「後」融資の申請については、業績が悪化している場合、非常に困難になってしまうケースがあります。

2．少額の資本金の場合は、赤字を出すと資本の欠損、債務超過になってしまうケースもあり、原則として、金融機関の融資審査は厳しくなります。

3．「資本金をどれくらいにするのか？」については慎重に検討する必要があります。過少資本の法人のデメリットを設立前に認識しておくことが

大切です。

解説、相談の経緯・問題点

　創業融資の相談を受けていると、このようなケースは少なくありません。開業当初は自己資金だけで何とかなると計画していたのでしょう。できれば借入をしたくない、という思いで創業される方も少なくありません。借金を嫌う日本人の気質もあると思われます。

　相談者に詳細なヒアリングをすると、多くの課題・問題点が浮き彫りになりました。

■主な問題点
1．自己資金 500 万円は、既に全額を事業に投入してしまって、もう手元資金はほとんどない。
2．資本金 10 万円で法人設立をしている。
3．初年度の決算は大赤字となって、債務超過になっている。
4．当初、税理士と顧問契約をしておらず、決算期になり慌てて税理士に依頼をして決算をした。
5．そして創業融資を申請したが断られてしまった。

　1．についてですが、実際に自己資金は 500 万円を用意していたようですが、法人の「資本金」が 500 万円ということではありません。
　2．については、「なぜ 10 万円なのか？」という明確な理由はないようです。何となくあまり考えずに 10 万円にしたとのことでした。この際に行政書士に依頼したようですが、特にこの点についてのアドバイスはなかったと不満を主張されていました。
　3．については、過少資本の法人ですから、大赤字を出せばすぐに債務超過になってしまいます。
　つまり、この法人は、過小資本であり、第一期目から大赤字になり、債務

超過になってしまっている。そして、資本金以外に投入した自己資金は社長（本人）からの長期借入金として、負債に計上されているという財務状況でした。金融機関は、この会社の貸借対照表を見て、（表現が不適切かもしれませんが）"失敗のビジネスモデル"として判断したのかもしれません。そういう事業者に融資をするのは非常に困難です。謝絶されてしまったのは、至極当然のことなのかもしれません。

相談者としては、「創業時には、創業融資を利用していない。自己資金のみで創業した。現時点でも創業枠の対象になるので、創業融資を受ける権利があるはずだ。断られたのは納得いかない」と憤慨されていましたが、創業「前」に創業融資を申請していたら確かに 500 万円〜 1,000 万円ほどの資金調達は可能だったかもしれません。このように、創業「後」より、創業「前」の方が、創業融資は有利であるということをぜひとも知っておいてください。

さらに、この相談者の場合、創業当時から顧問税理士と契約をしておらず、決算前に慌てて税理士に依頼をしたという点についても問題があったと感じています。創業前に税理士に相談をすれば、過小資本のデメリットやリスクについて指導を受けることができたかもしれません。そして、自己資金のみで創業するのではなく、創業「前」融資を申請する意思決定ができたかもしれません。

アドバイス内容、解決策

この案件に関しては、正直言いまして八方塞がり状態です。今後のビジネスモデルの展開についてヒアリングしても、何しろ「今、資金があればなんとかなる。なぜ公庫は貸さないんだ、おかしいだろ！」を繰り返すばかりです。

謝絶された原因・理由を何度も説明をして、ご本人に何とか納得していただきました。改めて申請するのなら、事業計画を練り直して、さらに自己資金や第三者からの出資などを依頼して、まずは債務超過状態から脱却してか

ら、相談するしかないという主旨のことを説明いたしました。

　それでも、基本的には、この状態で融資を受けることは非常に困難です。よって、増資することによって事業を軌道に乗せてから、日本政策金融公庫や信用金庫などに相談することをおすすめしました。

　なお、一部の専門家においては、このようなケースにおいて、「返済を求めない役員借入金なので、実質的には資本金扱いである」と主張すれば金融機関は認めてくれるというようなアドバイスをする方もいるようです。確かにそういう判断、見方はありますが、最終的に認めるかどうかについては、そのケースごとに金融機関側が判断します。安易にそのように考えるのは実務経験の浅い専門家としか言いようがありません。今回の事例については、金融機関としては、そういう見方をして判断することはできなかったのでしょう。

結果

　最終的には、増資をすることによって事業を軌道に乗せて、その経営状況を金融機関に見てもらってから融資の申請をする、ということで落ち着きました。繰り返しになりますが、創業「前」の創業融資申請なら、500万円〜1,000万円の資金調達は可能だったかもしれません。とても残念な事例だといえます。

参照 Q&A

・第3章－2－Q3　「資本金」の注意点とは？　P143

事例
17
ある社外役員によって、ある特定の金融機関からのみ融資を受けることができない事例

相談者概要および相談内容

[相談者概要]
- 業種：人材派遣業
- 事業内容：人材派遣、および人材育成関連コンサルティングなど
- 希望資金調達額：3,000万円

[相談内容]
- 創業5年目で順調に売上高を伸ばしてきて、複数の金融機関からも問題なく融資を受けることができている。
- しかしながら、どうしてもある特定の金融機関からは融資を受けることができない。
- その理由がどうしてもわからない。今後、他の金融機関からも同様の対応をされるのではないか、という不安を感じている。

本事例のポイント

1. 外部から「社外役員」などを入れる場合は、十分に注意しなければなりません。

2. その役員候補が原因で、ある特定の金融機関との取引などに大きな支障が出る場合もあります。

3. 法人を経営している方を役員として迎え入れる場合には、できれば事前にその法人の財務状況や金融機関との関係などを把握する必要があります。

解説、相談の経緯・問題点

　この事例は、純粋な創業支援事例ではありませんが、創業時に注意していれば回避できたかもしれない事例ですので、取り上げてみました。このようなケースで融資を受けることができない場合もありますので、十分に注意が必要です。

　ある特定からの金融機関から融資を受けることができないという場合の原因の１つとしては、やはりその金融機関との間に何かしらの障害があると想定することができます。金融機関とのトラブルがあったとみるのがセオリーかもしれません。しかしながら、本事例においては、相談者（経営者）に聞いてみますと、全く心当たりがない、とのことでした。

　多くの場合は「役員」とその金融機関との間に何かしらのトラブルが発生している場合が考えられます。また、創業者の親などが経営者である場合も注意が必要です。例えば、親が経営している企業の業績などが悪化しており、借入をしている金融機関などにリスケジュール（返済条件の変更など）などをしていると、その金融機関に融資申請をした場合には、親との取引状況が融資審査に影響してしまう場合も少なからずあります。

　また、メインの主要取引先や親企業などがその金融機関と大きなトラブルを抱えており、その影響を受けているということも考えられます。

　しかしながら、相談者によりますと、このどちらにも当てはまらないとのことですので、理由がどうしてもわかりませんでした。

アドバイス内容、解決策

　このままでは埒が明かないので、筆者が懇意にしている同じ金融機関の別の支店に融資相談をしてみることにしました。反応としては、「順調に事業が伸びていますね。素晴らしい企業さんです。ぜひ、検討させてください」との前向きな姿勢でした。その時に、「実は、他の２つの支店で断られています」ということは事前に伝えましたが、それでも担当者と上司は「それでも一度検討させてください」とやる気満々でした。

結果

　その後、順調に審査も進捗して、相当の手応えがありましたが、最終的には、やはり断られてしまったのです。本当に理由がわかりませんでしたので、担当者に何とか理由を聞き出そうとしました。一般的に、金融機関は、明確な謝絶理由を教えてくれない場合が多々あります。しかしながら、筆者から「もしかしたら役員ですか？」と何気に聞いたところ、担当者は軽く頷いたように感じられました。

　改めて相談者（社長）に「役員さんの中に、この金融機関さんとトラブルがあった方は本当にいませんか？」と再度確認しましたが、「それについては、役員に何度も確認しているのであり得ない」との回答でした。

　それでは、「その金融機関とのグループ会社との取引で大きな問題を抱えている役員はいないか？」と聞き出したところ、それについてはヒアリングをしたことがないとのことでした。そして、改めて役員全員に1人ひとりヒアリングしたところ、ある1人の役員がその金融機関のグループ会社と過去に大きなトラブルがあったことが判明しました。しかしながら、その役員が故意に黙っていたわけではなく、その金融機関のグループ会社だとは知らなかったようです。相談者（社長）も「恐らくそれが原因である」と確信したようです。

　その後、話し合いの場をもって、その役員には形式上、退任していただき、数年後にその金融機関に融資申請をしたところ、少々渋られましたが、融資を受けることができました。しかしながら、本当にそれが原因・理由だったのかについてはわかりません。断定はできません。

　この事例のように、「役員」の金融事故などによって、ある特定の金融機関と取引ができなくなる場合もあります。創業時に法人設立をする際に、役員に就任する方には金融関連のトラブルなどを抱えていないかなど、詳細に調べる必要があります。特に企業経営者である方を役員として迎え入れる場合は、特に注意してください。例えば、その役員候補者が経営している企業

が多くの金融機関にリスケジュールなどをしている状態であったとしたら、本当にその人を役員にいれても問題ないのかなどについて十分に検討する必要があります。全く影響がないとは言い切れませんので、十分にリスクについては考慮するべきです。

　創業時に法人設立する際には、外部から役員を入れる場合は、十分に注意してください。外部役員になる方が目上の方であったりする場合は、「負債の状況などを聞き出すことなどできない」と思われる方も少なくありません。しかしながら、法人設立をして創業融資を申請したら、その方が理由で融資を受けることができなかったとなれば、事実上、創業することができなくなる可能性があります。そういうリスクがあるということも十分に注意してください。

主な提出書類

- 決算書3期分
- 試算表
- 事業計画書／中期経営計画書
- 損益計画書（5カ年）
- 見積貸借対照表（5カ年）
- 資金繰り計画表（年度別5カ年）
- など

参照 Q&A

・第3章－2－Q4　「役員に関する事項」の注意点とは？　P146

許認可事例

<table>
<tr>
<td>事例
18</td>
<td>許認可申請の直前に大規模な追加工事が必要であることが発覚し、申請していた信用金庫の融資も危ぶまれたが、物件変更して事業計画を見直したことで、融資も実行されて許認可も取得できた事例</td>
</tr>
</table>

相談者概要および相談内容

［相談者概要］

●業種：障害福祉事業

●事業内容：障害者グループホーム運営

●自己資金

［相談内容］

●新規に障害者グループホームを立ち上げるため、法人を設立し、事業所となる賃貸不動産の契約も締結している。

●許認可である「指定」を申請する段階で紹介された物件に大規模な追加工事が必要だという問題が発覚したが、どう対処したらよいのか？

●また、融資の申請に影響はあるのか？

本事例のポイント

１．物件の要件を再度確認し、物件の問題点の回避方法を確認します。

２．指定申請までのスケジュールを再確認します。

３．融資を受ける予定の金融機関と調整します。

解説、相談の経緯・問題点など

1　相談の経緯

　相談者は障害福祉業界へ初めて参入するため、フランチャイズへ加盟して、本部からの支援を受けながら障害者グループホームを立ち上げる予定でした。すでに株式会社を設立して、地元の信用金庫に創業融資の申請をしていました。

　当初は、障害福祉事業の許認可である「指定」を受けるための申請手続き支援の依頼でした。ところが、申請準備を進めていくうちに、賃借予定の複数の物件のうち1つが大きなマンションの一角であったことから、消防法で必要な工事が必要となり、他の入居者にも負担が発生する大掛かりなものとなってしまうことが判明しました。工事金額も相当の金額が予想され、対応することが不可能となり、その場所での開設を諦めざるを得ないことになりました。

　しかし、事業計画では3棟運営する予定で、各棟の部屋数が多くないため、今回の物件を外すと当初の収益が見込めず、融資の返済計画にも支障をきたしてしまうことになってしまいます。

　そのため、融資の申し込みをしている信用金庫に連絡をしたところ、「計画が大きく変わるのであれば、一度融資申込を取り下げた方がいいのではないか」とのこと。他の物件はすでに工事にも着手しているため、融資が受けられなくなるのは非常に厳しい状態となるため、事業計画の見直しも含めて再検討することになりました。

2　主な問題点

　本事例においての主な問題点は以下の通りです。

(1)　賃借物件を紹介された時に、建築基準法、消防法などに適合している物件かを確認できていなかった。

(2)　物件についての行政庁との事前相談がされていなかった。

(3) 融資を申し込んでいる金融機関の管轄地域外となると融資が受けられないことを知らなかった。

(4) 複数物件をまとめて開設予定のため、大きな計画変更となり、融資を見直す必要に迫られた。

アドバイス内容、解決策

　融資を受けることができないと、事業そのものを実施することができません。よって、早急な事業計画の見直しをすることとなりました。

　見直しのポイントは以下の2点です。

(1) 当初予定していた物件の契約は中止して、人員等の見直しを図る
(2) 新たな物件を探して、当初予定に近づける

　2棟での収支で利益を出すためには、費用に占める割合の多い人件費を見直す必要がありました。しかしながら、障害者グループホームの場合、入居者の定員に対して必要となるスタッフの人員基準が決まっているため、大幅に減少させることはできません。また、早くから事業に賛同して応募してくれていたスタッフに対して採用の取消を行うことも難しい状況にあることから、3棟での運営が必要であるという結論に至りました。

　そうすると、早急に新しい物件を探さなくてはなりません。そもそも、建築基準法や消防法についての知識がない状態で物件を探していたことが最大の原因の1つだと思われます。よって、建築士を紹介して、共に物件を探してもらうことで、建築基準法や消防法に合致させるための工事が最小限となるようにしました。

　その後、部屋数的にも最適な物件を見つけることができたとの連絡がありました。融資申請が途中で止まっていることもあり、信用金庫に確認しながら進めることを助言しましたが、その物件は信用金庫の管轄外となってしま

うことが判明しました。

　当初予定していた物件は部屋数も多いことから、主たる事務所（指定申請上）として、融資申請先である金融機関を決めていましたが、金融機関を変更すると、改めて融資の審査を行うため時間を要してしまいます。同時に、既工事分の代金支払いにも支障をきたしてしまいます。また、他の2つの物件に関しても金融機関の管轄外であり、本店所在地は市外のバーチャルオフィスのため、急遽管轄内にあるバーチャルオフィスへ本店を移転することしました。金融機関にもその旨を伝えたところ、審査の継続の了解を得ることができました。

　新しい物件による事業計画の見直しおよび今後の追加工事について、建築士の提案を受けながら改めて詳細に検討しました。また、利用者の入居計画についても市役所の福祉課や保健センター等に需要の状況等を確認していただき、実現可能性の高い事業計画を作成しました。

結果

　信用金庫へ事業計画を再提出する際には、今後は税理士と顧問契約をして、財務状況のチェックなどの支援を受けることを伝えました。相談者と共に信用金庫と細やかな情報提供などを行っていたこともあって、スムーズに融資を受けることができました。

　一方、物件変更と本店移転を行うため、すでに作成していた障害者グループホーム指定申請書類も全て作成し直すことになりました。

　新物件も含め、今度は建築士も交えて行政庁との事前相談を行ったこともあり、申請はスムーズに進み、予定より1カ月遅れてしまいましたが、無事に指定通知があり、開設することができました。

　本事例においては、物件に対して行政庁との事前相談で確認することをしていなかったことが最大の原因です。不動産賃貸物件が必要な事業の場合、事前の確認が何より重要です。賃貸物件を扱う不動産会社でもそこまでは把

握することは難しく、できれば建築士等の専門家の支援を受けることをおすすめします。

　今回の場合では、すでに賃貸借契約を締結後に大規模な工事が必要であったことがわかり、物件を変更したことや本店移転という余計な費用が必要となってしまいました。許認可を受けるためにはさまざまな法律による要件をクリアする必要がありますので、専門家の支援を受けながら進めることが必要です。

参照 Q&A

・第3章−4　許認可について　P154〜

事例 19
建設業許可で専任技術者の要件に必要な書類の取得ができないことが直前で判明。改めて経歴等を見直すことで建設業許可の取得ができた事例

相談者概要および相談内容

［相談者概要］
●業種：建設業
●事業内容：電気工事業、内装業

［相談内容］
●新規に会社を設立して建設業許可取得を希望していたが、ご自身で都庁へ相談したら、予定していた専任技術者では許可の取得ができない、と言われてしまった。
●許可取得を予定して、比較的大規模な工事の受注を予定していたため、早急に許可の取得が必要である。どうしたらよいかアドバイスがほしい。

本事例のポイント

1．電気工事業で求められる専任技術者の要件を確認します。
2．予定していた専任技術者で要件をクリアする方法を確認します。
3．それ以外の人で専任技術者になれる人がいるかを確認します。

解説、相談の経緯・問題点

1　相談の経緯

　神奈川県の建設会社に勤務していた相談者が友人B氏と共に独立をして、東京で建設会社を設立することとなり、同時に建設業許可を取得しようとしました。相談者が勤務していた会社で行っていた内装業とB氏が勤務してい

た電気工事業を取得するとのことで、店舗やオフィスのリフォーム等を中心に展開していく予定でした。

　必要となる経営業務の管理責任者等は相談者が以前の会社で長年役員であったことから要件を充たすことができ、専任技術者は内装工事では相談者が、電気工事業ではＢ氏がそれぞれ資格を持っていたので、特に問題はないと考えていたようです。

　ところが、東京都庁に、建設業許可の相談をしたところ、電気工事業の専任技術者としては、電気工事業者登録をしていた前職での実務経験証明が必要であることが判明しました。

　しかしながら、Ｂ氏は前職の経営者と喧嘩別れをして退職しており、実務経験の証明の依頼をすることができません。この実務経験証明書が入手できなければ、専任技術者として登録することができませんので、電気工事業の許可申請はできないことになります。大型案件の受注を想定して独立開業したこともあり、どうしてもこのタイミングで建設業許可を取得する必要がありました。

2　問題点
　本事例の主な問題点は、以下の通りです。

⑴　電気工事業の専任技術者予定だったＢ氏が前職での実務経験証明書を取得できない
⑵　建設業許可取得を見込んでの受注予定であった大型案件に対して電気工事が受注できない可能性

アドバイス内容、解決策

　建設業許可の取得を見込んでの大型案件受注が目前でした。よって、早急に要件を充たす専任技術者を探す必要がありました。

　電気工事業の専任技術者になれる資格は、第一種電気工事士・第二種電気

工事士・1級電気工事施工管理技士など、いくつかありますが、第二種電気工事士の方が専任技術者になるケースが多いです。B氏も第二種電気工事士の資格を有していました。

電気工事の施工については、電気工事業の業務の適正化に関する法律第21条第2項で「登録電気工事業者は、その業務に関し、第一種電気工事士又は第二種電気工事士でない者を一般用電気工事の作業（電気工事士法第3条第2項の経済産業省令で定める作業を除く。）に従事させてはならない。」と定められています。

また、電気工事の施工事業者としては、電気工事業者登録または電気工事業開始届出（みなし電気工事業者登録）が必要です。よって、第二種電気工事士が、一般用電気工作物施工の実務経験を証明して専任技術者の要件を充たす場合は、第二種電気工事士の免状交付を受けてから、電気工事業登録事業者または電気工事業開始届出事業者に在籍していた期間での実務経験証明が必要となります（無資格時の実務経験は経験期間に算入できません）。

B氏の前職の会社はみなし電気工事業者でしたので、第二種電気工事士のB氏が専任技術者になるために、前職で実務経験を証明してもらえるはずなのですが、前職の社長と喧嘩別れをしてしまい、証明をお願いすることができない状態になってしまったのです。

この状況下で、筆者は、相談者に対して、以下の3つの選択肢を提案しました。

1．他の従業員で専任技術者要件に合致する資格を持つ人がいないかを確認してもらう。
2．B氏は長年建設業業界で仕事をしてきたので、今までの経歴の中で前職以外の会社で要件を充たす期間がないかを再度洗い直してもらう。
3．要件を充たす人を採用してもらう。

従業員に確認してみたところ、資格を持っている従業員がいることが判明

しました。しかしながら、若い人が多かったこともあり、資格取得後の実務経験期間が足りませんでした。よって１．の選択肢は使えません。

　３．の新しく人を採用するという案は確実ですが、早急に採用することは非常に困難であり、受注に間に合わない可能性が高いと思われました。

　Ｂ氏によりますと、「建設業界で長く仕事をしてきたが、電気工事業の経験については、前職以外にはほとんどない」ということでした。

　しかしながら、これまでの全経歴を整理してもらい、電気工事に携わっていた経歴について詳細に書き出してもらったところ、複数の会社の経験年数を合計すると、要件を充たすことができる可能性があることが判明いたしました。再度、当時勤務していた会社に連絡をして、詳細について確認してもらうことになりました。

結果

　確認の結果、期間の要件を充たすことができ、実務経験証明書を出してもらうことができました。この間、他の申請書類の作成等準備を並行して行ってきたので、実務経験証明書の取得後に、早急に建設業許可申請を行うことができ、無事に許可を取得することができました。また、大型案件の受注にも何とか間に合って、新会社として最良のスタートアップを実現することができました。

　このように、建設業許可を取得するには、直接的な要件だけでなく関連許可等も関係してくることが多いので注意が必要です。また、今回の工事業種以外でも実務経験が必要となる資格がいくつもあり、前職の会社に連絡ができないというケースも少なくありません。

　できるだけ勤務していた会社との関係が悪くなるような転職を避けることも重要ですが、このようなケースにおいては、前職の会社だけに目を向けるのではなく、すべての経歴を細かく洗い出して、やってきた業務内容を確認することが重要です。

参照 Q&A

・第 3 章 − 4　許認可について　P154 ～

税務会計＋資金調達事例

事例 **20** 会社勤務時代から独立後まで、資金調達の支援および税務等に関する支援を一括して依頼された事例

相談者概要および相談内容

［相談者概要］
- 業種：飲食業
- 事業内容：焼肉店の経営
- 自己資金：相談時はほとんどなし
- 希望資金調達金額：相談時点では未決定

［相談内容］
- 将来独立して、東京都内での飲食店開業を考えている。
- 税務関係をはじめ、融資についてなど、独立前から準備すべきことがあれば教えてほしい。

本事例のポイント

1. まずは自己資金を貯めることが重要です。
2. 独立するまで、できるだけ管理職としての経験を積み、開業前に経営者としての体験をしていただくように提案しました。
3. 工事業者との打ち合わせ、備品価格の調査等を綿密に行い、必要資金についてしっかりと精査していただきました。

解説、相談の経緯・問題点

　現在、飲食店に勤めていて創業を希望している方から、「いずれ独立した

いと思っています。具体的にどのように準備していけばよいかについて、専門家からのアドバイスがほしい」との相談がありました。

相談者へのヒアリングを進めていきますと、個人的な借入はないものの、信用組合への定期積金などが 50 万円程度しかありませんでした。また、厨房での調理は経験してきましたが、ホールでの接客業務や店長などの管理者としての業務はまだ経験がないとのことでした。さらに、出店希望地は、「東京 23 区内で、実家の近く」ということは決まっていましたが、具体的な物件については特に決まっていませんでした。

この相談者の主な問題点をまとめますと、以下の通りです。

■問題点
１．自己資金が少ない。
２．接客業務や管理職としての業務経験を積んでいない。
３．出店したいエリアは決まっているが、具体的な物件は決まっていない。
　これらの問題点をクリアにする必要があります。

アドバイス内容、解決策

幸いなことに、すぐに独立を考えているのでなく、数年後に独立するための事前相談でした。よって、準備期間が十分に確保することができるため、以下のようなアドバイスをいたしました。

１　今月から自己資金を貯める。小資本での起業も検討する。

飲食店のように店舗契約時の保証金から内装工事の代金、設備の購入費用などが多額になる場合は、どうしても必要な調達資金額も多くなります。その際に自己資金がほぼないということになりますと、融資の可能性は非常に低くなります。

幸いなことに、早急に融資の申請をしなければならない状況ではありませ

んでしたので、目標額を決めて毎月資金を貯めていただくよう提案しました。なお、いわゆる"見せ金"などの一時的に知人から借りて通帳に入れておくだけの資金については、原則として自己資金とみなされないので、できる限り貯金していただくように提案しました。

しかしながら、給料からコツコツと400万円や500万円の多額な資金を貯めていくのは非常に時間がかかりますので、一店舗目は初期投資額を抑えて始めることも一案であると提案しました。

焼肉店はスケルトンの状態（コンクリート打ちっぱなしや配管等がむき出しになっている状態）から始める場合、排煙設備など非常に初期投資額がかかります。よって、居抜き店舗の買い取りや小規模店舗での開店、中古備品購入などを検討する場合もあります。必要資金の金額が少なくなれば、多少自己資金の額が少なくても融資を受けることができる可能性は、若干ながら上がるかと思われます。もちろん、相談者のコンセプト次第なので、あくまでも融資面での提案ということになります。

2　店長など管理者としての経験を積む

また、なるべく独立するまでに、店長など店舗運営を経験しておくと、自身の経営のためにも、また融資審査上でも有利になります。

相談者はこれまでは厨房調理をメインに従事していましたが、独立しますと売上管理や外部業者とのやり取り、資金や労務の管理も行わなければなりません。また、ホールなどについては従業員に任せるとしても、接客について一通り経験しておく必要があると思われます。いざ独立してみて、勝手がわからず四苦八苦し、料理の質に影響が出る、接客態度も悪くなる…など影響が出ては、業績に影響を及ぼしかねません。

よって、そのような経験を積ませてもらえるよう、勤務先の社長に相談をして、独立開業後のシミュレーションをしながら、開業前から管理者側の業務についても経験することを提案いたしました。

3　内装、設備などの必要な資金を確認する

　繰り返しになりますが、飲食店は初期投資額が比較的多く必要となる業種です。必要な資金が決まらなければ、調達するべき資金額も明確に定まりません。また、自己資金が最低どれくらい必要なのかについてもわかりません。

　また、いざ開業という時に、計画が不十分であったために、当初予測を上回る資金が必要となってしまい、早急に資金調達計画を見直さざるを得ないという状況になってしまう事例も少なくありません。よって、事前にしっかりと検討しておく必要があります。

　もちろん、物件も決まってないのに工事金額の見積りを取ることは困難ですので、すでに開業されている知人の事業者の方などから、できるだけ多くの情報を集め、まずは、工事金額の相場観を把握することから始めるよう提案しました。

結果

　その後、相談者とは常に連絡を取り合いながらアドバイスを継続していきました。最初の打ち合わせから、およそ3年が経つ少し前に、「実家近くに、居抜きでの店舗買い取りができそうだ」との連絡がありました。

　比較的小規模な店舗でしたが、確認したところ、換気設備等は多少の修繕が必要なものの、営業開始後の利益で少しずつ修繕していけば十分に対応できる程度でした。店舗の買い取り資金は800万円、修繕と備品は約150万円、物件保証金と前家賃等が約350万円、その他の食材費等で200万円、計1,500万円が必要とのことでした。

　また、自己資金については、300万円を用意することができるとのことでした。それでも必要資金の5分の1ですので、十分な自己資金額ではありません。よって、事業計画の妥当性を金融機関へしっかり示していくことが重要になります。

　なお、勤務先の経営者と話し合った結果、店長として業務を任せてもらえ

たため、独立前に管理者側としての経験を積むことができました。よって、接客業務についても経験することができ、また仕入業者などとも繋がりができたようです。これらの経験・実績は、審査において高い評価に繋がる可能性がありますので、積極的に事業計画書などに記載することにしました。

　ただ1つ問題点がありました。今回は法人事業としての開業も選択肢に入れていましたが、自己資金が十分でないため、融資が下りるまで店舗の保証金を支払えず、融資の申込み前に店舗契約してその場所を本店所在地とした法人を設立することができませんでした。また、自宅がマンションであり、こちらを法人の本店所在地とすることはマンションのオーナーより禁止されていたため、法人の本店所在地として登記できる場所が他にありませんでした。

　ただ、個人事業の場合は原則として住所が納税地となり、マンションのオーナーからも特に問題はないとの返答であったことから、個人事業として開業し、納税地を自宅住所とした開業届を提出した後に融資を申し込み、融資が下りたら保証金等を支払い、物件契約をする…という流れで開業手続きを進めるように提案しました。

　結果として、日本政策金融公庫から1,200万円の資金を調達でき、無事に開業することができました。このように、資金調達してから事業を始める場合、早い時期から独立を見越して準備をしていくことも重要です。「焦って開業しても失敗する」、「そもそも資金が集まらない」ということもあります。

　なお、事前にしっかり計数計画をシミュレーションし、この計画を実行すべきかどうか検討する必要があります。それについては相談者にヒアリングをしながら損益計画などを作成するようにしてください。具体的な計数計画の作成方法は後述します。

主な提出書類

- ●日本公庫指定の創業計画書
- ●日本政策金融公庫指定の借入申込書
- ●損益計画書（年度別、月別 1 カ年）
- ●資金繰り計画表（12 カ月分）
- ●資金使途明細リスト
- ●営業譲渡契約書
- ●修理代の見積書
- ●備品の見積書
- ●賃貸契約書（仮）
- ●メニュー案

参照 Q&A

・第 2 章 - 1 - Q 2　自己資金はどれくらい必要なのか？　P35
・第 2 章 - 2 - Q 6　どういう提出書類が必要なのか？　P53

計数計画の作成方法

　創業予定者から相談を受けていますと、よく「面談の際に担当者を説得できるよう、頑張ります！」という方がいらっしゃいますが、「頑張ります！」では不十分です。

　融資を実行するかどうかについての最終的な決裁権があるのは、面接担当者の上司や支店長、本店審査部等であるためです。それでは、実際に会うことができない上司や支店長などに対してどのようにアピールすればよいのでしょうか。それは、「書面で根拠をしっかり示す」ことです。

　これについては、創業融資に限らず、金融機関へ融資を申し込む際には、「融資を受けて、どのように利益を稼いでいくのか」「問題なく返済すること

ができるのか」などについて数字で示す必要があります。

　提出する計数計画の構成についてはいろいろあると思われますが、創業融資を申し込む際は、ひとまず以下の通り作ってみてはいかがでしょうか。

① 　売上計画
② 　損益計画
③ 　資金繰り計画
（仮計算用）返済計画

　これらの資料について、最低でも開業後1年分を作成してみましょう。場合に応じては数年分の計画を求められる場合もあります。以下、それぞれの計画について細かく説明していきます。なお、今回は本事例の飲食業を基に説明していきます。

■〈図表〉計数計画全体（売上計画、損益計画、資金繰り計画）

■ 〈図表〉売上計画

売上計画 (単位：円)

店舗売上 ランチ	合計	1月	2月	3月	4月	5月	6月	7月	8月	9月	10月	11月	12月
客単価	-	1,000	1,000	1,000	1,000	1,000	1,000	1,000	1,000	1,000	1,000	1,000	1,000
席数（席）	-	16	16	16	16	16	16	16	16	16	16	16	16
回転数（回）	-	1.0	1.0	1.0	1.0	1.0	1.0	1.0	1.0	1.0	1.0	1.0	1.0
営業日（日）	-	27	24	27	26	27	26	27	27	26	27	26	27
計	5,072,000	432,000	384,000	432,000	416,000	432,000	416,000	432,000	432,000	416,000	432,000	416,000	432,000

店舗売上 ディナー	合計	1月	2月	3月	4月	5月	6月	7月	8月	9月	10月	11月	12月
客単価	-	5,000	5,000	5,000	5,000	5,000	5,000	5,000	5,000	5,000	5,000	5,000	5,000
席数（席）	-	16	16	16	16	16	16	16	16	16	16	16	16
回転数（回）	-	1.1	0.9	1.1	1.1	1.0	1.1	1.1	1.1	1.0	1.1	1.0	1.5
営業日（日）	-	27	24	27	26	27	26	27	27	26	27	26	27
計	27,320,000	2,376,000	1,728,000	2,376,000	2,288,000	2,160,000	2,080,000	2,376,000	2,376,000	2,080,000	2,160,000	2,080,000	3,240,000

　売上計画の「なぜそのような売上金額になるか？」について、その計算根拠を示す部分になります。これから始めようとする業種によって売上金額の計算根拠は変わりますが、こちらは日本政策金融公庫のホームページにて業種別に例が載っていますので、参考にしてください。

〈参考〉日本政策金融公庫ホームページ「創業計画Q＆A　Q5．売上予測の方法を教えてください。」

　例えば、前述の飲食店ですと、以下のような算式が紹介されています。

⑵　飲食店営業、理・美容業などサービス業関係業種
　　〈算式〉　客単価×設備単位数（席数）×回転数

　上記の算式に各月の営業予定日数をかけて、月別の売上金額を計算します。また、ランチとディナーで分ける場合は、別々に作成して客単価や回転率で差を出して検討してもよいでしょう。なお、ひとまず最後まで計画書を作成して、利益額が多すぎる、または少なすぎるとなるような場合は、まずはこの売上計画の回転数を見直してみるのもよいでしょう。

　また、客単価を大きく変えるのは、店舗のコンセプトが変わりかねないことなので慎重に検討する必要があります。席数や営業日数が大きく変わることも考えにくいでしょう。

　また、現実的でない高い回転率を入力しないと利益・収支がプラスにならないという場合は、経費の金額や設備投資の金額、融資申込金額と月々の返

　済額を見直す必要がありますし、最悪の場合は、さらに高い売上が見込める、または家賃の低い物件への変更も視野に入れる必要があるでしょう。

■〈図表〉損益計画

損益計画　　　　　　　　　　　　　　　　　　　　　　　　　　　　　　　　（単位：円）

科目	合計	1月	2月	3月	4月	5月	6月	7月	8月	9月	10月	11月	12月	
売上合計	32,392,000	2,808,000	2,112,000	2,808,000	2,704,000	2,592,000	2,496,000	2,808,000	2,808,000	2,496,000	2,592,000	2,496,000	3,672,000	
売上原価	11,337,200	982,800	739,200	982,800	946,400	907,200	873,600	982,800	982,800	873,600	907,200		1,285,200	35.0%
売上総利益	21,054,800	1,825,200	1,372,800	1,825,200	1,757,600	1,684,800	1,622,400	1,825,200	1,825,200	1,622,400	1,684,800	1,622,400	2,366,800	
広告宣伝費	360,000	30,000	30,000	30,000	30,000	30,000	30,000	30,000	30,000	30,000	30,000	30,000	30,000	グルメサイト掲載料
人件費	4,200,000	350,000	350,000	350,000	350,000	350,000	350,000	350,000	350,000	350,000	350,000	350,000	350,000	2人分
減価償却費	600,000	50,000	50,000	50,000	50,000	50,000	50,000	50,000	50,000	50,000	50,000	50,000	50,000	内装工事÷15年÷12か月
賃借料	180,000	15,000	15,000	15,000	15,000	15,000	15,000	15,000	15,000	15,000	15,000	15,000	15,000	レジ等
消耗品費	1,619,600	140,600	105,600	140,600	135,200	129,600	124,800	140,600	140,600	124,800	129,600	124,800	183,600	5%
水道光熱費	2,591,360	224,640	168,960	224,640	216,320	207,360	199,680	224,640	224,640	199,680	207,360	199,680	293,760	8%
カード手数料	485,880	42,120	31,680	42,120	40,560	38,880	37,440	42,120	42,120	37,440	38,880	37,440	55,080	30%×5%
通信費	240,000	20,000	20,000	20,000	20,000	20,000	20,000	20,000	20,000	20,000	20,000	20,000	20,000	有線他
地代家賃	3,600,000	300,000	300,000	300,000	300,000	300,000	300,000	300,000	300,000	300,000	300,000	300,000	300,000	
衛生費	323,920	28,080	21,120	28,080	27,040	25,920	24,960	28,080	28,080	24,960	25,920	24,960	36,720	1%
雑費	600,000	50,000	50,000	50,000	50,000	50,000	50,000	50,000	50,000	50,000	50,000	50,000	50,000	
販管費計	14,800,760	1,250,240	1,142,360	1,250,240	1,234,120	1,216,760	1,201,880	1,250,240	1,250,240	1,201,880	1,216,760	1,201,880	1,384,160	
営業利益	6,254,040	574,960	230,440	574,960	523,480	468,040	420,520	574,960	574,960	420,520	468,040	420,520	1,002,640	
支払利息	243,005	0	24,100	23,698	23,296	22,895	22,493	22,091	21,690	21,288	20,886	20,485	20,083	
経常利益(税引前利益)	6,011,035	574,960	206,340	551,262	500,184	445,145	398,027	552,869	553,270	399,232	447,154	400,035	982,557	
法人税等	1,803,300												1,803,300	
当期純利益	4,207,735	574,960	206,340	551,262	500,184	445,145	398,027	552,869	553,270	399,232	447,154	400,035	△820,743	

　売上計画がおおよそ決定しましたら、原価・諸経費などを検討していきましょう。原価については、「売上金額×原価率」で求めることが一般的であると思われます。なお、原価率など業界平均の数値は、日本政策金融公庫のホームページで公表されている「中小企業の経営等に関する調査」の「小企業の経営指標」という統計データが参考になります。日本政策金融公庫にて融資を受けている企業の財務指標を業種別に公表している資料です。すべての業種を網羅しているわけではありませんが、ぜひ確認されることをおすすめします。

〈参考〉日本政策金融公庫　中小企業の経営等に関する調査　小企業の経営指標調査

　上記指標にて「売上高総利益率」がわかります。売上総利益率は、売上高から原価を引いた利益の率ですので、売上高総利益率が65％であれば、原価率は35％になります。

　次に、必要経費についてリストアップしていきましょう。飲食業の場合、重要な項目については、以下のものが挙げられるかと思います。

・人件費（法人役員、従業員、アルバイトの給与、社会保険料など）

・水道光熱費

・通信費（電話代、有線使用料、Wi-fi 使用料）など

・家賃（店舗家賃、駐車場代）

・減価償却費（内装÷15 年÷12 カ月など）

・賃借料（リース代金など）

・諸雑費

　販売管理費の合計を立てたら、支払利息の額も計上しておきましょう。支払利息に関しては、返済計画表を別シートに作成して金額を計算することをおすすめします。

■〈図表〉返済計画表

（仮計算用）返済計画表

資金使途	運転資金
融資金額	12,000,000
回数	60
利率	2.41%

回数	日付	元金	利息	残高	回数	日付	元金	利息	残高
-	-	0	0	12,000,000	31	R5.8	200,000	12,050	5,800,000
1	R3.2	200,000	24,100	11,800,000	32	R5.9	200,000	11,648	5,600,000
2	R3.3	200,000	23,698	11,600,000	33	R5.10	200,000	11,246	5,400,000
3	R3.4	200,000	23,296	11,400,000	34	R5.11	200,000	10,845	5,200,000
4	R3.5	200,000	22,895	11,200,000	35	R5.12	200,000	10,443	5,000,000
5	R3.6	200,000	22,493	11,000,000	36	R6.1	200,000	10,041	4,800,000
6	R3.7	200,000	22,091	10,800,000	37	R6.2	200,000	9,640	4,600,000
7	R3.8	200,000	21,690	10,600,000	38	R6.3	200,000	9,238	4,400,000
8	R3.9	200,000	21,288	10,400,000	39	R6.4	200,000	8,836	4,200,000
9	R3.10	200,000	20,886	10,200,000	40	R6.5	200,000	8,435	4,000,000
10	R3.11	200,000	20,485	10,000,000	41	R6.6	200,000	8,033	3,800,000
11	R3.12	200,000	20,083	9,800,000	42	R6.7	200,000	7,631	3,600,000
12	R4.1	200,000	19,681	9,600,000	43	R6.8	200,000	7,230	3,400,000
13	R4.2	200,000	19,280	9,400,000	44	R6.9	200,000	6,828	3,200,000
14	R4.3	200,000	18,878	9,200,000	45	R6.10	200,000	6,426	3,000,000
15	R4.4	200,000	18,476	9,000,000	46	R6.11	200,000	6,025	2,800,000
16	R4.5	200,000	18,075	8,800,000	47	R6.12	200,000	5,623	2,600,000
17	R4.6	200,000	17,673	8,600,000	48	R7.1	200,000	5,221	2,400,000
18	R4.7	200,000	17,271	8,400,000	49	R7.2	200,000	4,820	2,200,000
19	R4.8	200,000	16,870	8,200,000	50	R7.3	200,000	4,418	2,000,000
20	R4.9	200,000	16,468	8,000,000	51	R7.4	200,000	4,016	1,800,000
21	R4.10	200,000	16,066	7,800,000	52	R7.5	200,000	3,615	1,600,000
22	R4.11	200,000	15,665	7,600,000	53	R7.6	200,000	3,213	1,400,000
23	R4.12	200,000	15,263	7,400,000	54	R7.7	200,000	2,811	1,200,000
24	R5.1	200,000	14,861	7,200,000	55	R7.8	200,000	2,410	1,000,000
25	R5.2	200,000	14,460	7,000,000	56	R7.9	200,000	2,008	800,000
26	R5.3	200,000	14,058	6,800,000	57	R7.10	200,000	1,606	600,000
27	R5.4	200,000	13,656	6,600,000	58	R7.11	200,000	1,205	400,000
28	R5.5	200,000	13,255	6,400,000	59	R7.12	200,000	803	200,000
29	R5.6	200,000	12,853	6,200,000	60	R8.1	200,000	401	0
30	R5.7	200,000	12,451	6,000,000					

　この返済計画表などを元に、融資金額、返済期間、利率を決定していきましょう。利率については、日本政策金融公庫についてはホームページにて公表されていますので、参考にしてください。

〈参考〉日本政策金融公庫　国民生活事業（主要利率一覧表）

　なお、本事例においては、新創業融資制度を参考にしましたので、基準利率の2.41％（令和2年12月1日現在）としました。また、主要利率は数カ月に1回見直されますので、ご注意ください。実際には利息は日割りにて計算されますが、創業計画書作成時にはそこまで細かく作成する必要はないでしょう。算式は以下になります。

■〈算式〉

前月末残高×金利（F4で固定）÷12

　なお、Excelにて掛け算・割り算の算式を組む場合は、『ROUNDDOWN』関数を使って円未満切捨てをすると便利です。計算の結果円未満の端数が出た場合、表示上は円単位で表示されていても、内部では円未満の金額も計算過程に含まれているので、表示されている数値を検算した際に差額が生じてしまいます。

　また、返済額についても、例えば千円未満は切り上げて端数は初回や最終返済月に集約して、返済計画書を作成すると思われますが、創業計画書の作成時は、単純に『融資金額÷返済回数（月数）』で問題ないと思われます。返済計画表で各月の利息額が決定しましたら、損益計画の支払利息の欄に連動させます。

　次に、法人税等の金額については、細かく計算する必要はないと思われます。便宜上、「経常利益×30％」でよいと思われます（計画書にて特別利益・特別損失を計上することは少ないと思われますので、ここでの経常利益

は、税引前当期純利益と同じだと考えていただいて結構です。）。

　なお、税引後の当期純利益が借入金の年間返済額を下回ることのないように注意してください。また、多少なりとも“保守的”に見積る場合であっても、１年後の単月での純利益がマイナスとなることはないようにしましょう。金融機関から、「１年後もまだ赤字のビジネスに資金を貸すのか…」と評価されかねません。

■〈資料〉資金繰り計画

資金繰り計画　　　　　　　　　　　　　　　　　　　　（単位：円）

項目	合計	1月	2月	3月	4月	5月	6月	7月	8月	9月	10月	11月	12月	備考
月初残高	3,000,000	3,000,000	3,068,800	3,034,660	3,526,402	3,863,066	4,143,651	4,379,198	4,822,627	5,225,897	5,434,569	5,744,203	5,981,758	
月間売上	22,674,400	1,965,600	1,478,400	1,965,600	1,892,800	1,814,400	1,747,200	1,965,600	1,965,600	1,747,200	1,814,400	1,747,200	2,570,400	当月売上×70%
カード売掛金回収	8,745,600	0	738,000	738,000	826,800	794,400	763,200	795,600	842,400	795,600	763,200	763,200	925,200	前月売上×15%+今月売上×15%
現金仕入	△2,267,440	△196,560	△147,840	△196,560	△189,280	△181,440	△174,720	△196,560	△196,560	△174,720	△181,440	△174,720	△257,040	当月売上原価×20%
買掛金支払い	△8,041,600	0	△786,240	△591,360	△786,240	△757,120	△725,760	△698,880	△786,240	△786,240	△698,880	△725,760	△698,880	前月売上原価×80%
人件費	△4,200,000	△350,000	△350,000	△350,000	△350,000	△350,000	△350,000	△350,000	△350,000	△350,000	△350,000	△350,000	△350,000	販管費-(人件費+減価償却費)
その他経費	△10,000,000	△850,240	△742,360	△850,240	△834,120	△816,760	△801,880	△850,240	△850,240	△801,880	△816,760	△801,880	△984,160	
支払利息	△243,005		△24,100	△23,698	△23,296	△22,895	△22,493	△22,091	△21,690	△21,288	△20,886	△20,485	△20,083	
経常収支	6,667,195	568,800	165,860	691,742	536,664	480,585	435,547	643,429	603,270	408,672	509,634	437,555	1,185,437	
内装工事等	△9,000,000	△9,000,000												
店舗保証金	△3,000,000	△3,000,000												
備品等購入	△500,000	△500,000												
設備収支	△12,500,000	△12,500,000	0	0	0	0	0	0	0	0	0	0	0	
借入収入	12,000,000	12,000,000	0											
借入返済	△2,200,000	0	△200,000	△200,000	△200,000	△200,000	△200,000	△200,000	△200,000	△200,000	△200,000	△200,000	△200,000	
財務収支	9,800,000	12,000,000	△200,000	△200,000	△200,000	△200,000	△200,000	△200,000	△200,000	△200,000	△200,000	△200,000	△200,000	
当月収支	3,967,195	68,800	△34,140	491,742	336,664	280,585	235,547	443,429	403,270	208,672	309,634	237,555	985,437	
月末残高	6,967,195	3,068,800	3,034,660	3,526,402	3,863,066	4,143,651	4,379,198	4,822,627	5,225,897	5,434,569	5,744,203	5,981,758	6,967,195	

　損益計画が決定したら、資金繰り計画を作成します。資金繰り計画は現預金の動きを表すものであり、構成は「経常収支」、「設備収支」、「財務収支」に分類することをおすすめします。

　資金繰り計画を基に、「月初の残高がどれくらい変動し、月末の残高がどれくらいになるのか」について示していきます。業種によっては損益と資金の動きが“ずれる”場合もありますし、融資返済額は損益計画には記載されません。借りた資金を「返済できるのか？」を示すためにも、積極的に資金繰り計画を作成することをおすすめします。

　まず、最初の月の月初残高は、自己資金の額が入ります。そして、売上高を内容によって分けていきます。飲食業であれば現金回収（当月回収）のものと、カード決済など数日後回収されるものがあるかと思われます。翌月回収のものはパーセンテージを決めて翌日に反映させるようにしましょう。人件費については、そのまま当月締め当月払いならそのまま同じ月に計上し、もし当月締め翌月支払いなら翌月の欄に計上しましょう。

　次に、設備収支の部分についてですが、創業計画書の設備資金の額を記入するようにしてください。その他、開業時に必要となる食器や備品などもここに記載するとよいでしょう。ここに該当する金額は、リスト化して金融機関に提出できるのが理想です。

　最後に、財務収支の部分について見ていきます。財務収入については、借入金額を入力・連動させます。当然ですが、今回の申込金額、借入希望の月と一致させてください。財務支出は返済額になります。月々の返済額を連動させておいてください。

　なお、全体的にいえることですが、計算根拠や各科目の詳細などは、各行の右に摘要欄を設け、そちらに記載しておくとよいと思われます。金融機関にも伝わりやすいですし、面談時の返答としてもメモとして活用できるので便利です。

　以上が計数計画作成の基礎になります。また、状況に応じて、相談者へのヒアリングを基に適宜アレンジするようにしてください。

助成金事例

事例 21 会社設立の際に従業員採用にあたってキャリアアップ助成金を獲得した事例

相談者概要および相談内容

［相談者概要］
- ●業種：美容院

［相談内容］
- ●美容室をオープンして半年ほど経っているが、これから店をより大きくしていくために優秀な従業員を採用したい。
- ●キャリアアップ助成金を利用したい。

本事例のポイント

1．キャリアアップ助成金の対象事業主要件を確認します。
2．計画的な採用スケジュールを計画します。
3．就業規則、賃金規定等規定類を整備します。
4．助成金申請スケジュールを確認します。
5．助成金は営業外の特別利益に計上されます。

解説、相談の経緯・問題点

　知人の弁護士から、「自分が通っている美容室の社長が美容室をオープンして半年ほど経っているが、これから店をより大きくしていくために優秀な従業員を採用したいと考えている。社長はキャリアアップ助成金を利用したいと言っているので力になってほしい」という依頼がありました。

　早速社長に面談したところ、まだ20代の社長で、「まずは1店舗をオープンしたが軌道にのれば2〜3年以内に数店舗開店したい。1店舗あたり正社員3人＋パート、アルバイトでやれるので、大至急社員を採用していきたい。ただし、資金に余裕がないので、キャリアアップ助成金なるものがあると聞いたのでそれを利用したいと考えている。」とのことでした。

アドバイス内容、解決策

(1)　採用計画の確認

　現在の従業員は2名（契約社員）にパート、アルバイトです。近い将来そのうちの1人に別の店を任せたいと思っているが、従業員との相性がよければ早く正社員にしたいと考えています。また、できるだけ正社員を増やして店を拡大したいですが、1店舗はそんなに大きくせず、社員3名がいれば十分採算がとれると見込んでいます。

(2)　キャリアアップ計画書の作成

　まずは、キャリアアップ計画の期間を決めて、どのようなコースに取り組むかを決定します。また、対象者をどのようにするか、目標人数、目標を達成するために講じる措置等を決定し、労働者代表と会社代表が連名で、労働局長あてキャリアアップ助成金≪キャリアアップ計画書≫を提出しました。

　本事例の場合は、次の通りです。

①　キャリアアップ計画期間

　　平成28年12月1日から平成31年11月30日（後に2年間延長）

②　キャリアアップ計画期間中に講じる措置

　　正社員コース、人材育成コース、処遇改善コース等があったが、当社は正社員コース（正規雇用等）のみを選択

③　対象者

　　入社後6カ月以上勤務した有期契約労働者

④　目標

　対象者のうち6名程度

⑤　目標を達成するために講じる措置

　正規雇用労働者へ転換するため、面接や昇格試験等を実施する。

⑥　キャリアアップ全体の流れ

　正規雇用の労働者への転換および直接雇用するための制度整備を行い、対象者の範囲や制度内容を周知した上で、希望する契約社員、パートタイム労働者および派遣労働者を募集し、昇格試験等の評価により正規雇用への転換または直接雇用を判断する。

(3)　就業規則、賃金規定の修正、出勤簿の管理

a　上記のキャリアアップ助成金の申請時に重要なことは、キャリアアップ計画書と就業規則の整合性を図ることです。具体的には、従業員の適用範囲と正規雇用や無期雇用への転換制度を就業規則で規定することです。契約社員を正社員に転換すると規定しながら、就業規則で契約社員の取り決めがない場合がよく見られるので要注意です。

＊　従業員10人未満の会社は、労働基準法上の就業規則作成・届出義務はないが、助成金を申請する場合は、必ず就業規則を作成することをおすすめします。

具体的には、就業規則を次のとおり改訂しました。

（適用範囲）

　1．本規則は、従業員に適用する。

　2．本規則でいう「従業員」とは、本規則第○条の手続きを経て採用され、期限の定めのない労働契約を締結したものをいう。

　3．契約社員・パート・アルバイトの就業に関する事項については、その性質に反しない限りにおいてこの規則を準用する。

（正規雇用への転換）・・・新規作成

第○△条　勤続2年未満の者で、本人が希望する場合は、正規雇用に転換させる場合がある。

　　2　転換時期は、有期契約期間満了後の翌月1日とする。

　　3　転換させる場合の要件および基準は、別表1（正規雇用への転換）

　　　に定める。

（無期雇用への転換）・・・新規作成

第○×条　勤続2年未満の者で、本人が希望する場合は、無期雇用に転換さ

　　　せることがある。

　　第2項および第3項・・・・省略

（派遣社員からの採用）

第○▽条　会社は派遣社員を、本人が希望する場合は、正規雇用又は無期雇

　　　用として採用することがある。

　　2　転換時期は、毎年4月1日とする。

　　第3項・・・・省略

（正規雇用への転換・・・別表1）・・・新規作成

正規雇用への転換要件・基準

　　1　契約期間中の業務遂行能力が一定水準以上の者

　　2　正規雇用と同様の勤務期間・日数で勤務が可能な者

　　3　所属長の推薦があり、実務試験及び部門長の面接試験に合格した者

（無期雇用への転換・・・別表2）・・・新規作成

　無期雇用への転換要件・基準

第1項、第2項および第3項・・・省略

b　次に、キャリアアップ助成金を申請するにあたり、スムーズに申請でき
るように、賃金規定を見直し、出勤簿も出退社時間と残業時間を明確にす
るように変更しました。

　キャリアアップ助成金を申請する際には、固定残業代の考え方が問題に
なります。あくまで固定残業代は基本給の枠外であることに注意が必要で
す。基本給をアップせずに固定残業代のみを5％アップしても、所定の要

件をクリアできないものです。

　また、残業代の未払いなどは本来あってはならないことなので、出勤簿と賃金台帳との整合性も重要なポイントです。

⑷　契約社員から正社員への変更

　契約社員に採用しての 6 カ月目には、本人の希望を聞きながら当美容室のキャリアアップ計画に基づく研修カリキュラムの進捗状況を把握し、社長との個別面談を経た上で、当期については順次 3 人を正社員に転換させました。

　本事例については、当時存在した職場定着支援助成金も活用したので、新人期間の研修プログラムを作成し、目標到達点を明確にしていたので個別面談にての判断については、客観的に行われたものです。

⑸　キャリアアップ受給申請書の作成・提出

・正社員転換後、6 カ月後の給与を支払った翌日から 2 カ月以内がキャリアアップ助成金の申請期限です。本事例でみてみましょう。

　　　給与の支払いが月末〆で翌月 20 日の場合

　　　転換日が 4 月 1 日

　　　6 カ月後の給与支払日・・・10 月 20 日

　　　申請期間・・・10 月 21 日〜 12 月 20 日

　＊本事例の場合、11 月 6 日付にて申請書を提出しました。

　＊基本給と残業代の支払ベースが異なる場合は、遅い方の支払完了後 2 カ月内が期限となるので、注意が必要です。

・正社員コース支給申請提出書類

　　①　キャリアアップ助成金支給申請書

　　②　正社員化コース内訳

　　③　正社員化コース対象労働者詳細

　　④　支給要件確認申立書

⑤　確認を受けたキャリアアップ計画書（写）

⑥　転換制度が規定されている労働協約、就業規則（写）

⑦　対象労働者の転換が確認できる書類（労働条件通知書または雇用契約書）（写）

⑧　対象労働者の賃金台帳（写）および賃金5％以上増額に係る計算書・・原則転換前6カ月分および転換後6カ月分

⑨　対象労働者の出勤簿またはタイムカード（写）・・転換前6カ月分および転換後6カ月分

⑩　中小企業であることが確認できる書類・・登記事項証明書など

⑪　支払方法・受取人住所届

＊　上記提出書類すべてにおいて整合性が取れている必要があります（就業規則（賃金規定）と賃金台帳、労働条件通知書と賃金台帳、勤務表と賃金台帳等）。また、賃金アップ5％以上についても、細かい取り決めがあるので、条件面をよく確認する必要があります。

＊　令和3年4月1日以降賃金アップ率は3％以上に変わりました。

結果

(1)　キャリアアップ助成金の受給

　キャリアアップ助成金申請後、問題がなければ3カ月後〜10カ月後には支給決定通知書が出されて入金になります。本事例では翌年の3月9日付で入金がありました。

　各都道府県によって処理月数は異なりますが、早くても4カ月程度はみてください。なお、申請に不備がある場合は、これも多くの労働局で6カ月前後に照会が入るようです。いずれにしても、契約社員を採用してからは約2年以内に助成金を受領することになります。開業1年目の運転資金にキャリアアップ助成金受給というのは難しいので、1年目に必要な資金は創業融資制度等をおすすめするようにしてください。

⑵　財務面への影響

　実質 2 期目の当会社の財務内容をみてみましょう。

・売上高	44,750 千円
・売上総利益	40,650 千円
・販管費	43,095 千円
・営業利益	△ 2,445 千円
・雑収入	<u>2,999 千円</u>
・当期利益	284 千円
・期末繰越利益剰余金	△ 224 千円
・資本金	8,000 千円
・純資産	7,775 千円
・負債・資産の合計	31,542 千円

　ここで注目していただきたいのは、営業利益ではマイナスですが、雑収入（助成金）が効いて当期利益は黒字化していることです。ちなみに、雑収入の内訳は、キャリアアップ助成金が 1,710 千円、その他助成金が 770 千円で、助成金の合計は 2,480 千円です。キャリアアップ助成金が 1,710 千円ということは、正社員化した従業員が 3 人いたということです。

　実質 2 期目の会社で期末従業員 6 名ですが、助成金を上手に活用して業績を順調に拡大していることが読み取れると思います。

主な提出書類

① キャリアアップ計画届提出時

●キャリアアップ計画書

●労働協約または就業規則

② キャリアアップ助成金（正社員化コース）支給申請書提出時

●キャリアアップ助成金支給申請書

●正社員化コース内訳

●支給要件確認申立書

●転換制度が規定されている労働協約、就業規則（写）

●対象労働者の転換前後の労働条件が確認できる書類
（労働条件通知書または雇用契約書）（写）

●対象労働者の賃金台帳（転換前 6 カ月分、転換後 6 カ月分）（写）

●対象労働者の出勤簿またはタイムカード（写）
等ですが、詳細は、上述(5)キャリアアップ受給申請書の作成・提出を参照ください。

参照 Q&A

・第 5 章－ 5 － Q 2 　キャリアアップ助成金とは？　 P239
・第 5 章－ 5 － Q 5 　助成金に関する Q ＆ A 　 P245

おわりに

　ここまでお読みいただき、誠にありがとうございます。

　本書では、税理士が創業支援を行うにあたりよくある質問や疑問点、またそれらに対する回答について記載させていただきました。

　そして税務以外にも事業資金の調達や法人設立の手続き、社会保険事務など創業期の事業者が直面する分野全般について取り上げ、またそれらを基にした具体的な事例についても記載するなど、実務に役立つハンドブックとなっています。

　ぜひ創業者とのコミュニケーションに、また事務所の職員様への指導や所内研修などにご活用頂けますと幸いです。

　『吉田先生、本の出版のしかたを教えてください！』

　２年前の夏、私は以前より抱いていた願望を吉田学先生へお伝えしました。

　その頃の私は、独立して数年が経ち創業者への支援に大きなやりがいを感じていました。しかし、あまりの多忙さに一人で行う起業・創業支援業務に時間的な限界を感じていました。もっと多くの税理士が創業者の支援に取り組むにはどうしたらいいのか。もっと多くの方が起業の不安に負けずに、自分の夢の実現の第一歩を踏み出すためにはどうしたらいいのか、という考えをずっと持っていました。

　その矢先に、吉田学先生から『来月の勉強会、テーマの希望はありますか？』とのメールが届いたのです。私はすぐ、前述の返信をさせて頂きました。

　吉田先生は快く引き受けてくださり、後日丁寧に商業出版の手順と経験についてご教示くださいました。また、吉田先生も当初は出版経験のある方と

の共著で執筆活動を開始されており、出版社様へ企画を提出する際に有利ですよ、とも教えてくださいました。

　そのお話を聞いた私はいてもたってもいられなくなり、『吉田先生、僕と一緒に創業支援の本を書いてください！』とその場で直訴しました。

　すると、『今、出版者様より企画を持ち掛けられています。朴さん、一緒にやってみますか？』と、まさかのお言葉をいただきました。

　私は、二つ返事で承諾いたしました。

　自分が新卒の頃から書籍を参考にさせていただいている著名な先生と、まさか一緒に本を出版できる事など、滅多にあることではありません。絶対に原稿期日を守れるか、途中で投げ出さないかとの条件をいただきました。私は『100％、遵守します』と即答しました。

　しかしいざ始めてみると、本を執筆して世に送り出すということは簡単なものではありませんでした。

　どんなことを伝えたいか、どのように書けば伝わるか、今の税制に対応しているか、用語は正しいかなど、読者の皆様にきちんと理解していただくために、ありとあらゆる側面から文章を考え、言葉を選びました。

　ただ、仕事の知識や経験はあっても、人生の経験からくる言葉や表現が見つからず、腑に落ちない事も多々ありました。

　悩みに悩みましたが、普段私の仕事に関わっていただいている経験豊かな士業の先生方、勤務時代の上司や友人達よりアドバイスをいただけることで、私自身納得がいく、読者の方々にお読みいただいても、良いと思える原稿を仕上げることができました。ご協力いただけた皆様に、心より感謝を申し上げます。本当にありがとうございました。

　この「おわりに」を書いている令和３年２月現在、新型コロナウィルス感染症に伴う緊急事態宣言の下、飲食業、観光業等人と密接に関わる企業を筆頭として、多くの企業が業績悪化に苦しんでいます。その結果として、企業

にとって生命線である資金繰りにも苦しんでいる姿を目のあたりにする機会が増えています。

新型コロナウィルスの影響で公的融資・民間融資共にスムーズに融資が行われていた令和2年の前半に比べて、令和2年末から令和3年以降は、金融機関の方々の対応も変わってきています。何にお金を使い、どのように返していくのか、という資金使途や返済可能性を示すことがより重要になってきています。だからこそ、事業計画をしっかり作成することが必要になるのです。そして、その事業計画には、行動計画（アクションプラン）が必須です。行動するからこそ、現実が変わります。行動できないような夢物語に金融機関の方々は付き合えないのです。

同じことは創業される方にもいえます。事業計画に、行動計画を組み合わせてこそ、信ぴょう性が増し、金融機関を説得することができるのです。

しかし、創業者も経営者もスーパーマンではありません。物事の先を見る力を持ちながらも、管理をする事が苦手という方が多くいらっしゃいます。そこで、創業者や経営者の方々が苦手な部分をぜひ、士業の先生方にサポートしていただきたいのです。士業の先生方が創業者や経営者とともに新しい一歩を踏み出し、今の苦境を乗り越え、さらなる発展につながるため、資金調達を始めさまざまな面で活躍されることを祈念してやみません。

世界で約4,000万人が亡くなったスペイン風邪や、9カ月で患者数が約8,000人に達したSARSも私達は乗り越えてきました。ですから、きっと危機は克服され、新たな一歩を踏み出せるチャンスはやってくると、私は信じています。

創業者や経営者の方と危機を乗り越え、新しい一歩のチャンスを一緒に分かち合い、喜びの握手を交わした時は、サポートさせていただいてよかったと実感できます。

よろしければ、私達と共に創業支援・事業計画作成などを通じて、今まで以上に創業者や経営者のお役に立っていただくきっかけになれば幸甚です。

最後に、このような素晴らしい書籍を出版できたのも、北浦千加先生、小島和則先生、松崎哲也先生、山下清徳先生、実務経験の豊富な先生方がそれぞれの分野について執筆をしてくださったからです。先生方と一緒に書籍を出版できたことを大変嬉しく思います。

　そして何より吉田学先生、今回の執筆活動のチャンスを頂き、また私のわがままを聞いていただき、本当にありがとうございます。今回の創業支援についての執筆活動、またそれ以外でも新型コロナウィルス感染症の影響による経済危機に対する支援活動を一緒に行う事で、事業に失敗する創業者や経営者を一人でもなくしたい、という先生の仕事に対する姿勢を学びました。

　今回頂いた貴重な経験をもとに、今後も執筆活動と経営者様への支援を続けてまいります。

　令和3年5月

山下清徳先生のあとに署名

　　　　　　　　　　　　　　　　　　　　　朴　　俊亨

監修・著者紹介

【監修・著者】
吉田　学　（ヨシダ　マナブ）

株式会社 MBS コンサルティング　代表取締役
財務・資金調達コンサルタント
1998 年の起業以来、創業者や中小事業者の財務・資金調達コンサルティング（公的融資、銀行融資、補助金支援等）に特化して支援をしている。
現在、全国の税理士や士業、経営者を対象とした会員制の財務・資金調達の勉強会である「資金調達サポート会」（FSS）を主宰している。
主な著書、共著に「社長のための資金調達 100 の方法」（ダイヤモンド社）、「税理士・認定支援機関のための資金調達支援ガイド」（中央経済社）、「中小企業の財務改善ノウハウ」（第一法規）など、多数ある。
【URL】http://www.fa-ps.com/
【執筆担当】Q&A 編第 1 章、第 2 章 5 〜 7、第 3 章 4
　　　　　　実践事例編事例 1 〜 6、8、10 〜 17

【著　者】（五十音順）
北浦　千加　（キタウラ　チカ）

行政書士きたうら総合事務所　代表
行政書士・財務コンサルタント
2015 年 6 月 行政書士登録・開業
IT メーカー、建設会社、広告会社、ゲーム制作会社等、様々な業種の中小企業で 30 年以上経理を中心に管理部門で勤務し、自社での「資金調達」等、企業の実務に精通。行政書士として独立後、長年の経理の知識と、中小企業であるからこそ必要な「資金繰り」や「資金調達」の経験を生かして、数字を通して中小企業の財務支援をしている。
創業者や中小企業の創業融資を始めとした公的融資や銀行融資、補助金といった資金調達支援業務と障害福祉事業・建設業・公益法人・NPO 法人運営支援を中心に活動。
【URL】https://office-kitaura.com
【執筆担当】Q&A 編第 3 章、実践事例編事例 7、9、18、19

小島　和則（コジマ　カズノリ）

こじま行政書士事務所　代表　行政書士
2017 年行政書士登録・開業。医療法人の許認可業務をメインに、各種許認可業務に携わっている。その他、事業主の支援のために融資・補助金・助成金にも対応している。
30 年以上の大手 IT メーカーでのサラリーマン経験を活かして、視座を高くした課題の本質に則った対応を強みにしている。
医師を支援したくて行政書士になったため、作成書類が多い・手続き行政庁が多い・手続きに期限がある・非営利法人としての活動遵守など、困難で対応している行政書士が少ない医療法人の手続きも積極的に対応している。また、事業主の夢を実現することも大好きなので融資案件にも精力的に対応している。
【URL】https://kojima-bureau.com/
【執筆担当】Q&A 編第 3 章 1、4

朴　俊亨（パク　チュンヒョン）

プランニングパートナーズ税理士事務所　代表税理士
平成 28 年 12 月税理士試験合格（簿記論、財務諸表論、法人
税法、消費税法、国税徴収法）、東京税理士会所属。
新卒から 10 年以上、創業者やオーナー企業、資産家へのサ
ポートを行っている。
起業・事業拡大のための資金調達、上場・非上場企業の税務
申告、税務調査対策、事業計画策定支援、事業承継や相続対
策、グループ内組織再編など通算して数千件の実務を担当。
創業者への公的融資獲得の支援を中心に、独立後 4 年間での
融資獲得支援実績は 10 億円を超える。
【URL】http://p-partners.net/
【執筆担当】Q&A 編第 2 章 5、第 4 章、実践事例編事例 20

松崎　哲也（マツザキ　テツヤ）

松崎哲也税理士事務所　所長
税理士、創業・財務・資金調達コンサルタント、決算書すっ
きりアドバイザー®
会計事務所にて、約 10 年間勤務した後、独立。
特に創業者や中小企業の経営者の財務・会計の支援を行い、
公的融資、金融機関融資を中心に資金調達支援を行っている。
商工会議所、商工会、専門学校での講師活動も積極的に行
なっている。
主な著書、共著に「中小企業の財務改善ノウハウ」（第一法
規）。ＤＶＤとして、『決算書すっきりアドバイザー流業績共
有で社員の『やりがい』倍増（株式会社レガシィ）。講師実績
は、株式会社ＴＫＣ、千葉工業大学、武蔵野調理師専門学
校、商工会議所、商工会など、多数ある。
【URL】https://matsuzakikaikei.tkcnf.com/
【執筆担当】Q&A 編第 2 章 2 ～ 4 節

山下　清徳　（ヤマシタ　キヨノリ）

山下行政・労務コンサルティング　山下行政書士事務所　代
表
早稲田大学法学部卒業後住友生命入社。2013 年 4 月同社定年
退職と同時に開業。特定社会保険労務士、特定行政書士のほ
か、1 級ファイナンシャルプランニング技能士、宅地建物取引
士等 100 以上の資格を持つ。労務問題・就業規則・相続・遺
言・家族信託等のコンサルエキスパートとして定評がある。
活動：埼玉県行政書士会大宮支部理事、特定非営利活動
法人相続協議会理事、早稲田大学商議員、福井県立高志高校
同窓会みどり葉会関東支部長
著書に『中年から「稼げる士業」になる！』（めでぃあ森）
『知って得する相続・遺言解決方法（初級編）（中級編）』
（ギャラクシーブックス）など多数
【URL】http://yamashitaconsulting.com/
【執筆担当】Q&A 編第 5 章、実践事例編事例 21

サービス・インフォメーション
———— 通話無料 ————

① 商品に関するご照会・お申込みのご依頼
　　　　　TEL 0120（203）694／FAX 0120（302）640
② ご住所・ご名義等各種変更のご連絡
　　　　　TEL 0120（203）696／FAX 0120（202）974
③ 請求・お支払いに関するご照会・ご要望
　　　　　TEL 0120（203）695／FAX 0120（202）973

●フリーダイヤル（TEL）の受付時間は、土・日・祝日を除く
　9：00～17：30です。
●FAXは24時間受け付けておりますので、あわせてご利用ください。

実践事例でよくわかる
税理士だからできる会社設立サポートブック
～クライアントと共に成功をつかむ！

2021年6月15日　　初版発行
2023年2月20日　　初版第2刷発行

監　修　　吉田　学
著　者　　北浦　千加　小島　和則　朴　俊亨
　　　　　松崎　哲也　山下　清徳

発行者　　田　中　英　弥

発行所　　第一法規株式会社
　　　　　〒107-8560　東京都港区南青山2-11-17
　　　　　ホームページ　https://www.daiichihoki.co.jp/

税会社設立事例　ISBN 978-4-474-07445-3 C2034（0）